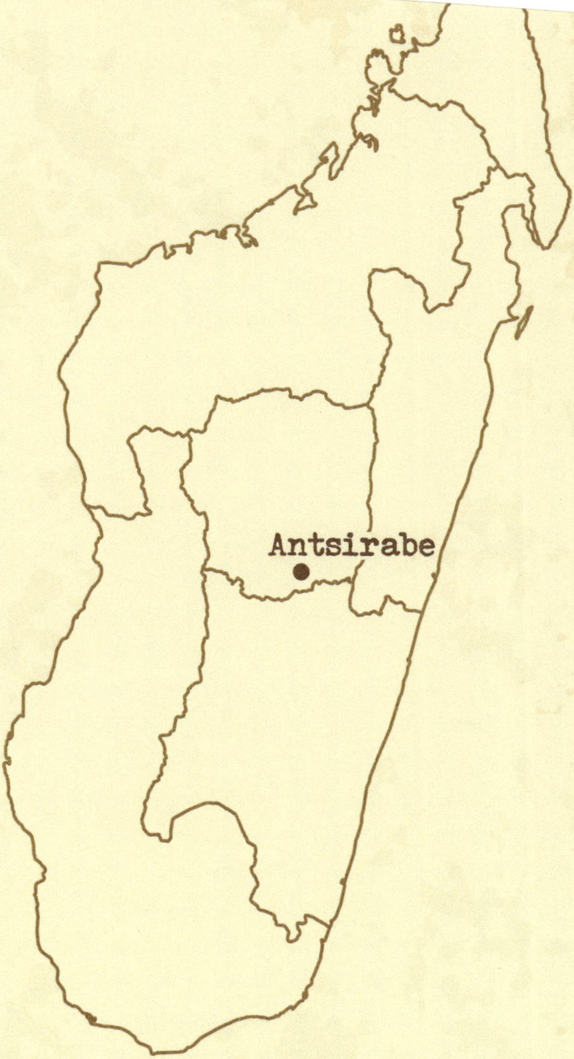

Madagaskar

DROEMER

Antonia Michaelis

Die Wiederentdeckung des Glücks

ROMAN

DROEMER

Besuchen Sie uns im Internet:
www.droemer.de

Aus Verantwortung für die Umwelt hat sich die Verlagsgruppe Droemer Knaur zu einer nachhaltigen Buchproduktion verpflichtet. Der bewusste Umgang mit unseren Ressourcen, der Schutz unseres Klimas und der Natur gehören zu unseren obersten Unternehmenszielen. Gemeinsam mit unseren Partnern und Lieferanten setzen wir uns für eine klimaneutrale Buchproduktion ein, die den Erwerb von Klimazertifikaten zur Kompensation des CO_2-Ausstoßes einschließt.
Weitere Informationen finden Sie unter: www.klimaneutralerverlag.de

FSC® www.fsc.org
MIX
Papier aus verantwortungsvollen Quellen
FSC® C083411

Originalausgabe September 2021
Droemer HC

Ein Imprint der Verlagsgruppe
Droemer Knaur GmbH & Co. KG, München

Covergestaltung: Sabine Schröder
Coverabbildung: Sonne © ideeone/iStock Images
Rikscha-Fahrer © dave stamboulis/Alamy Stock Photo Images
Karte im Vorsatz: Eugene Ga / Shutterstock.com
Satz: Adobe InDesign im Verlag
Druck und Bindung: CPI books GmbH, Leck
ISBN 978-3-426-28260-1

2 4 5 3 1

Für Madagaskar, mein
Recycling Land
auf diesem Globus

… am meisten
für unsere wunderbaren Freunde
Holy, Hoby, Martine, Papí, Kiki, Njaka, Eva,
Josie, Willy, Nomena, Avana, Ilonala, Nathalie, Toky,
alle Lehrer und Helfer der Schule und des Kinderhauses
Alle Pousse- und Cyclo-Pousse-Fahrer von Antsirabé
und all die anderen unglaublichen Menschen dort

und
ho an'ny ankizy rehetra:
für die Kinder von Talata und Antsirabé,
meine Freunde, deren Namen und Träume
ein ganzes Buch füllen würden –
vielleicht besonders für Rotsy und Kamory,
deren Vater Radrennfahrer ist und nur einmal im
Jahr beim Großen Rennen richtiges Geld verdient

Gebet des Recyclisten

Nichts, was geschaffen wird, hat Bestand.
Alles, was keinen Bestand hat, zerfällt.
Alles, was zerfällt, wird Gift. Wird Fesselstrick.
Wird scheinbare Nahrung, tötet von innen:
Plastikflaschen. Fahrradschläuche. Platinen. Gefühle. Seelen.

Nichts, was geschaffen wird, hat Bestand.
Alles, was keinen Bestand hat, zerfällt.
Alles, was zerfällt, wird Neues. Wird Hoffnung.
Wird Beginn, schenkt wieder Leben:
Plastikflaschen. Fahrradschläuche. Platinen. Gefühle. Seelen.

Auch die Schöpfung recycelt ihre Atome.

Prolog

Man kann nach Madagaskar kommen und es vergöttern – seine bewaldete Küste, in denen die Lemuren morgens singen wie Wale, seine Lehmhäuser, die sich aus den Hügeln erheben wie Puppenhäuschen, seine duftende Vanille, seine merkwürdigen Fadys, die Gebote und Verbote der Ahnen. Seine fetthöckerigen, gutmütigen Zeburinder.

Man kann nach Madagaskar kommen und es hassen – seine Waldbrände, die gelegt werden, um auch die letzten Wälder zu Reisfeldern zu machen. Seine Städte mit den verstopften Straßen, über denen Abgase wabern wie Wolken von Tintenfischtinte. Seine offenen Müllhalden, in denen Menschen und Hunde nach Essbarem suchen.

Terje Sandholz kam dreimal in Madagaskar an, und was er für das Land empfand, war Liebe, was beides, das Vergöttern und den Hass, mit einschließt: ein kompliziertes Gefühl, schön und schmerzhaft zugleich.

Er kam dreimal in Madagaskar an, und dreimal war es wie das erste Mal.

Dreimal betrat er den Platz vor dem alten französischen Bahnhof in der Stadt Antsirabé, wo die Männer mit ihren Rikschas und Pferden auf Kunden warten und die Kinder auf ein paar Münzen.

Beim ersten Mal stieg er von einem grünen Fahrrad mit roter Klingel und blauer Werkzeugtasche.

Beim zweiten Mal stieg er aus einem Zug und trug nur noch die kleine blaue Tasche bei sich, ein Erinnerungsstück.

Beim dritten Mal stieg er aus einem Auto, und seine Hände waren leer.

Aber er glaubte, von ferne den Ton der alten roten Klingel zu hören, leise, zaghaft, dann lauter. Und er hob den Kopf –

Jean-Maurice Rakotomalalabalita, genannt Biscuit, begegnete der Freundschaft dreimal.

Beim ersten Mal, als er fünf Jahre alt war, schmutzig und hungrig, und ein Fremder ihn auf sein grünes Fahrrad hob und er die Welt zum ersten Mal von dort oben betrachtete.

Beim zweiten Mal, als er fünfzehn Sommer und Winter zählte, fünfzehn angestrengt überlebte Sommer und Winter, und er eine Laufrikscha auf den Platz zog und auf den Stufen des Bahnhofs einen Reisenden mit einer kleinen blauen Werkzeugtasche stehen sah.

Beim dritten Mal mit fast fünfzig Jahren, als er seine Fahrradrikscha in einem eleganten Schlenker auf den Bahnhofsplatz einbiegen ließ, wo schon lange keine Züge mehr fuhren; seine Rikscha, die berühmteste der Stadt. Und als er dort, in der Mitte des Platzes, ein wenig verloren, einen alten Mann mit leeren Händen fand.

Maribelle Rafamataransoa verlor ihr Herz dreimal.

Beim ersten Mal als sie, kurz vor ihrer Geburt, im warmen, dunklen Ozean in ihrer Mutter schwebend durch die Bauchdecke einen wunderbaren Ton hörte, den sie später als den einer roten Fahrradklingel identifizieren würde: einen Ton, der Freude und Leben und Liebe und Schmerz zugleich verhieß.

Beim zweiten Mal, als sie mit neunzehn Jahren aus der Großstadt zurückkehrte und ins Fahrzeug eines alten Bekannten stieg, der ihr seltsam fremd vorkam, und unter den Sternen die Hand eines Fremden hielt, der ihr seltsam bekannt erschien.

Beim dritten Mal, als sie, viele Jahrzehnte später, glaubte, ihr Herz wäre zu alt, zu fest umschlossen von Narbengewebe, um noch verloren zu werden.

An jenem Herbsttag, an dem sie ihr Herz zum dritten Mal und endgültig verlor, saß sie auf einer Bank im goldenen

Nachmittagslicht unter den Platanen. Auf derselben Bank, auf der ihre Mutter einst gesessen hatte. Und sie sah eine Fahrradrikscha mit roter Klingel vorbeifahren – mit zwei Freunden darin.

So schließen sich Kreise.

Aber um eine Geschichte zu erzählen, müssen wir den Kreis öffnen.

Es ist ganz gleich, wo, denn Kreise sind unendlich.

Öffnen wir ihn also an einem Tag Anfang März.

Einem Tag, an dem ein älterer Mann einen kalten Strand entlangjoggt auf der kleinen deutschen Insel Hiddensee. In der Tasche des Mannes befindet sich ein Schlüssel mit einem winzigen Fahrrad daran, gefertigt aus aufgebogenen Heftklammern. Grün. Der Mann hat seine allmorgendliche Runde fast beendet. Und dann stockt er und bleibt stehen.

Denn im Sand vor ihm sitzt eine blasse, zerbrechlich wirkende junge Frau und sieht unter ihrer Pudelmütze hervor zu ihm auf. Schön, ernst, schmallippig. Sie hat den Becher einer Thermoskanne in der Hand.

»Terje«, sagt sie. »Guten Morgen.« Und dann ein Wort, mit dem er nicht gerechnet hat, nicht aus ihrem Mund. Sie sagt: »Madagaskar.«

Und er lässt sich neben sie in den Sand fallen, noch immer keuchend. »Ja?«

0

Madagaskar? Wie kommst du plötzlich auf Madagaskar? Und was tust du hier?«

Sie zuckte die Schultern und sah auf das graue Meer hinaus. »Ich dachte, wenn ich hier warte, kommst du irgendwann vorbei. Du läufst seit zehn Jahren die gleiche Runde.«

Sie hielt ihm den Becher entgegen. »Kaffee?«

»Nein danke«, sagte er reflexartig, und dann: »Ja, bitte.«

Der Kaffee war bitter und wunderbar. Wie das Land, dessen Namen sie gesagt hatte. Er hatte versucht, es zu vergessen. Lange Zeit.

»Also?« Er sah sie an. »Du bist nicht mit dem ersten Schiff nach Hiddensee gekommen, um mir einen Kaffee zu bringen.«

Sie lachte. »Ich bin gestern mit dem letzten Schiff gekommen, ich habe im Hotel geschlafen. Ich war bei dir und habe durchs Fenster gesehen. Du hast am Kamin gesessen mit einem Buch, du sahst so versunken aus, dass ich dich nicht stören wollte. Was hast du gelesen? Etwas über damals? Über die Zeit, bevor ich geboren wurde?«

»Nein. Damals ist damals. Vergangen. Vorbei.«

Er streckte die Hand aus und strich sacht über ihr Haar, wie er es getan hatte, als sie ein kleines Mädchen gewesen war: feines, milchkaffeefarbenes Haar, Feenhaar, der Ostseewind zerwühlte es und machte sie noch schöner. Sie sah ihrer Mutter ähnlich.

Sie war seine Tochter, aber er kannte sie kaum.

Und sie drehte den Kopf weg; sie hasste es, wenn er ihr übers Haar strich. Er beobachtete, wie sie schnupperte. Sie roch immer mehr als andere Leute.

»Suchst du im Wind nach einem neuen Parfum?«, fragte Terje.

Sie verbesserte ihn sofort, wie sie es immer tat. »Einen Duft. Parfum klingt so billig. Aber eigentlich wollte ich etwas ganz anderes. Ich wollte fragen, was du für deinen siebzigsten Geburtstag planst.«

»Meinen … Geburtstag?« Er schüttelte den Kopf. »Ich habe ihn nie gefeiert.«

»Ich dachte, vielleicht willst du es diesmal tun. Dort. In Madagaskar. Noch einmal hinfahren, ehe …«

»Ehe ich ins Gras beiße?« Er lachte.

»Das habe ich nicht gesagt.« Sie verschränkte die Arme, feindselig. »Immer verstehst du alles absichtlich falsch! Ich wollte nur nett sein.«

Eine Weile sahen sie beide aufs Meer hinaus, das kalte deutsche Meer mit dem kalten deutschen Horizont.

»Na gut«, sagte sie schließlich und seufzte. »Ich *bin* auf der Suche nach einem neuen Duft.« Sie ließ etwas Sand durch ihre Finger rieseln. »Summer hat beschlossen, einen neuen Duft zu machen. Für das kommende Jahr. *Den* Duft. Und ich muss ihn finden.«

»Warum du?«

Sie zuckte die Achseln. »Weil ich immer das finde, was sie suchen?«

Er nickte. Sie war so jung und so schön, so selbstsicher, so erfolgreich. Ganz anders als er.

Sie war erst fünfundzwanzig. Seit zwei Jahren arbeitete sie für Summer, eine winzige exklusive Parfumfirma in Berlin. Parfum in schräg angeschnittenen kleinen Glasflaschen. Wenn er die Augen schloss, sah er Regale voll zierlicher, dezent bunter Fläschchen vor sich, Noras Erfolgsgeschichte: *Summer – Moments, Summer – Dreams, Summer – Memory,* und, der Hit zum letzten Weihnachtsfest: *Summer – Winter.*

All das war Noras Werk gewesen.

Oder das Werk ihres Chefs. Sie hatte ausgeführt, was er ihr aufgetragen hatte, stets zur Zufriedenheit aller. Sie hatte immer getan, was andere ihr sagten, perfekt jede Aufgabe erfüllt, schon in der Schule. Er nie.

Sie hatte ihr ganzes Leben bei ihrer Mutter verbracht, und wenn er sie besucht hatte, war sie immer weit von ihm entfernt gewesen, obwohl sie neben ihm saß. Er lebte in einer Welt aus Träumen, sie in einer Welt aus guten Noten und Erfolgen, Terminen, Kursen, Uhrzeiten. Irgendwann hatte sie angefangen, Ausreden zu erfinden, um zu den Besuchszeiten nicht da sein zu müssen. Und er hatte es aufgegeben, sie zu besuchen.

»Das Thema für den neuen Duft ist *weit weg*«, sagte sie. »Es soll etwas Exotisches sein, aber nicht auf die billige Art. Andere exotische Parfums riechen immer nach Bordell.«

Ihr Blick wanderte über das graue deutsche Meer mit seinen kalten Märzwellen.

»Die Menschen wünschen sich einen Duft, der diese Kälte vertreibt«, sagte sie. »Der Bilder in ihre Köpfe zaubert von goldenen Stränden und glühender Sonne. Von einer Welt, weit fort von ihren Alltagssorgen, Klimasorgen, Zukunftsängsten. Sie wünschen sich den Duft von Blüten im Sonnenuntergang. Grünen Schatten voller Versprechen. Sie brauchen eine Auszeit, all die Menschen hier, die zu viel arbeiten.« Sie seufzte. »Afrika.«

»Afrika«, wiederholte Terje.

War Afrika weit fort von Klimaproblemen und Zukunftsängsten? Von welchem Afrika sprach sie?

»Madagaskar ist nicht Afrika«, sagte er, etwas schroff.

»Natürlich ist es das.« Sie klang nachsichtig, wie eine Lehrerin, die mit einem sehr dummen Schüler sprach. »Ich dachte, wir könnten hinfahren. Du und ich. Nach Madagaskar. Du kennst dich dort aus, du kannst mir Dinge zeigen. Jan geht davon aus, dass ich seinen Duft finde. Ich will ihn nicht enttäuschen.«

»Jan«, wiederholte er, einen Moment verwirrt. »Jan Sommer? Dein Chef? Du nennst ihn Jan?«

Ein Schulterzucken, ein halbes Lächeln. »Wir waren zusammen essen. Ich habe erwähnt, dass du in Madagaskar gelebt hast.«

»Wir haben nie über Madagaskar gesprochen.«

»Nein. Mama hat mal gesagt, du willst es vergessen. Aber meinst du nicht, es ist genug Zeit vergangen? Jan hat gesagt, Madagaskar ist vielleicht genau das, was wir brauchen. Ein afrikanisches Land, das kaum jemand kennt. Ein Land voller Geheimnisse. Urwaldblüten, Affen, Strand. Er war absolut begeistert von der Idee. Er sagte, er würde mitfahren, wenn er könnte.«

»Aber er kann nicht.«

»Er ist der Kopf der Firma, er hat zu viel zu tun. Ich glaube, eigentlich ist er es, der eine Auszeit von seinem Alltag braucht.« Sie lachte leise. »Der Arme. Er schläft kaum, die Firma ist alles. Er hat sie gegründet, er hat sie bekannt gemacht. Wenn dieser Duft eine wirklich große Sache wird, hat er gesagt, nimmt er sich frei und wir fahren noch einmal hin. Zu zweit.«

Terje schluckte. Urwaldblüten, Affen, Strand.

»Nora, ich … Dein Jan weiß manche Dinge nicht. Du magst ihn sehr, oder?«

Sie nickte, wurde ein wenig rot, legte ihre schlanken, blassen Hände auf seine alten, rauen.

»Fährst du mit, Papa? Bitte?«

Wann hatte sie ihn zuletzt so genannt? Mein Gott, sie war zwei gewesen, als er ausgezogen war.

Er schluckte.

Sag es ihr.

Sag ihr: Man kann in Madagaskar keinen Duft finden.

Sag ihr: Es ist kein Land voller Urwaldblüten.

Sag ihr: Du wirst weinen. Wenn du ankommst. Und wenn du gehst. Alles wird anders sein danach.

Warne sie.

Er warnte sie nicht. Er wusste selbst nicht, warum er es nicht schaffte.

Es war wahr, er hatte es vergessen wollen, Madagaskar. Aber letztlich kam alles zurück. Vielleicht hatte sie recht. Vielleicht war es Zeit, sich zu erinnern. Er war einmal glücklich gewesen dort.

»Wann fliegen wir?«, fragte er mit einem Seufzen.

Ihr Gesicht zerbrach zu einem Strahlen. Sie witterte Erfolg, und Erfolg machte sie froh. »Ich hab es durchgerechnet«, sagte sie eifrig, »wenn wir übermorgen fliegen und zwei Wochen da sind, fällt dein Geburtstag genau in die Zeit. Der siebzigste, auf Madagaskar. Das ist doch was.«

Er kniff die Augen zusammen. »Du hast die Flugtickets schon, richtig?«

»Möglich«, sagte sie. »Sie sind für … übermorgen.«

1

Und dann fielen sie also von der Kälte des Meeres, der großen Freiheit des Horizonts, mitten hinein in die Wärme, das Chaos in einem staubigen Flughafen: Antananarivo, die Stadt der Tausend.

Die Stadt der tausend Menschen, so hatten sie sie einst genannt.

»Die Stadt der tausend Silben«, sagte Nora, ein wenig erschöpft, als sie in der unendlichen Schlange vor der Passkontrolle standen.

»Die Stadt der tausend Stempel«, sagte Terje und nickte zu den Beamten hin. »Die Stadt der tausend Ämter und tausend Schlangen.«

»Sie werden uns doch aber reinlassen?«, sagte Nora. Sie sah so hübsch aus, in ihrem kurzen sonnengelben Kleid, hübsch und ein wenig zerknittert nach dem langen Flug, ein wenig übernächtigt. Es nahm ihr etwas von ihrer gewöhnlichen Perfektion. Ihrer Unnahbarkeit.

»Wir haben ein Visum«, sagte sie, fast trotzig.

»Ja. Wenn sie nichts daran auszusetzen finden, lassen sie uns rein«, sagte Terje und fuhr mit dem kleinen Schlüsselanhänger-Fahrrad über seinen Ärmel. »*Wenn* sie etwas daran auszusetzen haben, kostet es. Oder sagen wir: Wenn einer von ihnen gerade Geld braucht, wird er etwas an den Visa auszusetzen finden.«

»Das können sie nicht machen!« Nora strich das Kleid glatt. »Das wäre Bestechung! Es wäre Unrecht!«

»Weißt du«, sagte Terje sanft, »irgendwo auf dem Flug, irgendwo da oben überschreitet man eine Grenze zwischen zwei Welten. Hier funktionieren die Dinge anders. Die Zeit zum Beispiel. Sie vergeht langsamer. Manchmal auch sprunghaft. Und Dinge wie Recht, Gerechtigkeit. All das gehorcht nicht denselben Regeln wie in unserer Welt.«

Nora sah ihn an, als wäre er möglicherweise auf dem langen Flug verrückt geworden.

Terje schob mit dem Fuß einen der niedrigen Betonpfosten beiseite, zwischen denen ein Absperrseil gespannt war, das die Menschenschlange leitete. Der Betonpfosten war eine Wasserflasche, in die jemand Zement gegossen hatte. »Es gibt hier sogar ein physikalisches Gesetz mehr als bei uns«, sagte Terje und sah die Wasserflasche an, fast zärtlich. »Alles kann recycelt werden.«

»Das ist kein physikalisches Gesetz, Terje.« Sie schob ihren eleganten, weißen Hartschalenkoffer in der Schlange vorwärts.

»Es ist die Grundlage aller Physik auf diesem Kontinent«, sagte er ernst. »Alles kann recycelt werden. Merk dir das. Masse, Zeit, Geschwindigkeit, Beschleunigung. Sogar Relativität.«

»Liebe?«, flüsterte sie, ganz leise. »Kann Liebe recycelt werden?«

»Wenn Liebe eine physikalische Größe ist, dann auf jeden Fall«, sagte er.

Und endlich hatten ihre Pässe den letzten Stempel, endlich war ihr Gepäck durchsucht worden, endlich hatten sich die Beamten genug über Noras Sammlung winziger Glasfläschchen gewundert, aber auch nach vier Telefonaten keinen Grund finden können, sie zu beschlagnahmen, sodass sie nach der Entrichtung eines rasch erfunden Glasflascheneinfuhrzolls von zweihundert Euro in die Freiheit entlassen wurden.

Die Freiheit bestand aus einer Horde Gepäckträgern, die alle ihren Trolley zum Taxi schieben wollten. Und einer Horde Taxifahrern, die sie alle zu einem Hotel fahren wollten, und da man sich nicht einigen konnte, wer schob und wer zog und welches Taxi genommen wurde, gab es eine lautstarke Diskussion voller Gesten und Rufe.

Terje brauchte keine Träger, er trug sein Gepäck auf dem Rücken: einen uralten olivgrünen Segeltuchrucksack. Die drei Rollkoffer, weiß, gelb, cremefarben, gehörten Nora, die die Gepäckdiskussion kopfschüttelnd verfolgte. »Lass ihnen den Spaß«, sagte Terje. »Für fünf Minuten.«

Und dann schloss er die Augen und atmete die Luft ein, die er so gut kannte: eine Mischung aus Abgasen, Ruß, Kohlefeuern, Müll, sonnenwarmem Asphalt, Staub.

In seiner Hand drehte er den Schlüsselanhänger: das winzige Fahrrad.

Und eine Kaskade an Erinnerungen brach über ihn herein.

Als er zum ersten Mal in der Stadt der tausend Silben angekommen war, hatte er ein echtes Fahrrad bei sich gehabt. In Einzelteilen. Er hatte es vom afrikanischen Festland mitgebracht, er, ein Weltreisender.

Und dann hatte er in der Empfangshalle zwischen Füßen und Koffern gekniet, Schrauben im Mund, Werkzeug in der Hand. Wie sie getuschelt hatten, ihn angesehen hatten. Und all die Hilfsangebote, die ausgestreckten Arme, die kaffeefarbenen Finger, die Dinge für ihn festhielten, die wohlgemeinten Ratschläge, die er nicht verstand …

Und schließlich der Triumph: Mit einem funktionsfähigen Fahrrad in der letzten Schlange vor dem Ausgang zu stehen, was für ein Gefühl! Er spürte noch den alten, stabilen Lenker unter seinen Händen, sah noch das Metall, von dem die grüne Farbe abblätterte, dieses alte, treue Fahrrad, das mit ihm um die halbe Welt gereist war.

Der Kofferdurchsuchungsbeamte, damals noch ohne Röntgengerät, betrachtete das Rad mit fachmännisch gerunzelter Stirn.

»Auseinanderbauen!«, bellte er dann. »In den Einzelteilen könnten Drogen versteckt sein!«

Und wieder hörte Terje das Murren, das sich in der gesamten Halle erhob, das Stöhnen all der Menschen, die Teil des mühsamen Radzusammenbaus gewesen waren.

Bis der Beamte seufzend aufgab. »Gehen Sie schon durch. Gute Reise.«

So stand er auf dem Platz vor dem Flughafen, umsäumt von frisch gepflanzten Palmen, bevölkert von wartenden Pferdekutschen und bunt gestrichenen Holzrikschas, einigen wenigen Autos, Obstverkäufern mit Körben auf dem Kopf, fliegenden Händlern, die Schnürsenkel und Streichhölzer verkauften, Gepäckträgern in schicker Livree …

Terje öffnete die Augen, fiel zurück in die Gegenwart.

Heute verkauften die fliegenden Händler Handyhüllen und USB-Kabel. Der Platz war asphaltiert, und die Gepäckträger waren Männer mit abgerissenen Kleidern und gebrauchten Warnwesten, die Autos nicht neuer als damals, vielleicht waren es dieselben Modelle, nur kaputter. Und mehr. Viel mehr. Es war von allem mehr.

Mehr Abgase. Mehr Sonne. Mehr Dreck.

»Vanille«, sagte Nora und schnupperte.

Terje zahlte einen astronomischen Preis an all jene, die glaubten, beim Hinaustragen geholfen zu haben, und unterbrach mit erhobener Hand das vielstimmige Konzert von »Monsieur! Madame! Taxi!«.

»*Azafady,* Verzeihung«, sagte er. »*Efa misy tobil.* Unser Wagen wartet dahinten.«

Denn dort hielt jemand ein Schild hoch, auf dem in abenteuerlicher Orthografie ihre Namen standen:

Mlle est M. Terje Sandhlz.

Er hatte den Wagen von zu Hause aus gebucht, heutzutage ging das. Der Fahrer schüttelte ihnen die Hand und hievte Noras pastellfarbene Koffer ins Auto, er sprach perfektes Französisch, er würde sie hinausbringen aus der Stadt.

Vier Stunden südlich wartete eine andere Stadt, der Terje

im Stillen noch immer den Titel »Zuhause« verlieh. Vielleicht hatte sie ihn vergessen. Vielleicht war sie weitergewachsen und weiterverfallen, ohne einen Gedanken an ihn zu verschwenden.

Breitete sie ihre violett blühenden, duftenden Jacarandabaumzweige noch über den alten Müllplatz, auf dem die Kinder spielten? Trug das Wasser ihres Sees noch das Spiegelbild seiner Erinnerung?

»Terje«, sagte Nora und legte eine Hand auf sein Knie, riss ihn aus seinen Gedanken.

Sie hatten die breite Zubringerstraße zum Flughafen verlassen, der Wagen reihte sich ein in eine endlose Kolonne aus Blech und Dämpfen. »Warum stehen wir? Hat es einen Unfall gegeben?«

Er lächelte. »Ja. Vor einigen Tausend Jahren. Einen Planungsunfall. Als sie diese Stadt zu eng gebaut haben für die Automassen des einundzwanzigsten Jahrhunderts.«

Sie hob eine perfekt gezupfte Augenbraue. »Das bedeutet?«

»Wir werden uns die nächsten zwei oder drei Stunden durch die Stadt stehen. Ab und zu kommen Straßen mit Aussicht, immerhin ist es eine Stadt auf zwölf Hügeln. Nachher kannst du hinuntersehen zum See. Oder hinauf zum Palast. Sieh es einfach als Sightseeingtour.«

Sie seufzte und nickte dann. Tough, entschlossen, sich nicht unterzukriegen lassen von diesem neuen Land. »Und was wollen die Kinder?«

Hinter Noras Gesicht klebten andere Gesichter an der Scheibe, dreck- und rußverschmiert, pressten sich Handflächen gegen das Sicherheitsglas: Kinder in Kleidern, die nur noch der Schmutz zusammenhielt. Eines trug ein Baby auf dem Rücken.

»Geld«, sagte Terje. »Sie wollen Geld. Aber wenn du ihnen welches gibst, werden mehr kommen, und unser Fahrer wird schimpfen.« Er streckte die Hand in seinen Rucksack. Fand drei winzige Pakete Flugzeugkekse, einen eingeschweißten Muffin, einen Apfel, ein Päckchen Kaugummi.

»Gib ihnen das.«

Sie schüttelte den Kopf, versuchte, ihr Entsetzen zu verbergen, und war nicht gut darin. »Gibt du es ihnen.«

Er lächelte und fuhr das Fenster hinunter, und die schmutzigen Finger rissen ihm die Kekspäckchen in Sekunden aus den Händen, aber da waren mehr; mehr leere Hände, Rufe, Bitten.

»Wir haben nicht mehr«, sagte Nora. Und, fast verzweifelt: »Geht weg!«

Es war der Fahrer, der die Scheibe hochfuhr.

»Es ist Vormittag«, sagte Nora. »Gehen sie nicht zur Schule? Haben sie keine Eltern?«

»Nein«, sagte Terje. »Doch. Aber wenn sie Eltern haben, betteln die auch. Schule, weißt du, kostet Geld. Ich hatte gehofft, sie hätten das geändert.« Und leiser: »Es sind noch mehr geworden. Noch mehr als damals.«

Nora atmete tief durch, er hörte ihre Anstrengung, ruhig zu bleiben.

»Es ist …«, sagte sie, »ganz anders hier, als ich dachte.«

Sie sagte das noch ein paar Mal.

Sie sagte es auf der Straße, nachdem sie endlich den Stau verlassen hatten und auch die Stadt.

»Wo ist der Urwald?«, fragte sie, und Terje grinste und sagte: »Seit tausend Jahren nicht mehr da«, und sie sagte: »Es ist ganz anders, als ich dachte.«

Und als der Wagen sich um die Kurven im bergigen Land schlängelte und tief unten ein Fluss auftauchte zwischen rund gewaschenen Felsen, fragte sie: »Wo sind die Krokodile? Die Affen? All das?« Und Terje sagte: »Dort, wo sie noch Urwald übrig gelassen haben. Weiter in Richtung Küste. Und im Zoo.«

Und sie sagte: »Es ist ganz anders, als ich dachte.«

Und als sie aus dem Fenster über die Reisterrassen sah, fragte sie: »Wo sind die bunten Menschen, die man von Fotos kennt? Die auf den Feldern arbeiten?«

»Sie sind da«, sagte Terje. »Sie sind nur nicht bunt. Es gibt eine Menge Staub und Ruß in der Luft hier, Kohlefeuer und all das. Wenn du lange hier lebst, siehst du auch so aus.« Er sah ihr entsetztes Gesicht und lachte. »Nein, keine Sorge. Im Hotel gibt es einen Wäscheservice.«

»Es ist ganz anders«, flüsterte Nora, zum dritten Mal, »als ich dachte.«

»Ja«, sagte Terje. »Es ist immer anders, als man denkt.«

Sie nickte. Lehnte sich zurück in den staubfreien, sauberen Sitz. Holte aus ihrer Handtasche die weißen Kabel der Handykopfhörer und versank für den Rest der Fahrt in ihrer eigenen Welt. Vielleicht lief sie in dieser Welt mit ihrem Jan über einen roten Teppich in einem Berliner Hotel, um ihr neues Parfum vorzustellen, strahlend und schön an seinem Arm.

Und Terje ließ sich ebenfalls zurücksinken, in die Erinnerung, auf den Sattel eines alten Fahrrades. Er war wieder fünfundzwanzig, so alt wie Nora jetzt; jung, stark, voller Träume.

Er war den ganzen Weg von Antananarivo her über die kurvige Bergstraße gefahren, am wundervollen, schäumenden Fluss entlang, durch grün leuchtende Reisterrassen, an blühenden Bäumen vorüber. Es war das Ende der Regenzeit, und hinter ihm lag der halbe Globus, er war ein Reisender auf der Suche nach Bildern, Eindrücken, Wahrheiten.

Ein wenig vielleicht auf der Suche nach seinem eigenen Platz in der Welt.

In seiner Tasche hatte er das Dritte Staatsexamen der Medizin. Oder nicht in der Tasche, natürlich, sondern in einer Schreibtischschublade, weit weg, in Deutschland. In der Tasche steckte nur, immer griffbereit, sein Pass mit dem Visum, das unverhältnismäßig teuer gewesen war. Madagaskar, nach der Unabhängigkeit aus Trotz gegen die Franzosen sozialistisch geworden, war kein Freund westdeutscher Pässe.

Es war das Jahr 1979, und jetzt, eben jetzt, fuhr Terje den letzten Hügel hinunter und hinein nach Antsirabé, in die Stadt des Wassers und des Handwerks.

Hinein zunächst zwischen Vorortverkaufsständen und Vororthütten, in ein Durcheinander aus Lastkarren: Karren hinter nackenhöckrigen, schwungbehörnten Zeburindern, Karren hinter menschlichen Zugtieren, Karren voller roter Ziegel und frisch geschlagenem Kiefernholz, voller Heu, Kohlesäcke, Gemüse.

Hier sah er die Rikschas zum ersten Mal: Die Pousse-Pousses, gezogen von je einem Mann, und die Cyclo-Pousses, rollende bunte Tupfen im Verkehr in allen Zirkusfarben, vorn ein Fahrrad, hinten eine überdachte Bank für zwei Personen. Auf die allerdings auch vier oder fünf passten.

Er fuhr langsamer, fuhr Seite an Seite mit den Cyclo-Pousse-Fahrern, sah sie gegen das Gewicht ankämpfen, dass sie bewegen mussten, sah den Schweiß ihre braunen Hälse herabrinnen, sah, wie sich ihre hervortretenden Wadenmuskeln anspannten, sah sie auf den Pedalen aufstehen, das Letzte geben. Die jüngeren lieferten sich Rennen. Die alten kamen kaum voran, barfuß und mit letzter Kraft traten sie halb zerfallene Pedale.

Und die Bilder darauf!

Er fuhr eine Weile direkt hinter einer Flusslandschaft voller springender Riesenfische, ein kleines naives Kunstwerk. Dann hinter einem madagassischen Bibelspruch, unter dem Mickymaus klebte, ausgeschnitten aus einem Heft. Recycelt.

Sie waren wie Boote, bunt gestrichene Fischerboote, der ganze Stolz ihrer Besitzer. Erst später sollte er lernen, dass die Fahrer sie gar nicht besaßen.

An jenem ersten Tag fuhr er in ihrer Mitte wie in einer Flotte in die Stadt hinein. Und es war, als sagten all diese Fahrradschiffe ihm mit ihren Hupen und Klingeln: Wir haben auf dich gewartet! Auf dich, den Weltreiseradfahrer, den Abenteurer, den Suchenden!

Tonga soa. Willkommen.

Er hatte ein Wörterbuch, und er würde beginnen zu lernen, allein schon, um den Bibelspruch zu verstehen, den die recycelte Mickymaus lehrte.

Und dann hielt er, zum ersten Mal, auf dem Bahnhofsvorplatz und stieg vom Rad.

Von seinem grünen Fahrrad mit der roten Klingel und der kleinen blauen Werkzeugtasche.

Und auf dem Platz warteten die Kinder. Sie umringten Terje, als er vom Rad stieg, riefen, zeigten, wollten alle etwas für ihn tun: sein Rad putzen. Seine Schuhe putzen. Ihn zum besten Pferd am Platz lotsen, einem der mageren Gäule, auf denen man sich um die Blumenrabatten führen lassen konnte. Ihn in ihren selbst gebauten Seifenkisten um den Platz kutschieren.

Aber als er »Buh!«, machte, zerstreuten sie sich kreischend und kichernd in alle Himmelsrichtungen. Die Männer, die die Pferde vermieteten, lachten.

Und Terje machte wie ein braver Tourist ein Foto vom alten Bahnhof. Danach drehte er sich um und machte ein Foto der alten Prachtstraße, die vom Bahnhof wegführte, auf einen grünen, bewaldeten Hügel in der Ferne zu. Sie bestand aus drei parallelen Straßen, dazwischen wuchsen lange Beete voll sorgfältig angepflanzter Blumenrabatten mit großen roten und gelben Blüten. Ein Relikt der französischen Herrschaft. Über den Straßen breiteten alte Platanen ihre gelbgrünen Blätter aus, und ganz vorn stand auf einem Sockel ein Denkmal aus Beton: der Umriss von Madagaskar.

Aber auf Madagaskar saßen jetzt die dreckigen Kinder und winkten.

Terje ging zurück zu seinem Fahrrad, doch das Rad war nicht mehr allein.

Davor kniete ein kleiner Junge, vielleicht fünf Jahre alt, und war in die Betrachtung des Dynamos und des Vorderreifens versunken. Ein kleiner Junge, magerer noch als die anderen, abgerissener. Er war nicht Teil der lauten, fröhlichen Gruppe gewesen.

Terje ging langsam näher, doch der Kleine bemerkte ihn nicht, bemerkte nichts um sich herum. Er war verliebt. Verliebt in das grüne Fahrrad.

Terje blieb neben ihm stehen.

Die Kinder sprangen vom Denkmal und bildeten einen Kreis um sie. Der Junge streichelte mit dem Zeigefinger behutsam das abgefahrene Gummi des Vorderreifens, dann das grün angemalte Schutzblech, den kleinen schwarzen Körper des Dynamos. Dann stand er auf und befühlte die leuchtend große runde rote Klingel, strich über den Ledersattel, über die kleine blaue Werkzeugtasche … Und schließlich legte er den Kopf auf den Sattel und schloss die Augen. Er war eins mit dem Fahrrad.

Es war ein Moment, den Terje nie mehr vergessen würde.

Dann brachen die anderen Kinder in Gelächter aus, und der Moment zerplatzte.

»*Salama*«, sagte Terje zu dem kleinen Jungen. Eines der wenigen Worte auf Madagassisch, die er konnte. »Hallo.«

Der Junge fuhr herum. Er hatte angefangen zu zittern, ließ jedoch das Fahrrad nicht los. »*Salama*«, flüsterte er. Und noch etwas, das Terje nicht verstand.

»Bisikileta!«, riefen die anderen Kinder und tippten sich an die Stirn. »Bisikileta *adaladala!*«

»Magst du das Fahrrad?«, fragte Terje.

Der Junge starrte nur. Er verstand kein Französisch.

Jemand hinter der Gruppe klatschte in die Hände und schrie ebenfalls »Bisikileta!«

Doch jetzt war es ein Befehl. Und der Kleine ließ das Rad los, schlüpfte durch den Kinderkreis und war fort. Terje sah sich um. Der, der geklatscht hatte, war ein etwas älterer Junge; er stand breitbeinig und stämmig neben der Reihe aus bunten Seifenkisten, die Hände in die Seiten gestützt. Ein Besitzer. Jetzt zeigte er auf ein kleines weißes Holzauto mit aufgemalten Scheinwerfern. Daneben stand eine junge, adrette Familie mit einem rosa Bonbonschleifenmädchen von vielleicht drei Jahren.

Der Vater setzte das Kind in die Seifenkiste, und Bisikileta packte das Auto von hinten.

Er war der Motor. Er schob und machte gleichzeitig Autogeräusche, hupte, tickte wie ein Blinker, und los ging es, die Prachtstraße entlang, an den Blumenrabatten vorbei; das rosa Mädchen quietschte vor Vergnügen. Die Mutter lief ein Stück nebenher und machte Fotos.

Der Vater gab dem stämmigen Jungen einen Geldschein.

Terje ließ seinen Blick wieder die Straße entlanggleiten, und da entdeckte er mehr Seifenkisten mit menschlichen Motoren, ein ganzes Heer. Doch keiner schob so schnell und hupte so echt wie der Kleine, der das Fahrrad gestreichelt hatte.

»Du fahren? Auto?«, fragte der stämmige Junge in gebrochenem Französisch.

»Ich bin zu schwer«, sagte Terje.

»Meine Autos gut«, sagte der Junge. »Stark. Zweitausend Ariary.« Er klopfte auf drei kleine Autos. Er war abgerissen und dreckig wie die anderen, aber er strahlte die Selbstsicherheit eines bierbäuchigen Autohausbesitzers aus.

»Ich rufe Bisikileta. Nächste Runde. Du fährst.«

»Heißt er wirklich Bi-si-kletta?«, sagte Terje. »Wie *bicyclette?*«

Der Autohausbesitzer nickte. »Wir nennen so. Richtig Name ich weiß nicht. Er immer sitzt bei Fahrraddoktors rum, da drüben.« Er zeigte zum Straßenrand, wo ein Mann seine Werkzeuge ausgebreitet hatte und dabei war, ein Rad zu zerlegen. »Bisikileta ist verrückt. *Adala.* Aber ich bin gute Mensch. Lasse ihm arbeiten für mich.«

Er pfiff auf zwei Fingern und schrie etwas, und der Kleine zuckte zusammen und bemühte sich, die Seifenkiste noch schneller zu schieben.

»Sooo schnell du kannst fahren«, sagte der Autohausbesitzer stolz. »Guter Motor, sehr gut. Extraschnell kostet dreitausend.«

Terje schüttelte den Kopf. »Nein, danke.« Und er nahm sein Rad und schob es hinüber zu den Betonbänken an der Straße, unter den Platanen.

Er brauchte eine Pause nach all den Hügeln und Kurven. Und so setzte er sich auf eine Bank und holte seine Wasserflasche heraus.

Das weiße Auto war angekommen, sein Besitzer vermietete jetzt einen kleinen gelben Lastwagen. Der stämmige Junge kassierte, Bisikileta schob. Terje fragte sich, was er pro Runde bekam.

»Nichts«, sagte jemand, er hatte offenbar laut gedacht, und noch dazu auf Französisch – er war schon zu lange in Afrika unterwegs.

»Nichts?« Er sah zur Seite. Eine junge Frau ließ sich mit einem Aufseufzen neben ihn auf die Bank sinken. Sie war so schwanger, dass sie kaum atmen konnte. Sie war etwa so alt wie er. Mitte zwanzig.

Jetzt saß sie, drückte eine Hand in ihr Kreuz und lächelte, die Schweißtropfen auf ihrem Gesicht glänzten in der Sonne wie goldenes Make-up. Sie war wunderschön, ihre Haut von einem leisen dunklen Karamellton, Karamell mit Kaffee, ihr Haar erstaunlich kurz geschnitten, was ihr ebenmäßiges Gesicht noch mehr betonte, die klaren Linien ihres Kiefers und ihres Kinns, fast ein wenig streng. Doch ihre großen Augen waren sanft. Sie war so zerbrechlich, dass ihr Bauch grotesk wirkte, aber sie sah ihn an wie etwas, das sie mitgebracht hatte, um es allen zu zeigen.

Das Kleid, das sie trug, zartgrün mit bunten Blumen, war

ein französisches Kleid, teuer, wie die filigranen Riemchensandalen: Hier saß Geld.

Terje kam sich plötzlich vor wie ein Landstreicher, mit seinen an den Knien abgeschnittenen Jeans und dem verschwitzten Flanellhemd mit den hochgerollten Ärmeln. Er fuhr sich durchs helle Haar, das seit Langem vergeblich auf einen Haarschnitt wartete.

»Nichts«, wiederholte die junge Frau, und für den Moment hatte er vergessen, worüber sie sprach.

Ein Duft von frischen Vanilleschoten und sich gerade öffnenden Blüten hüllte ihn ein: ihr Parfum. Terje fühlte sich betrunken.

»Salama«, sagte er, verspätet.

Sie schenkte ihm ein Lächeln. Vorn fehlte ihr ein Schneidezahn, und das ließ ihn fast auflachen. Sie war nicht perfekt. Zum Glück.

»Ich dachte, du wolltest das wissen. Der kleine Junge da. Was er kriegt«, sagte sie. »Du warst nett zu ihm. Sonst ist niemand nett zu ihm.«

»Bisikileta«, sagte Terje.

Sie nickte. »Der Große, der gibt ihm manchmal was von seinem Essen ab«, sagte sie. »Das ist seine Bezahlung. Immerhin.«

»Kennst du sie alle?«, fragte Terje. »Die Jungs? Kommst du oft her?«

Sie nickte. »Ich und Maribelle. Sie mag die Autos.« Sie streichelte über die Wölbung unter dem geblümten Stoff. »Es dauert jetzt nicht mehr lange. Wenn sie geboren ist, kann sie endlich fahren. Und auf einem Pferd sitzen. Wir werden zusammen hier unter den Platanen spazieren gehen und bei einem Eiswagen Eis kaufen, und sie wird einen kleinen Sonnenschirm haben, mit weißen Troddeln.« Sie lachte. »Seit neun Monaten komme ich mit ihr hierher, ist das nicht komisch?«

Er betrachtete ihren Bauch, fasziniert. Sah, wie von innen ein kleiner Fuß dagegenboxte.

»Bisikileta wird sie herumfahren«, sagte die junge Frau. »Und ich werde ihm ein Trinkgeld geben. Maribelle wird ihn anlächeln. Sie wird sehr schön sein. Das schönste Mädchen der Welt.«

»Bestimmt«, sagte Terje. Und fast hätte er gesagt: Sie wird ja auch die schönste Mutter der Welt haben, doch er sagte es nicht, da es zu sehr nach Flirten klang. Und diese junge Frau war bald Mutter, sie hatte einen Mann.

Falls er sich gerade verliebte, führte das nirgendwohin.

»Maribelle«, sagte er. »Ein hübscher Name. Und Sie wissen, dass es ein Mädchen wird?«

Sie lächelte. »Natürlich. Das wusste ich schon am Tag ihrer Konzeption.«

»Am Tage ihrer …?« Er brach ab, spürte, wie er rot wurde.

»Konzeption. Es war am Unabhängigkeitstag. Sie schießen Raketen ab, hier auf dem Bahnhofsplatz, tausend Sterne am Himmel. Und alle Menschen in der Stadt sehen zum Himmel hinauf und denken daran, dass dieses Land ihnen gehört. Uns. Nicht mehr, Verzeihung, den Franzosen.«

Er grinste. »Oh, ich bin kein Franzose.«

»Ach so«, sagte sie. »Also, ein Balkon. Es war eine grüne Rakete, grün und weiß. Aber ich habe es schon vorher gespürt, verstehen Sie? Ich ging hier spazieren, ziemlich genau hier, und ich sah, wie sie alles vorbereiteten für das Feuerwerk, die Buden waren schon aufgestellt, überall brannten Feuer, garte Fleisch auf Spießen, da hinten standen die Riesenräder, die Karussells … Und da habe ich Maribelle gespürt. Ich habe gespürt, wie diese Eizelle sich auf den Weg gemacht hat. Sie sehnte sich so sehr danach, etwas zu werden. Ein Kind auf einem Riesenrad oder in einem Seifenkistenauto. Es war, als würde sie mich von innen verbrennen mit ihrem Sehnen nach dem Leben. Und nach der Liebe. Sie würde, das war gleich klar, ein Kind der Liebe sein, sie würde ein Leben leben, in dem die Liebe im Mittelpunkt steht. Da wusste ich, dass diese eine, störrische Eizelle befruchtet werden musste. Ihr Sehnen war so stark, ich musste ihr helfen. Und in der Nacht, auf dem Balkon unseres Hauses, als die Rakete mit den grünen und weißen Sternen am Himmel zerplatzte, da wurde Maribelle eine winzige Person aus zwei Zellen. Und sie nistete sich ein und machte es sich bequem, tief in mir, um zu wachsen. Und träumt seither jeden Tag von den Seifenkisten und Riesenrädern. Deshalb komme ich noch immer her, jeden Tag. Mein Mann hält mich für seltsam, weil ich ständig spazieren gehe. Aber er denkt sowieso, ich wäre verrückt.«

Terje fragte sich, ob sie verrückt *war*. Sie erzählte einem völlig Fremden Details, die man nicht einmal einem Freund erzählen würde. Doch jetzt schwieg sie und sah den Seifenkisten zu, und als er sie von der Seite betrachtete, wirkte sie ganz ruhig und in sich gekehrt, eine Hand auf ihrem Bauch.

Er stellte sich vor, wie es wäre, sie an dieser Hand zu nehmen und mit ihr diese Straße entlangzugehen, auf den grünen Berg zu. Wie es wäre, sie im hellgrünen Blätterschatten einer Platane zu küssen.

»Entschuldigen Sie«, sagte sie plötzlich und schüttelte den Kopf. »Falls ich Sie belästigt habe.« Sie erhob sich mühevoll von der Bank, er sprang zu spät auf, um ihr zu helfen. »Haben Sie eine schöne Reise durch dieses Land. Es ist ein wundervolles Land. Auch wenn es seine Schönheit manchmal hinter der Armut versteckt. Wir sind ja seit einer Weile sozialistisch, wissen Sie, es heißt, wenn der Sozialismus lange genug andauert, dann wird alles besser.«

»Warten Sie«, sagte Terje. »Darf ich Ihnen schreiben? Wenn das Baby geboren wird … ich könnte eine Karte schicken. Zur Geburt.«

Er fand einen alten Zettel und einen Stift und reichte ihr

beides. Sie schrieb, in winzigen verschnörkelten Buchstaben, nach Art der Franzosen, etwas darauf. Lächelte wieder.

»Maribelle wird sich freuen über Post aus dem Ausland.«

Und damit ging sie davon, langsam, vor sich das Gewicht eines ungeborenen Lebens mit einem so starken Willen, dass sie schon jetzt wusste, es wollte Seifenkiste fahren. *Ein Mensch, in dessen Leben die Liebe im Mittelpunkt steht.*

Sie wurde kleiner und kleiner in der Ferne, und er wollte ihr nachlaufen, neben ihr hergehen, sie kennenlernen, doch sie gehörte einem anderen.

So ging er schließlich hinüber zu der Reihe der Seifenkisten, wo der kleine Bisikileta dabei war, mit einem alten schwarzen Lappen die Autos zu putzen. Er kniete auf der Straße und arbeitete konzentriert, ohne Pause. Die anderen Lumpenkinder jagten zwischen den Blumenrabatten einem aus Tüten und Schnur gewickelten Fußball nach.

Der stolze Seifenkistenbesitzer rauchte auf den Stufen des Denkmals den Stummel einer gefundenen Zigarette.

»Jetzt Sie möchten fahren?«, rief er zu Terje hinüber.

Terje stellte sein Rad ab und schüttelte den Kopf. Dann ging er zu dem Kleinen und tippte ihm auf die Schulter, und der Junge fuhr hoch.

»Komm«, sagte Terje sanft. »Du hast genug geputzt. Ich weiß, du verstehst mich nicht, aber das macht nichts.« Er zeigte auf sein Fahrrad. »Willst du fahren?«

Ein Stirnrunzeln. Der Junge hob den Putzlappen. In seinen dunklen Augen stand eine Frage.

»Er nicht Französisch!«, rief der Ältere. »Zu dumm. Wenn Sie wollen putzen, er macht, ist tausend Ariary. Geld Sie geben mir. Er gehört mir.«

»Nein«, sagte Terje. »Er gehört sich selber.«

Und damit hob er den verblüfften Jungen hoch, der beinahe nichts wog, und setzte ihn auf den Sattel des grünen Rades. Der Junge gab einen Laut des Erschreckens von sich und streckte instinktiv die Arme aus. Er reichte mit den Händen gerade bis an die Lenkstange.

Aber als er die Griffe des Rades umfasste, wich der Schrecken in seinem Gesicht einem vorsichtigen Grinsen.

Terje nickte. »Das machst du gut.«

Und dann schob er das große grüne Fahrrad mit dem schwerelosen Kind darauf die Straße entlang, an den Blumenrabatten vorbei, an dem Autohausbesitzer vorbei, an den Fußballspielern. Und sie hielten inne und sahen zu dem Kleinen auf seinem Schlachtross auf. Vermutlich war es das erste Mal, dass jemand zu ihm aufsah.

Und das vorsichtige Grinsen auf dem Gesicht des kleinen Jungen wurde zu einem Strahlen, so groß und allumfassend wie das Licht der Sonne über dem Bahnhofsplatz. Es strahlte bis in Terjes Innerstes, er merkte, wie auch er strahlte, von innen.

Die Macht, einen anderen Menschen absolut glücklich zu machen, war wie ein Rauschmittel.

Als sie die ganze Prachtstraße einmal hinuntergefahren waren und dann wieder hinauf, als der Seifenkistenbesitzer und die anderen ihnen entgegensahen, sah Terje, wie der Kleine sich an den Griffen des Lenkers festkrallte. Er wollte nicht loslassen. Nie wieder.

»Keine Angst«, sagte Terje.

Er pflückte das Kind vom Sattel, und es ließ jetzt doch los, resigniert.

Aber er setzte es nicht auf die Erde. Er setzte es auf den Gepäckträger. »Halt dich fest.«

Und dann schwang er sich selbst auf den Sattel und fuhr los.

Die anderen Kinder rannten ihnen ein Stück nach.

Der Chef schrie etwas, ärgerlich.

Und der kleine Bisikileta hinter Terje lachte, hell wie der hohe Himmel.

Als er sich umsah, hatte Bisikileta die Augen geschlossen

und die Arme ausgebreitet. Er flog. Er war der König der Straße, der König der Radfahrer, der König von Antsirabé.

Sie fuhren vorbei an den Schienen, an Bretterbuden und unfertigen Häusern, überall wurde gebaut, ohne Maschinen, von Hand, überall waren rote Ziegel, überall war Hoffnung. Die Franzosen waren lang genug fort, jetzt wartete man auf die Früchte des Sozialismus.

Sie fuhren an Gärten vorbei, Gärten hinter Zäunen und Mauern, Villen, blühenden Bäumen, hier lebten die Reichen, weiter und weiter, und schließlich hielt Bisikileta sich doch noch an Terjes Rücken fest. Er spürte die zögernden Kinderhände, und dann den ganzen kleinen, mageren Körper, der sich gegen ihn lehnte.

Als er abbog, um durch kleinere Straßen zurückzufahren, fand er sich im Mittelalter wieder, fuhr unbefestigte Straßen entlang voller schiefer Hütten aus Holzabfällen und Pappe, vorüber an Bergen von schwelendem Unrat, an tausend kleinen Kohleöfen, über denen gekocht wurde. Überall waren Hunde, Kleinkinder, magere Hühner, lagen Gemüse und Kohle auf wackeligen Tischchen zum Verkauf aus.

Und dann waren sie auf einmal im Zentrum der Stadt, fuhren vorüber an der großen Kathedrale und ihren hohen, blühenden Bäumen. Hier war die Straße verstopft von hundert bunten Rikschas, gezogen von barfüßigen alten Männern, auf den Polstersitzen schwere, wohlfrisierte Damen mit Einkäufen vom Markt.

Dies war, dachte Terje, noch immer eine Gesellschaft aus Herren und Sklaven. Im Grunde hatte sich seit der Zeit der Könige nichts geändert.

Er sah ein paar Leute auf ihn zeigen und lachen. Er hatte das Prinzip an jenem Tag umgekehrt: Er, der Weiße, fuhr einen kleinen dreckigen Jungen spazieren, ein Kind, das weniger war als nichts, das selbst den anderen Bettelkindern noch als Sklave diente.

Er konnte dieses Kind nicht mitnehmen. Er war auf Reisen, er war fünfundzwanzig Jahre alt, er war nicht bereit, Verantwortung zu übernehmen. Er würde nach Hause zurückkehren und sein Leben selbst erst beginnen.

Er hielt vor einer Bäckerei, die von fleißigen Pakistanis geführt wurde, kaufte für sich und Bisikileta belegte Baguettes, und sie standen zusammen vor dem Laden und aßen, Bisikileta an das Fahrrad gelehnt, eine Hand auf dem Hinterreifen.

Er war hungrig, aber das Fahrrad war wichtiger.

Terje zeigte auf sich und sagte: »Terje.« Und er zeigte auf das Fahrrad und sagte: »Fahrrad.«

»Fahrrad«, sagte Bisikileta und nickte. Er sprach es fehlerfrei aus.

»Wenn du groß bist, wirst du auch so ein Fahrrad haben«, sagte Terje. »Dann wirst du durch die Stadt fahren und für niemanden mehr Autos putzen.«

Der Kleine sah ihn fragend an. »Vergiss es«, sagte Terje. »Ich träume nur laut.«

Er setzte Bisikileta wieder dort ab, wo er ihn aufgesammelt hatte, holte einen kleinen Schraubenzieher aus der blauen Werkzeugtasche am Sattel und schraubte die große rote Klingel von der Lenkstange. Er gab sie ihm, und der Kleine sah zu ihm auf und sagte leise: *»Merci.«* Das konnte er auf Französisch. Dann breitete er die Arme aus und schlang sie um Terjes Beine, und dann umarmte er das Fahrrad.

Die anderen Kinder lachten.

Doch Bisikileta ließ sich nicht stören, in einer Hand hielt er die leuchtend rote Klingel, mit der anderen fuhr er über das grün gestrichene Metall, den braunen Ledersattel, die kleine blaue Werkzeugtasche. Beugte sich vor und flüsterte Worte, die nur er und das Rad verstanden.

»Ich muss jetzt los«, sagte Terje. »Mir ein Zimmer suchen für die Nacht.«

Wo würde Bisikileta schlafen? Auf der Straße? Terje nahm

das Rad und drückte dem Jungen einen Geldschein in die Hand, in der Hoffnung, dass die anderen es nicht sahen. Dann stieg er auf und fuhr los.

Als er sich umdrehte, stand Bisikileta mitten auf der Straße, unter den hohen grünen Platanen, und sah ihm nach. Er hielt die rote Klingel vor sich wie ein Licht in der Nacht, ein Licht, das in die Zukunft leuchtete.

Und als Terje das Fahrrad in dieser Nacht vor einem billigen Hotel anschloss, dachte er: Warum eigentlich nicht? Warum soll dieser kleine Junge nicht irgendwann ein Fahrrad besitzen? Warum nicht dieses Fahrrad?

Die beiden waren füreinander bestimmt.

Und er fasste einen Beschluss.

Wenn seine Reise durch Madagaskar vorüber wäre, würde er das Fahrrad nicht wieder auseinanderbauen und in einem Flugzeug verstauen, um durch ein neues Land zu fahren. Es war ohnehin Zeit, mit dem Reisen aufzuhören und mit dem Leben anzufangen.

Fünf Wochen später gab Terje Sandholz, gerade sechsundzwanzig Jahre alt geworden, in Antananarivo ein Fahrrad bei der Post auf. Der Postbeamte schrieb die Adresse sorgfältig von dem Zettel ab, den Terje ihm überreichte. Es war eine Adresse im Villenviertel von Antsirabé.

Der Postbeamte dachte sich einen Fantasiepreis aus, da er erstens keine Bestimmungen zum Verschicken eines Fahrrades finden konnte und zweitens das Beschneidungsfest seines Sohnes anstand, bei dem er eine Menge Verwandte drei Tage lang durchfüttern musste.

An den Lenker des Fahrrads war ein Brief geklebt.

Liebe Maribelle, stand in dem Brief, auf Französisch.

Ich hoffe, Du bist gut auf dieser Welt angekommen. Es ist eine schöne Welt. Sobald du sitzen kannst, wirst du jeden Tag vor dem Bahnhof in einem kleinen Auto herumfahren. Aber Du wirst merken, dass die Welt für manche Menschen nicht so schön ist. Deshalb schicke ich diesen Brief an Deine Mutter, die schönste Frau der Welt, deren Namen ich nicht kenne. Bitte sie, dafür zu sorgen, dass dieses Fahrrad zu dem kleinen Jungen kommt, der die Seifenkisten am schnellsten schiebt und den sie Bisikileta nennen. Er soll es bekommen, sobald er alt genug ist, allein darauf zu fahren.

Vielleicht werden wir uns eines Tages begegnen, und ich werde Deine erstaunliche Mutter wiedersehen. Bis dahin,

Dein Freund Terje Sandholz

Als das grüne Fahrrad nach einer zweijährigen Liegezeit in der Hauptstadt, wo es vergessen wurde, nach langwierigem Transport und weiterer Lagerzeit in Antsirabé von einem Bediensteten abgeholt und in den Garten einer Villa geschoben wurde, waren Dinge passiert, von denen Terje, weit weg in Deutschland, nichts ahnte.

Menschen waren geboren worden und andere gestorben. Schicksale hatten sich geändert.

Zöpfe waren geflochten und gelöst worden, ein einsamer Mann hatte tausend Bilder von einem Mädchen in einer Seifenkiste gemacht. Ein kleiner Junge hatte sich verliebt, diesmal in ein menschliches Wesen, und war zweimal knapp dem Tod entronnen.

Und das Fahrrad schlief in einer abgelegenen Ecke des Gartens, bestreut von den roten Blütenblättern eines Christusdorns, beregnet, sonnenbeschienen, von Raupen mit Fäden umsponnen, von Vögeln benistet, da es niemanden mehr gab, der den Brief an seinem Lenker lesen wollte.

Es schlief und wartete.

Wie Terjes Herz.

2

Das ist sie«, sagte Terje und legte sachte eine Hand auf Noras Schulter. »Antsirabé. Die Stadt des Wassers. Des Biers. Der Pferde.«

Sie blinzelte. Sie war eingeschlafen. Jetzt sah sie aus dem Fenster, wo es weder Wasser noch Bier noch Pferde gab, sondern nur hohe Alleebäume und darunter Holzstände mit Mangos in Rot, Gelb und Grün, Pyramiden von dunkelgrünen Avocados, goldenen Bananen, leuchtend roten Tomaten. Schlafende Hundewelpen in einem winzigen ummauerten Blumenbeet zwischen zarten, roséfarbenen Blüten. Terje fragte sich, ob Nora das alles wahrnahm: die Schönheit zwischen dem Schmutz.

Vielleicht sah sie nur den Müll in den Straßen, den Dreck, die zeitzerfressenen Ruinen der Bürgersteige, denn auf ihrem Gesicht stand ein Ausdruck zwischen Ekel und Furcht.

Er wollte so sehr, dass sie dieses Land mochte.

»Unser Chauffeur wird dich direkt zum Hotel bringen«, sagte er. »Du brauchst nur an der Rezeption deinen Namen zu sagen. Ich habe gemailt, und angeblich sprechen sie Englisch. Du kannst in Ruhe duschen und dich in den Garten setzen, es gab Bilder davon im Netz – sehr schön. Voller Blumen. Trink einen Kaffee.«

Sie runzelte Stirn, misstrauisch. »Und du?«

»Wenn du damit leben kannst, würde ich gerne so ankommen wie damals«, sagte er. »Auf dem Bahnhofsplatz. Kann ich dich eine halbe Stunde im Hotel allein lassen?«

»Natürlich«, sagte sie, schnippisch. »Ich bin erwachsen. Ich war für Summer alleine in London, in New York und in Sydney. Wenn du mir hilfst, dieses Land zu entdecken, bin ich dankbar. Aber ansonsten kann ich auf mich selbst aufpassen.«

Er hatte keine Zeit, auf ihren beleidigten Tonfall zu reagieren.

Sie fuhren jetzt die Straße an den alten, längst nicht mehr benutzten Geleisen entlang, auf denen noch immer die alten Güterwaggons standen wie Dinosaurier. Terjes Herz schlug schneller. Da, da war der Bahnhof! Die Uhr war lange stehen geblieben, die Türen des Gebäudes verriegelt. Welke Blätter und Plastikfetzen hatten sich in den Ecken gesammelt. Doch die Platanen warfen die gleichen grünen Schatten wie damals, und die Pferde warteten noch immer auf Reiter, die Kinder mit den Seifenkisten noch immer auf zahlende Passagiere. Die selbst gebauten Seifenkisten waren zum Großteil ersetzt durch moderne Plastikautos. Doch es waren Autos mit kaputter Elektronik. Schieben taten die Kinder nach wie vor selbst.

Und da! Da saß der Fahrraddoktor auf dem Grasstreifen, aber natürlich war es inzwischen ein anderer. Er hatte seine Ketten, Pedale und Schrauben in die niedrigen Äste einer Platane gehängt.

Der Wagen hielt. Terje nickte dem Fahrer zu. Drückte ihm ein Bündel Scheine in die Hand, bedankte sich. Und öffnete mit zitternden Fingern die Autotür.

»Wir sehen uns«, sagte Nora kühl.

Terje hörte es kaum. Denn in diesem Moment berührten seine Füße den staubigen Asphalt. Und während der Wagen mit Nora wendete, sah er sich um.

Als er das letzte Mal hier gestanden hatte, hatte er die kleine blaue Werkzeugtasche in der Hand gehalten, ein Andenken und ein Erkennungszeichen. Doch irgendwann, später, war die Tasche verloren gegangen. Nun waren seine Hände leer.

Er hob sie und sah sie an, seine fast siebzigjährigen Hände, die sehnigen Handrücken bedeckt von Sommersprossen, winzigen rotblonden Härchen, Altersflecken: Landkartenhände, die nichts mehr festhielten.

Hinter ihm ragte der Bahnhof auf, vor ihm erstreckte sich

die einstmalige Prachtstraße, und es gab noch immer Blumenrabatten, gab gelbe, rote, flammend orangefarbene Blüten. Aber die Betonbank, auf der er damals mit der schwangeren Frau gesessen hatte, war verfallen, belagert von Bettlern, die Karten spielten um Geld. Es waren mehr, und sie waren noch schmutziger als die Bettler von damals. Auf dem Berg in der Ferne stand jetzt ein Sendemast, und das Grün der Bäume war dünn geworden wie Terjes Haar, zu viele waren gefällt worden.

Alles war gleich, und alles war anders.

Auch die Kinder neben den Plastikautos hatten sich vermehrt, wie die Autos auf den Straßen. Es gab jetzt sogar Miniatur-Radrikschas, Cyclo-Pousses, in denen arme Kinder reiche Kinder spazieren fahren konnten. Keine Schule für die Kinder, die fuhren. Kein Lesenlernen, Schreibenlernen, keine Chance, je eine andere Arbeit zu bekommen als die eines Sklaven.

Die Kinder kamen nicht näher, wie sie es damals getan hatten.

Sie zeigten nur und riefen: »*Vazaha!*« Weißer!

Er war ein Fremder. Und auf einmal kam er sich vollkommen verloren vor, dort auf dem Platz. Vielleicht war es falsch gewesen, zu kommen, die Vergangenheit lässt sich nicht zurückholen.

Doch auf einmal war da in der Ferne ein Ton, der ihm bekannt vorkam. Erst leise, dann lauter. Es war der Ton einer Fahrradklingel. Einer roten Fahrradklingel an einer grünen Lenkstange. Er spürte, wie ein zaghaftes Lächeln sich auf sein Gesicht stahl, zwischen die Alters- und Sorgenfalten.

Und dann bog ein Cyclo-Pousse auf den Platz ein, das anders war als die anderen in der Stadt. In einem eleganten Schlenker fuhr es über den Asphalt, legte sich in die Kurve wie ein schnittiger Schlittschuhläufer, so schnell, dass man kaum mehr von ihm sah als einen grünen Windstoß in der Luft, schneller, als ein Cyclo-Pousse eigentlich sein kann oder darf.

Terje sah, wie die anderen Pousse-Fahrer sich die Hälse verrenkten, um ihm zu folgen, wie die schmutzigen Kinder von ihren Autos aufsahen, wie die Männer und die Pferde die Köpfe wandten. Sie alle sahen das Pousse an.

Und dann hielt es. Direkt vor Terje.

Der Fahrer sprang von seinem Sattel, deutete eine Verbeugung an. Er trug ein blütenweißes Hemd mit winzigen hellblauen Stickereien am Kragen, eine enge europäische Jeans und rote, beinahe makellos saubere Turnschuhe. Er war nicht mehr jung, doch das Alter hatte sein Gesicht schön gemacht, die Nase markanter, die Wangenknochen betonter. Sein Haar war sportlich kurz geschoren, sodass man die Narbe sah, die quer über seinen Schädel lief, und Terje zuckte kurz zusammen.

»Was zum …?«, murmelte er und verstummte.

Denn jetzt streckte der andere die Hand aus und kam einen Schritt auf ihn zu, und da ging auch Terje einen Schritt vorwärts. Nahm die Hand.

Und einen Augenblick lang sahen sie sich einfach an. Terje fragte sich, ob sein Gegenüber es guthieß, dass er hier war. Oder ob er nur so tat. Höflich war.

»Biscuit«, sagte er schließlich, und mit einem Lächeln erinnerte er sich daran, wie sich der Spitzname des kleinen Jungen damals gewandelt hatte. »Darf man das noch sagen?«

Der andere nickte. »Ein *nom de guerre*«, sagte er mit einem schiefen Grinsen. »Terje. Ich hatte es im Gefühl, dass du kommen würdest.« Er klang nicht, als sagte er es aus Höflichkeit. Er klang glücklich. Wie ein Kind. Wie das Kind von damals.

»Du hattest im Gefühl, dass ich …? Unmöglich.« Terje lächelte.

»Nichts ist unmöglich in Madagaskar«, sagte Biscuit. »Steig ein.«

Da kletterte Terje auf das Sitzpolster, und Biscuit schwang sich wieder in den Sattel, und als sie den Platz verließen, geschmeidig, gewichtslos, lehnte er sich zurück und spürte, dass er zu Hause war.

Natürlich würde nichts einfach werden, da waren zu viele Scherben, die er aufsammeln, zu viele lose Fäden, die er aufrollen musste. Aber er würde es versuchen.

Wie hatte er glauben können, er könnte vergessen?

Sie fuhren unter den Platanen entlang, vorbei an verfallenen Betonbänken, an einem europäischen Supermarkt, einem neuen Pizzaladen, bogen vor dem Hôtel des Thermes ab, dessen altehrwürdige Türmchen in den Himmel ragten wie eh und je, nur noch etwas maroder.

»Dies ist die schnellste Rikscha am Platz«, sagte Terje. »Oder?«

Biscuit drehte sich im Fahren um und grinste. »Die schnellste der Stadt, wenn du es genau wissen willst. Und wenn du es *ganz* genau wissen willst …«

»Die schnellste im Land«, sagte Terje.

»Möglicherweise. Du erinnerst dich an Holland? Unser Treffen? Weißt du, noch, was ich dir erzählt habe?«

Terje nickte. Es war ein seltsamer Abend gewesen, ein Abend in einer Kneipe in Amsterdam, zu kurz, und er hatte zu viel getrunken. Biscuit hatte unaufhörlich geredet, aufgeregt, begeistert, auch damals wie ein Kind: *Holland! Und all diese Fahrräder!* Terje hatte ihm kaum folgen können. Am Ende hatte er sich gefragt, ob er alles nur geträumt hatte, seinen Spaziergang an den Grachten zu ihrem Treffpunkt, den Rotwein auf dem Kneipentisch, den Mann im Anzug, der plötzlich hereingekommen war und Biscuit mitgenommen hatte zu einem Pressetermin.

»Damals habe ich dir erzählt, dass wir dabei sind, die ganze Sache ausbauen. Auf internationaler Ebene. Und schau, was passiert ist.« Er lachte. »Jetzt ist es so groß, dass ich manchmal darin verschwinde. All diese Vorbereitungen, Telefonate, Interviews … Ich dürfte dich gar nicht fahren. Du weißt ja, ich bin kein Passagierbeförderer mehr, ich bin Sportler. Ich sollte trainieren. Für mein Land. Aber den ganzen Tag auf einer Trainingsstrecke – da wirst du wahnsinnig. Ab und zu tauche ich einfach in der Stadt auf und fahre wieder die alten Straßen entlang, nehme Leute mit, wie damals.«

»Es ist nicht das Pousse von damals«, sagte Terje und fuhr über das Sitzpolster: himmelblau mit einem Hauch Violett. Er spürte einen Stich in sich, weil es ein anderes Fahrzeug war als das, das ihm einmal so viel bedeutet hatte.

»Oh, es gibt das alte Pousse noch«, sagte Biscuit. »Es steht bei mir im Hof, und ich pflege es. Aber dieses Modell ist leichter. Wendiger.« Er klopfte auf die Lenkstange wie auf den Hals eines Pferdes »Die Klingel ist die alte. Du weißt, ohne diese Klingel kann ich nicht fahren. Ich habe an dich gedacht, Terje. Jedes Mal wenn meine Finger diese Klingel berührt haben. Und jetzt bist du also wieder da.«

»Ja.« Terje schluckte. Er wollte so vieles sagen, so vieles fragen, aber er konnte nicht, er brauchte Zeit, und hier saß Biscuit und redete mit der gleichen Leichtigkeit, mit der er das Pousse fuhr, als wäre alles wie damals, als wären nicht dreißig Jahre vergangen, als wäre er immer noch zwanzig und Terje immer noch vierzig. Als hätte es jene Sternennacht vor dreißig Jahren nie gegeben.

Woher hatte Biscuit die Narbe? Was war hier geschehen, während Terje fort gewesen war, beschäftigt mit seinem weißen, abwischbaren Klinikalltag – und später mit seiner privaten kleinen Abgeschiedenheit auf jener Ostseeinsel?

»In zwei Wochen fliegt dieses Pousse nach Europa«, sagte Biscuit. »Zusammen mit mir.« Er drehte sich um und musterte Terje, forschend. »Du wusstest es nicht, oder?«

»Ich … nein«, sagte Terje und war froh, dass Biscuit wieder geradeaus sah, sie waren in der Straße vor dem Großen Markt, dem Antsėna Sabotsy̆, und das Gedränge aus Autos, die schwarze Abgaswolken ausstießen, Rad- und Fußrikschas und

Menschen, die Lasten zogen, Zebukarren und Verkäufern mit Körben auf dem Kopf war unglaublich. Die Straßen waren voller als damals, das Kopfsteinpflaster schadhafter, die Balkons der uralten, schiefen Häuser noch schiefer.

»Ich hatte keine Ahnung, dass du nach Europa fliegst. Es ist Zufall, dass ich hier bin.«

»Nichts ist Zufall«, sagte Biscuit, bog ab und ließ das Pousse einen Hang hinunterpreschen, auf den See zu, in dem die Frauen zwischen Müll und Schilfgras ihre Wäsche wuschen. Terje hielt die Luft an. Das Pousse hatte Flügel.

Dann fing es sich, fuhr wieder aufwärts, ließ See und Verkehr hinter sich, tauchte ein in ruhigere Schatten, kleinere Straßen.

»Ich bin mit meiner Tochter hier«, sagte Terje. »Sie …« Er verstummte. Und sagte nicht: Sie ist hier, weil sie die Prämie für ein exotisches Parfum braucht. Sie dachte, Madagaskar wäre von Urwaldblumen bedeckt. Die meisten Europäer glauben, es läge in Südamerika.

Er sagte: »Sie ist so alt wie ich damals. Fünfundzwanzig. Sie wollte es unbedingt sehen. Das Land.«

Biscuit lachte. »Das Land, in dem ihr Vater sein Herz verschenkt hat.«

Terje wand sich. »Ich habe nie …«, begann er, stockte, fing noch einmal an. »Ich bin nach Berlin zurückgegangen, um eine Deutsche zu heiraten. Das weißt du.«

»Jaja«, sagte Biscuit, und eine leise Traurigkeit lag in seiner Stimme. Aber er lachte direkt wieder. »Jetzt bist du hier. Das ist die Hauptsache.«

Er glitt, geschmeidig wie ein Fisch im Wasser, die ruhige Straße zwischen den Mauern der Villengärten entlang und hielt schließlich. »So, Ende der Stadtrundfahrt. Deine Tochter wartet.«

Terje sah sich um. »Das … ja. Woher wusstest du, wohin ich muss?«

Biscuit zuckte die Schultern, grinste, antwortete aber nicht.

Zufall? Nichts war Zufall. Jetzt bemerkte er den Knopf in Biscuits Ohr, das ans blütenweiße Hemd geklemmte dezente dünne weiße Kabel, ein Telefon, Freisprechfunktion, natürlich, jemand wie er, der Fahrer des berühmtesten Pousse von Antsirabé, stand mit dem ganzen Land in Kontakt.

Er stieg aus und schüttelte ihm die Hand, und einen Moment lang sah er wieder den kleinen Jungen vor sich, fünf Jahre alt, dreckig, mager, den Blick scheu zu ihm erhoben. Doch schon damals war da diese Entschlossenheit gewesen, hinter der Scheu, diese Entschlossenheit, etwas zu werden.

Vielleicht war es das, was Terje angezogen hatte, weniger als das Mitleid. Es war die Entschlossenheit, die ihm selbst fehlte. Er war ein Wartender, ein Aufschieber.

»Dann noch einen schönen ersten Abend«, sagte Biscuit.

Terje nickte. »Danke. Wir sehen uns?«

»Ich habe im Moment ein bisschen zu viel im Terminkalender. Das hättest du nicht gedacht, was, ich habe einen Terminkalender. Aber ich melde mich. Grüß deine schöne Tochter.«

»Ich … Woher … Warte!«, sagte Terje, doch Biscuit war schon dabei, sein Fahrzeug zu wenden, hob den Arm zu einem Winken und glitt davon.

»Du hättest keine Zeit gehabt, mit reinzukommen?«, fragte Terje das davonfahrende Pousse. »Nora kennenzulernen? Und woher weißt du, dass sie schön ist?«

Doch der grüne Streifen war bereits am Ende der Straße, bog ab, perfekt in jeder Bewegung. Perfekt wie die Kleidung seines Fahrers, sein Französisch, sein Aufstieg vom Nichts zum berühmtesten Sportler der Stadt. Aber da war etwas gewesen, das nicht zu der Perfektion passte. Etwas in seinen Augen. Verborgen, wie damals die Entschlossenheit.

Es war eine Art von Melancholie. Von Einsamkeit.

Biscuit schien ein gutes Leben zu führen, über das weiße Kabel verbunden mit der ganzen Welt. Die Menschen sahen ihm nach, wenn er vorüberfuhr, bewunderten ihn. Und doch fehlte etwas in diesem Leben. Woher stammte die Narbe, die quer über seinen Kopf lief? Warum hatte er nicht von eigenen Kindern gesprochen, als Terje von Nora sprach? Er war fünfzig, er musste doch Kinder haben, alle Madagassen hatten Kinder. Oder nicht? Lebte er irgendwo da draußen allein mit seiner Trainingsstrecke?

Der Garten des Hotels empfing Terje mit tausend Farben. Papageien kreischten in einer riesigen Voliere. Das Hotel selbst war einmal eine Kolonialvilla gewesen, nun stand es ein wenig schief, ein wenig müde zwischen den hohen Bäumen, die Stufen der breiten Eingangstreppe waren voller Risse, jedoch verziert mit rosa und roten Geranien in Tontöpfen.

In der Eingangshalle standen niedrigen Bambusregale, vollgestopft mit Büchern, dazwischen lag ein runder Raphiateppich.

Über der Rezeption hingen die ebenfalls aus Raphia gewebten Hüte aller madagassischen Gegenden, jeder ein wenig unterschiedlich, durchwirkt mit grünen, roten, rosafarbenen Linien.

Die junge Frau hinter dem dunklen Holztisch nahm Terjes Pass entgegen und gab ihm einen Zettel zum Ausfüllen. Sie roch nach Vanille, doch das war ein Parfum. Eines, das es schon gab, und etwas zu viel davon. Als er aufsah, lächelte sie ihn an. In ihrem Lächeln zeigten sich drei schadhafte Zähne. Das alte Problem.

»Ich zeige Ihnen Ihr Zimmer«, sagte sie, »bitte folgen Sie mir die Treppe hinauf. Wir bieten auch Stadtrundfahrten, mit einem Pousse, das ist eine handgezogene Rikscha, wir haben eine Reihe vertrauenswürdiger Fahrer. Und wir organisieren Ausflüge in die Umgebung, wenn Sie möchten, mit dem Auto. Antsirabé hat viel zu bieten, es gibt einen Vulkansee und …«

»Ich weiß«, sagte Terje. »Er ist rund und türkisfarben, und

es sind zwei Liebende darin ertrunken, die nicht heiraten durften. Sie haben sich später in zwei eng umschlungene Bäume verwandelt, die aus der Felswand wuchsen, aber irgendwer hat sie abgesägt oder gestohlen.«

Die junge Frau lachte. »Waren Sie schon einmal hier?«

Terje nickte. »Eine Weile her.« Er stützte die Hände aufs Fensterbrett und atmete die Luft tief ein, warme Luft voll vom Duft nach Blättergrün – und dem Geruch von brennendem Plastikmüll. Unter ihm lag das rosenumrankte Wächterhäuschen und, im Schatten, zu Füßen der alten Bäume, die Blumen: Blumen in allen Farben und Formen, Blumen, wie nie ein Europäer sie in seinem Garten pflanzen konnte. Rot und weiß gestreifte Blüten wie Sterne, zyklamenfarbene kleine Wasserfälle, orangefarbene und violette Blumen, die aussahen wie Vögel.

Hinter den Blumen lag die Mauer, hinter der Mauer träumten die ruhigen Villenstraßen und hinter den Villenstraßen die Stadt.

Sie wartete auf ihn. Und irgendwo in ihr wartete vielleicht eine Person, die zu treffen er sich fürchtete, während er sich gleichzeitig danach sehnte.

»Ihre Frau ist unten im Garten«, sagte die junge Rezeptionistin hinter ihm. »Sie sitzt auf der Hollywoodschaukel unter dem großen Jacarandabaum.«

Terje lachte. »Das ist meine Tochter.«

»Ach so«, sagte die Rezeptionistin. »Natürlich.« Er fragte sich, ob sie ihm glaubte.

Ging sie wirklich davon aus, dass er, fast siebzig, mit einer Fünfundzwanzigjährigen …? Natürlich, da waren all die alten Europäer, die hierherkamen, um einen angenehmen Lebensabend zu verbringen: mit einer Villa, Bediensteten und einer jungen Madagassin an ihrem Arm.

Er legte seinen Rucksack aufs Bett, unter den Baldachin des Moskitonetzes, und setzte sich daneben. Der weiße Bettbezug war übersät mit winzigen aufgestickten dunkelgesichtigen Arbeitern, die Körbe auf dem Kopf trugen oder Rikschas zogen. Auch im Schlaf arbeiteten hier noch Sklaven für einen.

Er dachte an ein anderes Bett unter einem anderen Moskitonetzhimmel. An silbernes Mondlicht, das durch ein Fenster schien und einen Streifen malte: auf ein weißes Laken, dann auf ein schlankes Bein, einen nackten Fuß …

Über dem Kopfteil des Bettes hing ein kleiner Spiegel.

Er sah sein Gesicht darin an: diese Landschaft voller Falten, in denen sich Sommersprossen sammelten wie Staub von der roten Erde dieses Landes, seine hellen Augenbrauen, die mit den Jahren dichter geworden waren, das feine, nicht mehr so dichte Haar, die blauen Augen.

Würde sie ihn wiedererkennen? Oder war er ein anderer geworden, war er nur noch der einsame Mann, der jeden Morgen zur exakt gleichen Uhrzeit am Strand einer Ostseeinsel durch den kalten Wind lief?

Er fand Nora tatsächlich im Garten. Der Jacarandabaum blühte, verkündete die Regenzeit, streckte seine hellgrünen Fiederblättchen so hoch in den Himmel und streute dunkelviolette Blüten. Nora saß auf der alten weißen Metallschaukel, die leise quietschte, und hielt eine Handvoll der Blüten in der Hand.

»Ich sollte ein Bild von dir machen«, sagte er. »Du könntest es deinem Jan schicken.«

Sie lächelte und nickte, strich über eine der Schaukelstreben, von der die weiße Farbe in großen Flocken abblätterte, dann über die Rostflecken der Schaukellehne. »Aber was schreibe ich dazu? Guck mal, wie kaputt hier alles ist?«

»Schreib, es ist retro.« Er lachte. »So heißt das doch heute, oder?«

»Shabby Chic«, sagte Nora. Sie hob die Hände wie eine Schale voll von zartem Blütenviolett, verbarg ihr Gesicht darin und schnupperte.

»Ich rieche zu viel«, sagte sie leise. »Zu viel auf einmal. Die Straße. Die Abgase. Den Garten. Die Menschen.« Sie schüttelte den Kopf. »Es ist verwirrend.«

»Das Hotel ist okay?«, fragte er vorsichtig. »Schön ruhig, dachte ich …«

Ein schwarzes madagassisches Huhn kam vorbei, hinter sich einen tschilpenden Kükenkindergarten. Zwei magere junge Hunde balgten jaulend unter dem Baum, hoch oben krakeelte ein Fody mit leuchtend orangefarbenen Federn, von irgendwoher schallte die knarrende Musik eines nicht richtig eingestellten Radiosenders. Und dann kam auf der Straße eines der Autos mit Lautsprechern vorbei: Reklame oder Wahlpropaganda.

»Ruhig«, wiederholte Nora. »Na ja.«

Terje fing ein Kükenkind, setzte es auf sein Knie und streichelte den weichen dunklen Federflaum. »Du musst dich langsam eingewöhnen. Nichts überstürzen. *Mora, mora*«, sagte er, vielleicht zu dem Küken genauso wie zu seiner Tochter. »Wir bleiben ein paar Tage, ehe wir an die Küste fahren, und ich zeige dir die Stadt. Es gibt schöne Ecken, wirklich.«

»Es *gibt* schöne Ecken? Das heißt, die meisten Ecken sind *nicht* schön?« Sie hob eine Augenbraue.

Terje stand auf und ließ das Küken frei. »Das meiste Schöne ist nicht eckig«, sagte er und grinste. Seltsam, er spürte in seinem Grinsen das Grinsen von Biscuit. Die Leichtigkeit, die so viel Melancholie enthielt.

Die Madagassen lachten über alles, was eigentlich zum Weinen war. Ob sie vom Rad fielen oder über den jeweiligen korrupten Präsidenten sprachen.

Terje hatte gelacht, als er damals in ein Flugzeug gestiegen war. Er hatte gelacht, als er hoch über den Wolken an das silberne Mondlicht dachte und den nackten Fuß, den es übergossen hatte. Er war über den kaputten Regenwald nach Hause geflogen und hatte gelacht, leise, nur für sich, bis er heiser gewesen war. Und dann war er in Berlin ausgestiegen und hatte Noras Mutter angerufen, die damals noch nicht Noras Mutter gewesen war.

***

Und dann sind wir spazieren gegangen, einmal durch diese laute, verrückte Stadt, Terje hat mir alles gezeigt, so stolz, als hätte er es selbst erfunden: den zuglosen Bahnhof, den Park, in dem der Wind Müll zwischen den staubigen Kiefern herumwirbelt, die Kathedrale, deren Uhr wahrscheinlich in dem Moment stehen geblieben ist, in dem die Franzosen das Land verlassen haben.

Terje sagt ja immer, sie recyceln hier alles, und ich habe nachgelesen: Selbst das Christentum ist in Madagaskar recycelt, sie hatten einmal eine Königin, Ranavalona die Grausame, die alle Christen umbringen ließ und mit ihnen den europäischen Gott, jetzt benutzen sie seine Reste.

Die Straße hinunter in die Stadt, die zum Kleinen Markt führt, einer Art Klumpen aus mehreren niedrigen Gebäuden, vollgestopft mit Secondhandkleidern und thailändischen Schuhen und zerlumpten Bettlern. Am Straßenrand sitzende Verkäufer, die papiertrockene Baguettes oder schreckliche kleine weiße Käse offen vor sich in einem Korb haben, zwischen Staub und Dreck und Fliegen.

Das Gemüse ist schön. Von ferne. Rote und gelbe Paprika, blaue Pflaumen, leuchtend grüne Avocados.

Und dann kommst du näher und siehst die Wurmlöcher in den Pflaumen, die braunen Stellen an den Avocados. Dieses verdammte Land ist kaputt, selbst das Gemüse ist kaputt.

Und überall diese Autos, die eigentlich gar nicht mehr fahren können! Sie reparieren hier alles, wirklich, sie sitzen am Straßenrand, im Dreck, und reparieren Handys, Taschenlampen, Radios, Fahrräder, Schuhe.

Terje hat gelächelt. »Recycling, du siehst es«, hat er gesagt. »*Welcome to recycling land.*«

Nie zuvor habe ich ihn so lächeln sehen.

Ich habe Angst vor diesem Land, und natürlich werde ich die Angst besiegen, natürlich, ich habe immer alles besiegt. Aber es wird nicht leicht. Ich habe Angst, und ich ekle mich, dir kann ich es sagen, ich sehne mich nach Sauberkeit, nach Ordnung, nach Straßen ohne Bettler, ohne Müll, ohne Exkremente. Ich fühle mich jetzt schon so dreckig wie nie zuvor, obwohl ich ständig dusche, der rote Staub klebt an mir, überall sind Kohlefeuer, und der Ruß in der Luft setzt sich in mein Haar, es ist zum Heulen.

Und da steht Terje und lächelt. Als wären der Staub, der Ruß, die Bettler schön. Er liebt dieses Land. Er versteht mich nicht, und ich verstehe ihn nicht. Aber so ist es immer gewesen.

Habe ich denn geglaubt, es würde plötzlich anders sein? War ich so dumm?

Ich kann verstehen, dass ihr euch getrennt habt. Nicht dass er je unfreundlich zu mir war, er war einfach nur immer … anders. Ein einsamer Wolf, ein Träumer, blind für die Realität.

Ich weiß noch, wie er eines Abends nach dem Essen gesagt hat: »Lass uns auf den Spielplatz gehen, im Dunkeln schaukeln.« Ich war vier oder fünf. Und ich war es, die ihm erklärt hat, dass es zu gefährlich ist, im Dunkeln in Berlin auf einen Spielplatz zu gehen. Und einmal wollte er mit mir in Regenpfützen springen. Ich trug ein neues Kleid. Er sagte, er würde mir Gummistiefel kaufen, aber ich wollte keine Gummistiefel. Ich wollte auch nicht in Pfützen springen. Du und ich, wir sind immer darum herumgegangen.

Und da war der Tag, an dem er fand, ich könnte die Schule schwänzen, weil die Sonne schien. Er wollte einen Ausflug mit mir machen, ins Grüne, Boot fahren, Eis essen. Ich war in der zweiten Klasse, und er sagte, einmal kann man doch die Schule sausen lassen. Natürlich bin ich hingegangen, pünktlich, wie immer. Danach habe ich mich geweigert, wieder bei ihm zu übernachten.

Er war immer zu anders, anders als du und ich.

Ich wünschte, du wärst hier. Wir könnten über die gleichen Dinge den Kopf schütteln oder lachen.

Zurück zu den Recyclisten, wie Terje sie nennt. Wenn ich an den Trend in Europa denke, an unsere in Hälften geschnittenen, recycelten Glasfläschchen bei Summer. Was wir machen, ist Upcycling, aber was Madagaskar tut, ist Downcycling. Du solltest die Elektrogeräte am Straßenrand sehen: lebensgefährliche Kurzschlussoasen, Schwelbrandmonster.

Terje hat gesagt, der Große Markt wäre noch etwas »gewöhnungsbedürftiger«, wir sollten nicht gleich heute hingehen, und es gäbe einen See, aber der wäre auch »gewöhnungsbedürftig«.

Für den Rückweg wollte er mich in eine hölzerne Rikscha mit einem Läufer davor setzen, einem schmutzigen alten Mann ohne Schuhe und mit fürchterlichen Zähnen. Ich wollte nicht, dass der alte Mann mir in die Rikscha hilft. Mich anfasst. Vermutlich übertragen sie alle Krankheiten. Und ich brauche die zehn Kilometer Laufen am Tag für meine Figur, worüber Terje nur gegrinst hat. Eine gute Figur ist harte Arbeit, Perfektion ist harte Arbeit, du weißt das.

Terje hat dem Mann trotzdem einen Geldschein gegeben. Das ist nett, aber kommen sie dann nicht alle an und wollen Geld, ohne etwas zu tun?

Jetzt bin ich hundemüde und sitze im Hotel, in einem Sessel in der kleinen Empfangshalle. Ich habe die Füße hochgelegt, denn sie tun weh, obwohl ich sonst jeden Tag eine Stunde jogge. Dieses Land macht mich fertig.

Es ist schön, hier zu sitzen und dir zu schreiben.

Draußen, vor dem glaslosen Fenster, in das nur ein Moskitonetz genagelt ist, hört der *gardien* seinem winzigen Radio zu und singt, während er über einem offenen Holzfeuer Reis kocht. Ich dachte zu Anfang, er sei ein Gärtner, aber er ist der Torwächter, er bewacht uns nachts und auch tags, registriert jeden, der ein oder aus geht. Alle Häuser in diesem Viertel haben *gardiens*. Die Stadt und ihr Schmutz und ihre Bettler kommen nicht herein.

Andererseits: Was tut eine Frau, wenn sie heimlich ausgehen will? Oder heimlich zur Unzeit wiederkommen? Klettern all diese Frauen da draußen nachts über die Bougainvilleen-bewehrten Mauern ihrer eignen Gärten, um ihr Liebesleben vor den Angestellten zu verbergen, die sie bewachen?

Terje ist oben, in unserem Zimmer. Als ich vorhin meinen Laptop geholt habe, saß er da und sah die Sterne an. »Das Sternenlicht ist auch recycelt, wusstest du das?«, hat er gesagt. »Es ist verbraucht, wenn es bei uns ankommt, eine ganze Menge anderer Galaxien haben es schon gesehen«, und ich habe nicht mit ihm über die Definition von Galaxie gestritten und nur genickt und bin wieder die schräge Treppe hinuntergegangen. An der Bar, die gleichzeitig der Hoteltresen ist, haben sie lokalen Rum mit selbst eingelegten Früchten, den ich trinke, während ich dir schreibe. Rum in einer (recycelten) Vichy-Glas-Wasserflasche. Die Früchte in der Flasche waren klein und gelb, das Hotelmädchen sagte, es wären Mispeln. Der Rum baut mich ein wenig auf.

Obgleich er ganz definitiv downgecycelt schmeckt.

Aber immerhin desinfiziert der Rum die Früchte.

Ich frage mich, woran Terje denkt, da oben, auf seinem Balkon.

Er hat gesagt, morgen wird er ein wenig allein durch die Stadt spazieren, und ich bin dankbar dafür, denn auch ich muss allein spazieren gehen, falls das Wort *spazieren gehen* in Madagaskar einen Sinn besitzt, hier, wo es keine freie Natur zu geben scheint, nur Reisfelder und Straßen.

Das einzig wirklich Schöne hier sind die Blumen: Blumen in

so verrückten Formen und Farben, als hätte ein betrunkener Künstler sie allesamt erfunden. Aber sie wachsen nur in den Gärten. Und die meisten duften nicht, sie locken die Insekten über ihre Farben an, hier ist also kein Parfum zu finden.

Ich werde den Garten verlassen müssen, um meinen Duft zu entdecken. Etwas Außergewöhnliches, hat Jan gesagt. Nur wie soll ich mich auf Düfte konzentrieren, wenn mir in jeden Gedanken jemand hineinsingt oder hineinredet oder hineinbettelt?

Terje hat gesagt, wir sollten in den Urwald fliegen, an die Küste. Dort gibt es noch ein paar Naturschutzgebiete. Aber wenn ich daran denke, dass ich dazu die ganze Strecke zurück in die Hauptstadt in einem stickigen Taxi fahren muss, die stundenlangen Staus in der Hitze ertragen … Und außerdem habe ich, um ehrlich zu sein, dieser Stadt den Kampf angesagt. Ich ekle mich, aber ich lasse mich nicht unterkriegen.

Dennoch sehne ich mich danach, mit dir in einem Café zu sitzen.

Ich sehne mich nach Jans Arm, den er um die Schultern gelegt hat nach unserem letzten gemeinsamen Essen. Wir sind durch den Park gegangen, es war halb vier Uhr, Winterdämmerung, und er hat mir seine Jacke geliehen, ich habe den Geruch noch in der Nase. Er hat zweimal kurz geschrieben. Gefragt, wie ich vorankomme.

Ich habe keine Antworten.

Und mein Vater sitzt auf einem Balkon und denkt über das Recycling von Sternenlicht nach.

* * *

An diesem Abend saß Rakotomalalabalita – Freunden und Feinden besser bekannt als Biscuit, was nichts mit Keksen zu tun hatte, sondern eine Abkürzung von Bisikileta war – allein auf dem stromlinienförmigen Sportsattel seines Cyclo-Pousse und strich immer wieder über die runde rote Klingel, als betete er einen Rosenkranz: *Du bist gebenedeit unter den Frauen, und gebenedeit ist die Frucht deines Leibes …*

Das Pousse stand im Hinterhof eines unverputzten roten Ziegelhauses, mitten im Grün der Reisfelder. In der Hand hielt Biscuit eine Bierflasche: THB, Three Horses Brand, ein englischsprachiges Relikt aus vergangenen Zeiten.

Wie oft war er an der Star-Brauerei am Stadtrand vorübergefahren! Ein Koloss von einem Gebäude, ein Felsen, der jeden Morgen Arbeiter schluckte und sie abends wieder ausspie. Zum ersten Mal war er mit fünf Jahren daran vorbeigefahren, nein, damals hatte er einen Wagen geschoben.

Er erinnerte sich genau. Er hatte die rote Klingel am Handgelenk getragen wie eine überdimensionale Armbanduhr, befestigt mit einem alten Schnürsenkel. Sie hatte geglänzt, blank und wie neu, und er hatte mit zwei anderen Jungen einen Kohlewagen geschoben, auf der Ausfallstraße nach Talata. Über seinen ganzen Körper war der Schweiß gelaufen, seine Beine hatten gezittert, der Kohlewagen war schwer gewesen, und die Klingel an seinem Handgelenk war ebenfalls schwer gewesen, doch er hätte sie um nichts in der Welt abgelegt.

Hery hatte ihnen den Job besorgt, Hery kassierte die Hälfte des Geldes. Sie hatten ihm gedankt. Aber nach dem Wort *misaotra,* danke, und als Hery weggesehen hatte, hatte Biscuit ausgespuckt.

In ihm klang noch das Gefühl nach, wie es war, auf einem Fahrradsattel zu sitzen, auf Hery hinabzusehen. Seit diesem Moment wusste er, dass es möglich war. Und während er schob, am Ende seiner Kraft, während er nichts sah als seine bloßen, schwielenübersäten Füße, sah er im Geiste wieder den Fremden vor sich, der ihn hochgehoben hatte.

Aber er nannte ihn nicht den Fremden, den *vazaha*. Er hatte sich seinen Namen gemerkt und sagte ihn vor sich hin, Terje. Oder, manchmal: *Ny namako.* Mein Freund.

Er hatte von Anfang an gespürt, dass diese Freundschaft besonders war. Der Fremde war der einzige Freund, den er je gehabt hatte, die anderen, die mit ihm auf der Straße lebten, waren Rivalen. Und sie alle sahen, wie Hery, auf ihn herab. Er war der Kleinste und Dünnste, er hatte keinen Nachnamen, er hatte nie eine Familie gehabt, während viele der anderen Verwandte besaßen, die Gelegenheitsarbeiten verrichteten oder bettelten wie sie. Herys Familie hatte sogar ein Haus, an der Straße in Richtung Tana, ein Haus mit Wänden aus Pappe und Holzlatten. Dorthin brachte er zusammen mit Biscuit jeden Tag die drei Seifenkisten, die er vermietete. Und er hatte einen Vater. Das zehnte von Herys jüngeren Geschwistern hatte seine Mutter mit ins Jenseits genommen, doch sein Vater war noch da und hatte manchmal sogar Arbeit, er transportierte Fleisch von den Schlachtern zu den Metzgern am Markt.

Aber in der letzten Zeit, wenn Hery sagte: »Mein Vater ist so stark, er kann allein zwei gehäutete Zeburinder auf einer Rikscha ziehen«, dann dachte Biscuit im Stillen: »Mein Freund kann mit dem Fahrrad um die ganze Welt fahren.« Das hatte die schöne Schwangere gesagt.

An jenem Tag, an dem sie die Kohlesäcke an der Brauerei vorüberzogen, sah Biscuit Herys Vater zum ersten und einzigen Mal.

Sie schoben den Karren mit den Säcken die Straße hinauf, leicht bergan, er drohte jeden Moment, zurückzurollen, und wenn er das tat, würde er sie unter sich begraben, sie keuchten und schoben und legten sich ins Zeug, Hery ging vorne und lenkte.

Zu ihrer Rechten ragte also die Star-Brauerei auf, und Biscuit fragte sich, wie es wäre, jeden Morgen dorthin zu gehen und zu arbeiten und bezahlt zu werden.

Da passierte es.

Jemand rief Herys Namen, ein Mann mit einer heiseren Stimme, Biscuit sah auf, an den Säcken vorbei, und da sah er ihn, den Mann, der das alte Pousse quer über die Straße durch den Verkehr zog. Die Sitzpolster waren ausgebaut, auf der hölzernen Fläche lagen die abgezogenen Beine und Köpfe von Tieren rot und nass übereinander, und oben eine große Plastiktüte, aus der Innereien quollen. Der Mann selbst war blutbeschmiert, seine Hände, die die Griffe umklammerten, glitschig vom Aufladen des Fleisches. Und er war weder jung noch stark. Dünn war er und gebeugt, sein Rücken verkrümmt. »Hery!«, rief er, »mein Sohn!«

Und Biscuit sah die anderen an.

»Der ist dein Vater?«, rief einer. »Dieser alte Mann?«

Sie lachten gemeinsam. Hery lachte nicht. Mit einem Satz sprang er vorn auf den Kohlekarren, stand da, aufrecht wie am Bug eines Schiffes, und funkelte sie an.

»Einen schönen Tag!«, rief er seinem Vater zu, die Wut über das Lachen der anderen unterdrückend. »Wir sehen uns!«

Herys Gewicht war zu viel. Die drei Jungen strauchelten und kämpften, Biscuit sah sich um, und er sah, dass hinter ihnen einer der riesigen *poids lourds,* der überlangen Lastwagen der Brauerei, sich näherte, um an ihnen vorbei in die Einfahrt einzubiegen.

Biscuit spürte, wie der Kohlekarren begann, rückwärtszurollen. Er stemmte sich mit seinem ganzen mageren Körper dagegen, doch es nützte nichts, Herys Strafe für ihr Lachen war eine fürchterliche, er begriff es, als er ihm in die funkelnden Augen blickte, er, Hery, konnte jederzeit abspringen und sich in Sicherheit bringen. Aber sie, sie würden mit dem *poids lourd* kollidieren und überrollt werden, von dem Kohlewagen, von den Rädern des Lastwagens, und kein Krüppel hatte eine Zukunft in dieser Stadt.

Er wollte Hery anschreien, Du bist wahnsinnig!, wollte er schreien, spring ab, hilf uns schieben! Aber er konnte nicht, er hatte keine Luft dazu.

Der *poids lourd* hupte.

Und dann geschah noch etwas. Später würde Biscuit ein Held sein, aber es war nur ein Zufall.

Später würde ihm jemand sagen, es gäbe keine Zufälle.

Es trat nämlich jemand aus der Tür der Brauerei, Biscuit wandte den Kopf, beinahe reflexartig, und sah in die Augen des Mannes, der jetzt auf die Straße trat. Es war ein fein angezogener Mann, ein Mann in einem grauen Anzug, mit Hut und Schlips. Und seine Augen waren die traurigsten, die Biscuit jemals gesehen hatte. Dieser Mann, einer der Aufpasser, der Kontrolleure, ein gut verdienender Mann, der niemals Hunger litt – dieser Mann war so traurig, dass seine Augen schrien.

Etwas war geschehen im Leben dieses Mannes, Biscuit begriff es sofort, das jenem Leben allen Sinn nahm. Und während Biscuit sich weiter gegen den rückwärtsrollenden Wagen stemmte und ein Kohlesack sich löste und fiel und der *poids lourd* bremste und ins Schleudern geriet und das Pousse voller Fleisch versuchte, zu bremsen, ehe es auch mit dem *poids lourd* kollidierte – während all dies geschah, ging der Mann auf die Straße, zielstrebig. Er trat zwischen den Kohlewagen und den Lastwagen, und Biscuit war der Einzige, der ihn ansah und der ihn verstand.

Der Mann würde zwischen den Fahrzeugen zerquetscht werden, und genau das wollte er.

Da tat Biscuit, fünf Jahre alt, hungrig, erschöpft, etwas absolut Untypisches für sein Volk, für dieses Land. Er sah die rote Klingel an, erinnerte sich an das Gefühl, von einem Fahrradsattel aus in die Welt zu blicken, und fasste einen Entschluss: Die Kohlen waren nicht zu retten. Die Vorderfront des Lastwagens war nicht zu retten. Das wertvolle Zebufleisch auf dem Pousse war nicht zu retten.

Doch das eröffnete eine neue Möglichkeit: all dies zu vergessen und sich selbst zu retten. Sich und die anderen und den Mann mit den traurigen Augen.

Er schrie. »Loslassen! Jetzt!«

Gleichzeitig riss er die Hände hoch, warf sich zur Seite, gegen die beiden anderen Jungen, die ebenfalls losließen, stieß im Rennen den Mann im Anzug beiseite, zurück in Richtung Straßenrand, und dann fielen sie alle, fielen in einem Chaos aus Körpern gegen den Zaun der Brauerei. Hinter ihnen kollidierte krachend und splitternd der hölzerne Lastkarren mit dem *poids lourd* und dem Pousse, Fleisch und Innereien flogen durch die Luft und landeten auf dem Durcheinander aus Menschen. Biscuit fand ein Stück weiter Herys Vater – und Hery, der im letzten Moment abgesprungen sein musste.

Er spürte, wie Blut über sein Gesicht floss, das Blut eines Schweins, und es mischte sich mit seinem eigenen aus einer Platzwunde über seinem Auge. Er rappelte sich auf. Befreite sich von Därmen und Sehnen, die sich um ihn gewickelt hatten, unterdrückte den Brechreiz.

Neben ihm kniete der Mann mit den traurigen Augen, sein Anzug verschmiert von Dreck, Blut und Schleim. Biscuit streckte die Hand aus und half ihm hoch. Und der Mann ließ sich helfen.

Während der Fahrer des *poids lourd* und sein Kompagnon auf die Straße sprangen und herumzubrüllen begannen, sah der Mann Biscuit mit seinen traurigen Augen an und lächelte, als wäre er eben aus einem bösen Traum erwacht.

»Danke«, sagte er. »Danke, meine Junge.«

Biscuit nickte und sah sich nach Hery um, der eben wieder auf die Beine kam. Er blutete am Knie, aber er sah im Großen und Ganzen unverletzt aus. Genau wie die anderen.

Die Männer vom *poids lourd* kamen auf sie zu, ihre Gesichter wutverzerrt. Ein Haufen von Holzsplittern lag im Weg, der einst ein Pousse und ein Kohlewagen gewesen war, und der *poids lourd* hatte eine große Delle. Seine Hintertüren waren aufgesprungen. zerbrochene Flaschen übersäten die Straße. Der Verkehr würde noch über Stunden stillstehen.

»Rennt!«, sagte der Mann mit den traurigen Augen zu Biscuit.

Aber noch rannte Biscuit nicht.

»Sie wollten sterben«, flüsterte er.

Der Mann nickte. »Aber es ist gut, dass du mich davon abgehalten hast«, sagte er. »Es gibt jemanden, der mich braucht. Ich denke, sie verdankt dir viel.«

Und dann rannte Biscuit doch, zusammen mit den anderen, am Arm die rote Klingel.

Ein halbes Jahr später sah Biscuit den Mann wieder.

Es war ein kalter Tag im Frühling.

Der dritte einschneidende Tag in Biscuits Leben – der erste war der Tag der roten Klingel gewesen, der zweite der Tag des Unfalls.

Damals hatte Hery eine Menge Ärger bekommen, sein Vater wäre um ein Haar für den Unfall belangt worden und ins Gefängnis gewandert, hätte nicht »ein Unbekannter aus der Chefetage der Brauerei«, wie Hery prahlte, seine Hand schützend über ihn gehalten. Dieser Unbekannte schien auch die Schulden für den zerstörten Kohlewagen und die Rikscha beglichen zu haben.

Hery hatte Biscuit dennoch verprügelt, als er ihn erwischte. Er hatte den anderen befohlen, ihn festzuhalten und auszuziehen wie seinerzeit die Sklaven, Strafe müsse sein, hatte er gesagt, und eine Menge Leute hatten zugesehen, wie er seinen Stock geschwungen hatte, als wäre er tatsächlich ein Sklavenbesitzer früherer Jahrhunderte. Die Umstehenden hatten gelacht, wie Madagassen immer lachen, wenn etwas geschieht, über das man auch weinen könnte, und Biscuits Hemd hatte lange Zeit an den tiefen Wunden an seinem Rücken geklebt, was sehr lästig gewesen war, vor allem wenn man Säcke schleppte.

Aber an jenem Tag im Frühling war alles wieder normal,

Biscuit war inzwischen (wahrscheinlich) sechs Jahre alt und arbeitete nach wie vor für Hery, und niemand wusste, dass er heimlich auf die Sitze der Seifenkisten spuckte.

Eins hatte Hery nie gewagt: ihm die rote Klingel wegzunehmen. Manche Kinder sagten, sie sei inzwischen an seinem Handgelenk festgewachsen.

An jenem Frühlingstag kam der Mann mit den traurigen Augen auf den Bahnhofsplatz. Biscuit klingelte mit der roten Klingel. Da sah der Mann zu ihm und lächelte.

Er trug ein Kind auf dem Arm, ein winziges Mädchen in einem blauen Spitzenkleid mit aufgestickten Blümchen und weißen Schuhen, adrett wie eine Puppe. Nur seine Haare standen nach allen Seiten ab, ein unzähmbares Meer aus Locken. Das kleine, feine Gesicht sah daraus hervor wie aus einer Höhle.

Es sah Biscuit an, mit hellen Augen, hellbraun wie Karamellbonbons, wie Platanenholz: sah direkt in sein Herz.

Und der Mann mit den traurigen Augen begutachtete die Seifenkiste, die Biscuit gerade mit einem alten Lappen poliert hatte. Ein weißes Auto mit roten Rädern und einem kleinen schwarzen Lenkrad.

Der Mann lächelte.

»Pass gut auf sie auf, ja?«, bat er. »Sie heißt Maribelle, und sie ist erst ein Jahr alt. Heute ist ihr Geburtstag. Ihre Mutter hat sich gewünscht, dass wir hierherkommen, um zu fahren, wenn sie alt genug ist. Sie kannte dich, glaube ich. Sie hat mir von einem Jungen erzählt, der eine rote Klingel geschenkt bekommen hat. Zwei Tage bevor …« Er verstummte. »Du verstehst.«

Und Biscuit sagte »Ich verstehe« und verstand nichts.

»Maribelle«, wiederholte er.

Der Mann mit den traurigen Augen nickte.

Da wischte Biscuit schnell mit dem Lappen über den Sitz der Seifenkiste, und es tat ihm leid, dass er darauf gespuckt hatte. Der Mann gab Hery das Geld und ging neben der Seifenkiste her, während Biscuit sie schob. Vorsichtig.

»Halt dich gut fest, Maribelle«, flüsterte er. »Wollen wir schneller fahren? Wollen wir fliegen?«

Maribelle sah ihn an und strahlte. Und zeigte mit ihrer winzigen Hand auf die Klingel.

»Da!«, sagte sie.

Biscuit nickte. Er klingelte zweimal sehr laut. Dann flog die Seifenkiste.

Das Motorengeräusch füllte knatternd die Luft des Bahnhofsvorplatzes, das kleine Auto raste an den Blumenrabatten entlang, durch den wippenden Schatten der Platanenblätter, überholte einen rosa gestrichenen Eiswagen, dessen Miniaturwaffel-Türme in den hellblauen Himmel ragten, legte sich sacht in die Kurve, geschmeidig, bog auf die andere Seite der Straße ein.

Und Maribelle warf die Arme hoch und jauchzte, ihr wildes Haar flog wie ein Heiligenschein. *Gebenedeit sei die Frucht deines Leibes,* dachte Biscuit, aber erst, als er sich fünfundvierzig Jahre später erinnerte.

Als Sechsjähriger dachte er nur, dass er glücklich war. So glücklich wie das winzige Mädchen. Sie waren eine Einheit, er der Motor und sie die Fahrerin, er der Diener und sie die Herrin, aber nicht auf die Weise, auf die Hery glaubte, sein Herr zu sein. Denn er diente ihr nur aus einem Motiv heraus: aus Liebe.

An jenem Tag im Frühling hatte Biscuit sich verliebt. Wenn man sich mit sechs Jahren verlieben kann. Er konnte es. Das winzige Mädchen neben ihm war das vollkommenste Geschöpf, das er je gesehen hatte, und er wusste auf einmal, wozu er eines Tages auf einen Fahrradsattel steigen würde. Wozu er den Triumph brauchte, zu dem die rote Klingel an seinem Arm ihn führen würde. Nicht nur dazu, um auf Hery hinabzublicken. Das war zweitrangig. Er würde triumphieren, um dieses Mädchen für sich zu gewinnen, für immer.

Ihr Vater rannte neben ihnen her, vielleicht wollte er etwas sagen, etwas wie »Halt! Halt, nicht so schnell!«, doch er sagte nichts, denn er sah, wie seine Tochter strahlte.

Als sie zweimal die ganze Prachtstraße hinauf- und wieder hinuntergefahren waren, hob er seine Tochter aus der Seifenkiste, obwohl sie ihre Arme danach ausstreckte.

»Nächste Woche wieder«, sagte ihr Vater. »Nächste Woche, meine Maribelle.«

Biscuit wischte sich den Schweiß von der Stirn und nickte.

»Nächste Woche. Ich halte den weißen Wagen für dich frei.«

»Da! Da!«, rief Maribelle und hüpfte auf dem Arm ihres Vaters auf und ab. »Ja!«

»Das war die doppelte Strecke«, sagte Hery hinter Biscuit. »Aber es hat sich gelohnt, nicht wahr, du kleine Süße?« Und er wollte ihr über die Wange streicheln. Am liebsten hätte Biscuit ihn gebissen. Aber Maribelle zuckte zurück und starrte Hery feindselig an, und das zu sehen war noch besser. Biscuits Herz glühte in seiner Brust.

Er schwor sich, nie mehr in die weiße Seifenkiste zu spucken.

Von jenem Tag an fuhr eine Prinzessin in dem weißen Auto. Biscuit wartete die ganze Woche auf sie. Er lernte, dass es die Sonntage waren, an denen sie kam. Die Sonntage, an denen die Straßen morgens leer waren, weil die Leute zur Kirche gingen und sangen. Nach der Kirche kam Maribelles Vater mit ihr zum Bahnhofsplatz, und sie war immer fein anzogen, aber nie richtig gekämmt. Manchmal steckte er ihr Spangen oder Plastikreifen in ihr Haar, aber es half nichts. Madame le Riz, die den Arbeitern am Straßenrand neben dem Bahnhof mittags gekochten Reis verkaufte, erzählte Biscuit, dass Maribelle keine Mutter mehr hatte und dass ihr Vater dem Kindermädchen am Sonntag freigab. Jenen einen Tag, an dem er nicht in der

Chefetage der Star-Brauerei arbeitete, verbrachte er alleine mit seiner Tochter.

An jenem einen Tag ging er mit ihr hinaus.

An den anderen Tagen ließ er sie nicht hinaus, auch das Kindermädchen, die Nounou, durfte nur innerhalb der Gartenmauern auf sie aufpassen, zu viel Angst hatte er um seine Tochter. Sie war das Einzige, was ihm von seiner Frau geblieben war.

Madame le Riz sagte, diese Frau sei ein wenig seltsam gewesen, sie hätte schon mit Maribelle gesprochen, als sie noch nicht einmal geboren war, und sie hätte das Haar kurz getragen wie manche Europäerinnen. Natürlich war es tragisch gewesen, dass sie im Kindbett am Fieber gestorben sei, aber vermutlich hätte es daran gelegen, dass sie sich von keinem traditionellen Heiler hätte behandeln lassen, sondern in dem modernen Krankenhaus entband, das die Franzosen gebaut hatten, da hängten sie die Leute nur an einen Tropf, man sah das ja, für viel Geld, und was konnte es dem Körper wohl Gutes tun, wenn Gift hineinlief, das jemand in Übersee zusammengemischt hatte? Nein, kein Wunder, dass die arme Kleine ihre Mutter verloren hatte. Der sie übrigens sehr ähnlich sah. Ihrem Vater gar nicht. Auch darüber sprach Madame le Riz gerne, wenn sie sich zwischen den Töpfen über ihren wackeligen Holztisch beugte und den Männern zusah, die den Reis in sich hineinlöffelten.

Biscuit hörte all diese Dinge und sah seine rote Klingel an und löffelte manchmal auch Reis. Dann, wenn Hery beschlossen hatte, ihn zu bezahlen. Doch selbst wenn er hungerte, war er nie wieder traurig oder verzweifelt.

Er war ein Glückspilz.

Er besaß eine rote Klingel und einen Freund, der mit dem Rad um die Welt fuhr, und an einem Tag der Woche das Strahlen einer Prinzessin. Wenn es in den Winternächten im Juni und Juli kalt wurde, wärmte ihn der Gedanke an dieses Strahlen.

Die THB-Flasche fiel aus Biscuits Hand, und er schrak auf und war wieder im Hier und Jetzt. Er war eingeschlafen, gefangen in der Erinnerung.

Fünfundvierzig Jahre.

Er sprang vom Sattel der Rikscha und hob die leere Flasche auf.

Dann ging er um einen Stapel Kisten voller ausrangierter Fahrradteile herum und blieb einen Moment vor dem stehen, das dort in einer Ecke schlief: einem anderen Cyclo-Pousse. Älter. Schwerer. Es trug keine Klingel.

Das Pousse war grün, wie das, das er jetzt fuhr, mit einem gelben Dach aus wachsbeschichtetem Stoff. Die Schweißnaht zwischen der Hinterachse und dem vorderen Teil des Rades war deutlich zu sehen. Es war nicht immer ein Cyclo-Pousse gewesen.

Biscuit legte eine Hand auf den Sattel.

»Er ist wieder da, hast du gesehen?«, wisperte er. »Nein, wie solltest du, ich habe dich nicht mitgenommen. Deine Tage sind vorüber. Alles wird jetzt leichter und schneller, das ist die Zukunft. Manchmal sehne ich mich nach der Vergangenheit.«

Dann betrat er das unverputzte Backsteinhaus, tastete sich im Dunkeln durch die kleinen Räume. Er besaß keine einzige elektrische Lampe. Den Strom, den die Solarplatte spendete, fraß nur der Laptop, der jetzt in einer Schublade schlief. Lampen waren ihm nie wichtig gewesen. Er wusch sich an der Waschschüssel, putzte seine Zähne, streifte seine Kleider ab, zog die Decke über sich.

Er hätte sich ein Haus mit Dusche und Fernseher leisten können.

Er war der berühmteste Sportler von Antsirabé.

Er dachte an das kleine Mädchen in dem Kleid mit den aufgestickten Blumen.

Und dann dachte er an Terje.

Daran, wie unsicher er sich gefühlt hatte, ihm gegenüber – er hatte sich ehrlich gefreut, ihn zu sehen, aber da war eine seltsame Spannung gewesen. Was dachte Terje über ihn? Sah er auf ihn herab, er, der Arzt aus Deutschland? Belächelte er ihn?

Was träumte er? Träumte er ganz andere oder am Ende die gleichen Träume wie Biscuit?

3

Terje tanzte.

Er tanzte im Mondlicht mit einer wunderschönen Frau im Arm auf der Straße, zwischen leise herabfallenden Platanenblättern, in einer Herbstnacht. Er war ganz leicht, seine Füße berührten den Boden kaum, und im Mondlicht warf er keinen Schatten. Er fragte sich, ob Geister so tanzten. Die Toten, so gerne heraufbeschworen von den Madagassen.

Vielleicht war er tot.

Er löste seine Wange von der Wange seiner Tanzpartnerin, um sie anzusehen, sie sah so lebendig aus wie das Leben selbst, träumend allerdings. Sie hatte die Augen geschlossen. Und da begriff er, dass auch er träumte, sie träumten den gleichen Traum. Er führte sie die Mondlichtstraße entlang, es war eine Straße, die er gut kannte, nicht weit entfernt vom Hotel in der alten Villa, er führte sie bis zu der Straßenkreuzung, auf der bei Festen die Riesenräder standen und die Karussells.

Auch jetzt stand dort ein Riesenrad, ein einziges, doch abgesehen davon war der Platz leer.

»Lass uns einsteigen«, hörte er sich flüstern. »Ich werde die Leiter an der Seite hochklettern und dem Rad Schwung geben, ich hänge mich außen daran, wie die Jungs es tun, oder bin ich zu alt dafür?«

»Nein«, flüsterte sie, und ihre Stimme war warm und sacht wie damals. Doch dann blieb sie stehen. »Warte«, sagte sie, »zuerst muss ich dich etwas fragen.«

»Alles«, wisperte er.

»Warum?«, flüsterte sie. »Warum bist du gegangen?«

Und da wachte er auf.

Er saß aufrecht im Bett, schweißgebadet. Schlug das Moskitonetz zurück und sah hinaus, hinunter auf die Stadt, die im

Mondlicht lag, genau wie in seinem Traum. Im Wächterhäuschen brannte Licht, aber Terje hätte schwören können, dass der Wächter schlief.

Minuten später zog er unten leise den Riegel am Tor zurück, trat hinaus und verschloss es wieder, von außen durch das kleine Gucklock greifend, Trick siebzehn.

Dann stand er auf der Mondlichtstraße, auf der jetzt nicht Herbst war, sondern Frühling: An den Platanen schliefen junge, zerbrechliche Blätter und warteten auf den neuen Tag.

Terje nahm Tanzhaltung ein und drehte sich einmal im Kreis, wie im Traum, seine Partnerin jetzt unsichtbar. Unter den Platanen, auf dem erhöhten Grasstreifen, schliefen Menschen, in nichts als ihre Kleider gewickelt. Und da saß einer auf dem Bürgersteig, eine Flasche in der Hand. »Hey!«, lallte er, »hey, *vazaha!* Was ist, bist du auf der Suche nach deiner Madame? Issie dir weggelaufen? Mach dir nichts draus, am Antsena Kely, wo nachts die Überlandbusse halten, da findest du kleine Mädchen, die machen alles mit dir für Geld. Oder willst du mich, haha, ich kann auch Geld brauchen, Alkohol, hörst du, wir brauchen mehr Alkohol, es ist kalt in der Nacht, was soll uns sonst warm halten? Gib mir was und ich mach's dir wie die Straßenmädchen vom Antsena Kely. Tanz mit mir!«

Er stand schwankend auf und kam auf Terje zu, und Terje wollte zurückweichen, aber der junge Mann wäre gefallen, weshalb er ihn festhielt.

»Setz dich besser wieder«, sagte er auf Malagasy, und der Kerl sah ihn verwirrt an, hatte nicht erwartet, dass Terje ihn verstand. Terje fand in seiner Tasche einen kleinen Schein, den er ihm in die Hand drückte, und machte, dass er wegkam. All diese gescheiterten Existenzen.

Er hatte so sehr gehofft, dass es den Menschen inzwischen besser ging, dass es solche wie sie nicht mehr gab. Aber es waren definitiv mehr geworden seit damals. Wohin ging dieses Land?

Er fand die Straße ohne Probleme. Stand vor der Mauer, über die sie damals geklettert war, wie ein Chamäleon, perfekt getarnt in den Blättern der Ranken, falls der *gardien* doch einmal erwachte und hinsah.

Jetzt gab es, er sah es gleich, zusätzlich eine Alarmanlage.

Die kleine Kamera bewegte sich gleichmäßig hin und her, zu gleichmäßig, er hörte ihr Summen, doch dies war kein Bewegungsmelder, dies war ein Fake.

Konnte man mit siebzig Jahren noch eine Mauer voller Ranken hinaufklettern? Warum nicht? Siebzig war kein Alter. Natürlich, in Madagaskar war man mit siebzig tot, aber er war nicht umsonst die letzten dreißig Jahre lang jeden Morgen zehn Kilometer am Ostseestrand entlanggejoggt.

Er kletterte möglichst weit entfernt von der Kamera und dem Tor, stieg in die Schlaufen, die die freundliche Kletterpflanze bot, zerkratzte sich Arme und Beine – und saß oben.

Das Haus war dunkel bis auf einen Raum im Obergeschoss. Dort stand eine tief gebeugte Silhouette auf dem Balkon, vor dem Licht, die Arme aufs Geländer gestützt.

Ein alter Mann. Uralt. Mein Gott, er lebte wirklich noch, von wegen mit siebzig ist man in Madagaskar tot. Er war da und sah in die Nacht hinaus. Er sah Terje nicht, der im Dunkeln saß.

Nichts deutete auf die Präsenz einer Frau im Haus hin, keine Blumen in Töpfen, keine Dekoration, alles war schlicht und funktionell. Und da begriff Terje. Natürlich, *sie* lebte nicht mehr hier, sie war vor langer Zeit ausgezogen. Sie hatte ein eigenes Haus, eigene Blumen in Töpfen, eigene Kinder. Sie musste geheiratet haben.

Er hätte fragen können. Von der Mauer klettern, anklopfen, den *gardien* wecken; einem *vazaha* sahen sie jede Verrücktheit nach. Aber wenn er das tat, würde der Mann am Balkon davon erfahren. Er kletterte von der Mauer und fragte nicht.

Er würde die Dinge auf andere Weise herausfinden.

Am nächsten Tag saß er übernächtigt und zerknittert beim Frühstück und fühlte sich zum ersten Mal wirklich alt. Er trank den scheußlichen Kaffee mit viel Zucker, aus irgendeinem Grund gab es nie Milch in Madagaskar.

»Ich werde welche bestellen«, sagte Nora, die sehr viel wacher wirkte als er. Sie winkte der Rezeptionistin, die nickte und tatsächlich Milch brachte, in einem winzigen weißen Kännchen.

»Komisch«, sagte Terje. »Weißt du, dass ich all die Jahre über nie darauf gekommen bin, nach Milch zu fragen?«

Nora lächelte triumphierend und strich ihr helles Haar zurück, ihre kleinen Perlenohrringe glänzten über der blauen Bluse. Es gefiel ihr, dass sie etwas erreicht hatte. Sie legte eine Hand auf seine, eine junge, energische Hand auf eine ältere müde.

»Manche Dinge muss man einfach tun«, flüsterte sie. »Ich werde heute losgehen und mir den Großen Markt ansehen. Vielleicht finde ich dort etwas.«

»Ich komme mit«, sagte Terje sofort.

Doch sie schüttelte den Kopf. »Ich bin erwachsen, schon vergessen? Einen Duft kann man nur alleine finden.«

Er nickte. Aber als sie Marmelade auf ihr Baguette schmierte und ihr Haar zurückstrich und lächelte, sah sie trotz ihrer Entschlossenheit noch immer so zerbrechlich aus, so weiß und fein und zart, so sehr wie eine Puppe aus Porzellan, dass er Angst um sie hatte. Sie würde zerbrechen, da draußen in diesem Land, denn es war kein sanftes Land, es war ein raues, lautes und buntes Land voller abstruser Regeln.

»Denk daran, beim Essen nicht zu singen«, sagte er und lächelte. »Das ist Fady. Wenn man es tut, bekommt man lange Zähne. Es gibt noch mehr Fadys. Hunderte. Fadys, die du vielleicht versehentlich übertrittst, wenn du alleine … Nora, wir sind zusammen hergekommen, damit ich dir Dinge zeigen kann. Lass uns zusammen gehen.«

»Du hast mir Dinge gezeigt, und das war gut«, sagte sie schroff. »Heute ist mein Alleinetag. Und ich glaube, du hast da draußen etwas Eigenes vor. Da ist etwas, das du suchst.«

»Ich weiß nicht, was du meinst«, sagte er und wandte sich seinem Brötchen zu. Ohne zu singen.

Als er sie durch die Tür treten sah, dachte er: Sie wird scheitern. Die laute, bunte, dreckige Welt wird sie besiegen. Und sie kann es nicht leiden, zu scheitern. Er fragte sich, was das mit ihr machen würde.

»Terje?«

Er fuhr herum. »Biscuit! Wie bist du reingekommen?«

Biscuit trug eine verspiegelte Sonnenbrille und einen breitkrempigen Strohhut, und beinahe hätte Terje ihn im ersten Moment nicht erkannt.

»Da hinten gibt es noch eine Tür.« Er lächelte. »Madagasseneingang. Die vordere Tür ist nur für *vazahas*. Hast du Zeit?«

»Natürlich«, sagte Terje und stand auf. »Dieses staubtrockene Baguette braucht meine Gesellschaft nicht länger. Ich dachte, du bist derjenige, der keine Zeit hat.«

»Theoretisch bin ich auf einer Pressekonferenz in Tana«, sagte Biscuit und deutete auf die Sonnenbrille. »Aber ich bin akut erkrankt. Ich hasse Pressekonferenzen. Komm.«

Und als sie das Hotel zusammen verließen wie zwei Schuljungen, die jemandem einen Streich spielen wollten, war für den Moment alle Anspannung zwischen ihnen wie weggeblasen.

Fünf Minuten später saßen sie in einem Cyclo-Pousse, das nicht Biscuit gehörte, einem blauen, alten, quietschenden mit einem jungen Fahrer in Flipflops.

»Wenn ich selbst fahre, erkennen sie mich«, flüsterte Biscuit. »Jeder in der Stadt kennt das grüne Pousse.«

Der junge Mann trat angestrengt in die Pedale, reihte sich

ins Chaos des Stadtverkehrs ein, wich Zebus, Fahrrädern und Autos aus, Schweiß färbte die Schrift auf seinem T-Shirt – *Fly Emirates!* – am Rücken dunkel. Sie wurden von einem Lastkarren voller bröckeliger roter Ziegel überholt, gebrannt aus der Erde der Reisfelder, wenn sie trockenfielen. Drei gebückte Männer schoben ihn. Danach schnitt ein silbernes Auto sie in einer Kurve und überholte ebenfalls.

»Entschuldigung«, sagte Biscuit, »aber ich kann das nicht.«

Er tippte den jungen Fahrer an. »Halt an, Junge!«

»Wir sind noch nicht da, Sie wollten bis vor die Stadt …«

»Anhalten. Absteigen«, befahl Biscuit. Der Fahrer gehorchte verschreckt. »Hinsetzen!«, sagte Biscuit ungeduldig und zeigte auf den Platz neben Terje. Dann schwang er sich selbst auf den mit Klebeband umwickelten Sattel, trat in die Pedale – und das Pousse machte einen Satz vorwärts.

Sie überholten den Lastkarren, mehrere Fahrräder – und schließlich das silberne Auto, das hinter einem Kohlewagen feststeckte, das Cyclo-Pousse hingegen schlängelte sich durch eine Lücke, geschmeidig, als wäre es plötzlich stromlinienförmig: ein Pferd, das endlich den richtigen Reiter hat. Biscuit rief etwas wie »Hah!«, triumphierend, und ließ es weitergleiten, ein Fisch im Wasser. Er sah selbst von hinten glücklich aus wie ein Kind, das ein verlorenes Spielzeug wiedergefunden hat.

»Wer …?«, fragte der junge Fahrer neben Terje. »Was …?«

»Sieh hin!«, rief Biscuit. »Technik, Haltung, Einstellung! Du darfst nicht gegen das Pousse kämpfen, du bist nichts ohne das Pousse, es rettet jeden Tag dein Leben. Du musst mit ihm verschmelzen. Entspann dich. Den Lenker niemals herumziehen, nur sanft drücken, und die Beinarbeit, die Beinarbeit ist das Wichtigste, aber es ist kein Kampf, es ist ein Tanz.«

»Sie sind …«, begann der junge Fahrer, die Augen rund vor Ehrfurcht.

Doch Biscuit dreht sich im Fahren um und legte den Finger an den Mund. »Psst.«

Dann fiel die Straße vor ihnen ab, mitten hinein in grüne Reisfelder voller gebückter Menschenkleckse. Biscuit ließ das Pousse laufen, sie rasten, uneinholbar, sie flogen. Mein Gott, dachte Terje, mein Gott, hoffentlich sind die Bremsen nicht kaputt.

Dann bog Biscuit von der Straße ab auf einen holprigen Weg, der zu einer kleinen Siedlung führte: Spielzeughäuser aus Lehm, winzige bunt gestrichene Balkons, auf die steile Leitern hinaufführten; Innentreppen in den Häusern gab es nicht. Biscuit umrundete die Schlaglöcher in einem vollendeten Slalom. Ein Lauf-Pousse kam ihnen entgegen, der Läufer ein alter Mann, barfuß, den Rücken verkrümmt, und der junge Fahrer neben Terje rief: »Aus dem Weg! Siehst du nicht, wer hier kommt? Das ist der König des Cyclo-Pousse, mach ihm Platz!«

Da drehte Biscuit sich noch einmal um und fauchte: *»Mangina.«* Ruhe.

Er wich aus, nickte und grüßte höflich, und schließlich kamen sie vor dem Tor eines winzigen Hauses zum Stehen, und er sprang vom Sattel.

»Entschuldigung«, murmelte der junge Mann, der vom Sitz geklettert war. »Aber das eben, das war doch nur ein Läufer. Kein richtiges Pousse.«

»Ich habe nicht immer in Pedale getreten«, sagte Biscuit ernst. »Es gab eine Zeit, da bin ich wie ein Esel vor meinen Kunden hergelaufen. Aber auch Esel haben ihren Stolz. Es kommt nicht drauf an, was wir tun, sondern wie wir es tun.«

Er drückte dem Jungen einen Schein in die Hand. »Und jetzt mach, dass du weiterkommst, und lern anständig fahren.«

Damit wandte er sich dem Tor zu, einem Tor aus einfachen Holzlatten, schob einen Riegel beiseite und winkte Terje hindurch.

»Das war ein toller Satz, was?«, sagte er. »Es kommt nicht darauf an, was wir tun …« Er grinste. »Es stand auf einer Postkarte, die mir mal jemand geschickt hat.«

Er öffnete eine Tür, und Terje folgte ihm mit eingezogenem Kopf in einen niedrigen, halbdunklen Raum.

Den Raum. Es gab nur diesen einen.

An einer Wand stand ein Bett mit einer sorgsam glatt gestrichenen Tagesdecke, an der anderen eine schiefe, alte Kommode, deren Schubladen nicht mehr ganz schlossen. Darauf ein Schrank, dessen Fächer mit Pokalen und Fotos vollgestellt waren: gerahmten Fotos von Biscuit auf seinem Cyclo-Pousse. Terje trat näher. Da war das alte Cyclo-Pousse, das er so gut kannte, dann andere, und schließlich das, mit dem er Terje vom Bahnhof abgeholt hatte, Biscuit lächelte höflich und geübt in die Kamera, doch er blickte immer am Fotografen vorbei. Seine Augen waren auf der Suche. Vielleicht hatte er bei jedem einzelnen Sieg gehofft, jemand Bestimmten in der Menge zu finden, und diese Person war nie da gewesen.

In der Ecke hinter der Kommode gab es ein kleines Fenster, der obere Rahmen rußgeschwärzt, und darunter eine Kochstelle, ein winziger Kohleofen, ein Zahnputzbecher, in dem Besteck stand, ein Stapel Plastikteller mit chinesischem Blumenaufdruck, ein Sack Reis. Das war alles.

Terje sah nach oben. Die Decke war mit einer Plastikplane abgedichtet. Die Wände waren weiß und kahl. Es gab keinen Tisch. Keinen Stuhl. Nichts.

Terje dachte an seine eigene Wohnung, seine, wie er geglaubt hatte, bescheidene Wohnung auf der Insel, von deren Küchenfenster aus man das Meer sehen konnte. Seine Wohnung mit dem kleinen Wohnzimmer, in dem man in einem der beiden Sessel sitzen und beim warmen Licht einer alten Stehlampe in einem Buch versinken konnte, seine Wohnung mit den Bildern, den Bücherregalen, all den winzigen Details der Behaglichkeit.

»Natürlich ist das alles zu groß für nur eine Person«, sagte Biscuit und lachte. »Du weißt, in einem Haus wie diesem kann eine zehnköpfige Familie leben. Aber ich habe keine. Komm.«

Er hob einen Vorhang und führte Terje durch eine schmale Tür neben der Kochstelle zurück ins Freie, ins Licht. Terje blinzelte.

Sie befanden sich in einem Hof aus flach getretener Erde; eine kleine Herde schwarzer Hühner gackerte vorbei. Zwischen ein paar gelben Wasserkanistern, bepflanzt mit bunten Blumen, und einem rund betonierten Brunnen stand die grüne Rikscha, die Biscuit fuhr.

Doch er führte Terje weiter, vorbei an Kisten voller Ersatzteile, um einen kleinen Zaun herum. Von dort aus konnte man ins Land hinabsehen, hinter einer Begrenzung aus Agaven und Kakteen fiel es ab bis hinunter zu den Feldern und erstreckte sich in die Ferne. Winkte mit kleinen Versammlungen von Bäumen, prahlte mit seinem Reisgrün, erhob sich zu mehr Hügeln mit mehr rotbraunen Spielzeugdorfhäusern, verschwand mit der Erdkrümmung in geheimnisvoller Weite.

Und Terje spürte wieder, wie sehr er dieses Land liebte, wie wunderschön es sein konnte.

Davor jedoch, vor den Agaven, standen die Rikschas: Cyclo-Pousses in allen Farben und Formen. Terje zählte zwölf. Da war eines ganz aus Bambus, eines mit Autoreifen und eines auf Rollschuhrädern, drei mit vier Rollen. Da war eines mit einem Joystick zum Lenken und eines, bei dem der Fahrer hinten und die Passagiere vorne saßen. Da war ein schmales Pousse in Form eines Bootes und eines, das die Form eines Rades hatte: Der Sitz des Fahrers befand sich innen in dem Rund, neben dem Passagiersitz, die Wände bestanden aus weiß gestrichenen Speichen. »Ich nenne es die Kutsche«, sagte Biscuit und strich über die Speichen, die ein melodiöses Geräusch von sich gaben, ein wenig wie eine Harfe. »Es war für eine Prinzessin gedacht, aber es ist nie jemand darin gefahren. Und das hier!« Er ging weiter, legte seine Hand auf ein bunt angemaltes Dach, diesmal blau und rot. »Das hier ist aus Papier. Bis auf die Metallverstrebungen natürlich.«

Terje pfiff durch die Zähne. »Du sammelst sie?«

»Ich baue sie«, sagte Biscuit. »Ich versuche seit Jahren, das schnellste Pousse mit Pedalantrieb zu konstruieren. Reduktion von Gewicht, Verbesserung des Antriebs. Das letzte war zu instabil, das Papier ist bei Regen gerissen. Im Moment arbeite ich an dem hier. Siehst du?« Er zeigte auf eine Rikscha aus bedruckten indischen Saristoffen.

»Es ist hübsch«, sagte Terje.

Biscuit lachte. »Es ist leicht, das ist es, was zählt, die indischen Stoffe sind die leichtesten. Ich bin dabei, ein Segel zu entwickeln, das ihm zusätzlichen Schub verleiht, aber die Takelage ist noch nicht ausgereift. Ich habe in letzter Zeit eine Menge über Einhandsegeln gelesen.« Er lachte. »Im Netz.«

Und dann kletterte er in das letzte Pousse in der Reihe, ein grünes mit gelbem Dach.

»Du hast es also noch«, sagte Terje und kletterte ihm nach. »Aber es fährt nicht mehr?«

»O doch«, sagte Biscuit und tätschelte das Metall. »Es ist nur zu schwer. Das, was ich jetzt in der Stadt fahre, ist ihm nachempfunden, die Form, die Farben, alles, aber es ist aus Alu, und der Sitz ist mit Luft gefüllt.« Er lachte. »Natürlich habe ich das alte noch. Es hängen so viele Erinnerungen daran.«

Terje nickte und strich über den grünen Lenker, der ihn so Tausende Kilometer begleitet hatte.

»Wie lange bleibst du?«, fragte Biscuit plötzlich. »Du hast sicher eine Menge zu tun, als Arzt in Europa, du bist wichtig.«

Und auf einmal war die Spannung zwischen ihnen wieder da.

»Ich bin pensioniert«, sagte er und versuchte zu lachen. »Alles, was ich tue, ist, am Strand entlangzujoggen.« Er lachte noch einmal. »Ich weiß nicht, ob wir herumreisen, Nora und ich, damit sie ihren Duft im Dschungel finden kann. Sie wollte mit mir hierherkommen, und nun denkt sie plötzlich, sie könnte alles alleine. Ich habe sie nie wirklich verstanden.« Er seufzte. »Der Rückflug geht in zwei Wochen. Aber du hast beim letzten Mal gesagt, du fliegst auch nach Europa. Wohin fliegst du?«

Biscuit klopfte wieder auf die Lenkstange.

»Zur Weltmeisterschaft«, sagte er leise.

»Zur *Weltmeisterschaft.* Es gibt eine *Weltmeisterschaft* im Cyclo-Pousse-Fahren? Das ist … großartig, aber warum in Europa? Und wo?«

Biscuit zuckte die Achseln. »Deutschland. Eine Insel im Nordwesten. Sie heißt so ähnlich wie Süden.«

»Sylt?«

»Kann sein. Mir bleiben zwei Wochen, um das schnellste und leichteste Pousse zu bauen, das möglich ist, ehe ich siebzig werde. Ich habe diese ganze Sache selbst angeleiert, vor Jahrzehnten, du weißt das. Ich habe den ersten Verein aufgebaut, die Vernetzung der Cyclo-Pousse-Fahrer, erst in Madagaskar, dann international. Und dann hat der Verein in Amsterdam mich eingeladen, auch das weißt du, aber Amsterdam war erst der Anfang. Ich kümmere mich immer noch um vieles, bei mir laufen so viele Fäden zusammen, ich pflege Internetseiten und berate Sportler im Netz. Gebe bescheuerte Online-Interviews. Da drinnen in der Kommode liegt ein Laptop und eine Menge Kabelsalat.« Er seufzte. »Manchmal denke ich, die ganze Sache ist zu groß für mich geworden. Ich meine, versteh mich nicht falsch, ich wollte, dass sie groß wird, ich wollte, dass es ein Sport wird, ein anerkannter Sport, nicht nur die Arbeit von Sklaven. Nur, jetzt …« Er zuckte die Schultern. »Manchmal frage ich mich, ob ich das alles brauche. Die Presse. Die Publicity.«

»Du hast Englisch gelernt.«

»Ich habe eine Menge gelernt. Ich war nicht nur in Amsterdam.«

Terje drehte sich nach dem kleinen Backsteinhaus um.

»Aber das Haus … Biscuit, du könntest dir ein größeres leisten, oder? Warum lebst du hier?«

Wieder ein Schulterzucken. »Ich mag die Aussicht. Ich mag die Stille, abends zwischen sechs und sieben Uhr, wenn nur die Grillen zirpen und hier und da ein Radio spielt. Was soll ich mit einer Villa, in der ich alleine durch leere Räume schleiche?«

»Was tust du mit dem Geld von all deinen Siegen?«

Biscuit winkte ab, als wäre das unwichtig. »Es liegt irgendwo auf der Bank. Ab und zu sponsere ich eine Schule oder irgendeine Armenspeisung. Einmal habe ich einen ganzen Karren voll warmer Kleidung gekauft und im Winter an die Kinder auf der Straße verteilt. Aber ich mag es nicht, wenn sie mir danken. Sie erinnern mich zu sehr an früher. An all das, was passiert ist, ehe du zum ersten Mal zurückgekommen bist. Weißt du noch?«

Terje nickte. »Ja. Du hast es mir erzählt. Aber es ist lange her, ich habe die Details vergessen.« Er lehnte sich zurück, sah über die Reisfelder in die Ferne. »Erzähl es noch mal. Ich brauche ein paar Geschichten, um wieder hier anzukommen.«

Biscuit seufzte. »Es beginnt und endet natürlich immer mit der Prinzessin. Als die Prinzessin vier Jahre alt war, rang sich der Mann mit den traurigen Augen endlich dazu durch, sie tagsüber Menschen außerhalb ihres Gartens anzuvertrauen, und er schrieb sie in der *moyenne section* eines ehemals französischen Collège ein. Es gab dort seit Langem keine Franzosen mehr, die sozialistische Regierung hatte sie alle aus dem Land geworfen, aber immer noch wurde auf Französisch unterrichtet, und der Vater der Prinzessin dachte wohl, es könnte nicht schaden, wenn sie es sprach, um den Europäern später in nichts unterlegen zu sein. Er hatte bei der sozialistischen Umstrukturierung der Brauerei seinen Posten verloren, ihn aber wiederbekommen, als er in die Partei eingetreten war, und obwohl der sozialistische Staat ihm seine Reisfelder vor der Stadt weggenommen hatte, war er immer noch wohlhabend. Die Reisfelder wurden von denselben Tagelöhnern bewirtschaftet wie zuvor, nur dass sie jetzt für ihre Arbeit weniger bekamen als zuvor von dem Mann mit den traurigen Augen.«

Das alles hörte der kleine Junge, der die Prinzessin liebte, von Madame le Riz, die mittags auf dem Platz Reis kochte. Er verstand wenig von dem, was die Erwachsenen redeten, aber er verstand, dass die Prinzessin jetzt zur Schule ging. Und dass sie deshalb an den Sonntagen nicht mehr kam. Ihr Vater machte nach der Kirche lieber in seinem alten Citroën-Kastenwagen Ausflüge mit ihr, er fand wohl, dass ein Schulkind – selbst eines aus der *moyenne section* – zu groß war für Seifenkisten. Madame le Riz sagte, sie hätte gesehen, wie die Kleine sich die Nase an der Heckscheibe des Citroën platt drückte und sehnsüchtig hinaussah zu den kleinen Autos vor dem Bahnhof.

Als sie drei Wochen lang nicht gekommen war, spuckte Biscuit wieder jeden Morgen auf den Sitz der weißen Seifenkiste.

Hery erwischte ihn und verprügelte ihn mithilfe der anderen, aber diesmal ließ Biscuit es nicht über sich ergehen, er entschlüpfte und kletterte mit blutiger Lippe auf das Madagaskardenkmal aus Beton, und von dort aus, von der Nordspitze der Insel, trat er nach denen, die versuchten, ihm nachzuklettern.

Selbst Hery musste zu ihm aufsehen. »Komm da runter!«, brüllte er, das Gesicht dunkel vor Wut. »Wer in meine Autos spuckt, muss bestraft werden, also komm runter und lass dich bestrafen, sonst kannst du deinen Job vergessen!«

»Gut!«, rief Biscuit. »Ich kündige!«

Es war ein Wort, das er bei den Arbeitern aufgeschnappt hatte, aber meistens wurde es im Passiv verwendet, man *wurde* gekündigt. Es auf diese Weise zu gebrauchen war ein erhebendes Gefühl.

»Du kannst gar nicht kündigen!«, schrie Hery. »Du gehörst mir!«

»Nein!«, schrie Biscuit.

An seinem Handgelenk glänzte noch immer die große rote Fahrradklingel, die eigentlich zu schwer für seinen dünnen Arm war. Eines Tages, dachte er, würde sein Freund mit dem Rad wiederkommen, er brauchte Hery nicht.

Und er sprang von dem Denkmal, über die Köpfe der anderen auf die Wiese und rannte. Hinter sich hörte er die Meute johlen, als sie die Verfolgung aufnahm. Es war ein Spiel, eine Abwechslung in ihrem tristen Leben. Biscuit schlug Haken, fand sich im Villenviertel wieder, und dann sah er, wo er war: Vor ihm ragte die Mauer auf, die die Villa von Maribelles Vater umgab. Bewachsen mit Bougainvilleen, hoch und rettend.

Er kletterte hinauf, ohne sich um die kratzenden Äste und Stacheln zu kümmern, und dann hockte er oben, zwischen den schon länger nicht gestutzten Ranken, zwischen kleinen grünen Blättern und flammend orangefarbenen Blüten, sah Hery und die anderen unten stehen. Sie blickten sich suchend um, doch sie wussten nicht, wo er geblieben war. Und schließlich zogen sie ab.

Er lachte.

Die Prinzessin hatte ihn gerettet. Ihr Garten war wild und wunderbar. Aber er wagte nicht, einen Fuß hineinzusetzen. Er wagte auch nicht, außen hinunterzuklettern, falls einer der anderen noch in der Nähe war.

Als es dämmerte, legte er sich zwischen die blühenden Äste auf der Mauer und sah von dort oben aus auf die Straßen und Häuser hinab, auf die alten Bahnhofsschienen und den Park in der Ferne. Irgendwo dahinter lag eine großartige Zukunft.

Er war frei, zum ersten Mal in seinem Leben.

Am nächsten Morgen erwachte er davon, dass unten ein alter Mann ein Pousse vor das Tor zog und aus dem Tor Maribelle und ihre Nounou traten, Maribelle in Schuluniform:

hellblaues Hemd, dunkelblauer Rock, schwarze Schuhe, ihr Haar zu vier exakt gleich dicken Zöpfen gezähmt.

Von da an schlich sich Biscuit jeden Morgen zu Maribelles Haus. Jeden Morgen holte der gleiche alte Mann sie mit seinem Pousse ab. Und jeden Morgen folgte Biscuit ihm bis zu dem französischen Collège, von wo der alte Mann Maribelle nachmittags um vier Uhr wieder nach Hause brachte.

Er folgte ihm so lange, bis seine Füße den Weg noch im Schlaf liefen.

Schlafen tat er inzwischen am anderen Ende der Stadt, weit genug entfernt von Hery und seinen Jungs, er bettelte und schleppte Kohle und Ziegel, sammelte Brennholz auf dem Berg und verkaufte es am Straßenrand. Er war noch hungriger als früher, aber er überlebte. Und während er überlebte, trainierte er.

Er rannte. Er machte Klimmzüge an den Ästen der Platanen. Sprang von Mauer zu Mauer. Stemmte Gewichte aus Steinen und Kartons. Er verlangte seinem zehnjährigen Körper das Äußerste ab, und dann, zu Beginn des Frühlings, begann er bei den Pousse-Läufern herumzulungern, neben dem Verleih, bei dem sie morgens ihre Fahrzeuge mieteten.

Er wusch die Pousses für sie, er beobachtete geduldig ihre Technik. Und die Läufer begannen, den kleinen Jungen zu mögen, der ihren Geschichten mit so großen Augen lauschte. Sie erzählten ihm von den Dörfern, aus denen sie kamen, von den Feldern, die sie aufgegeben hatten, um in der Stadt zu arbeiten, von den Frauen und Kindern da draußen, denen sie alle paar Wochen Geld brachten. Und von den Frauen, die sie in der Stadt hatten. »Frauen, das wirst du später sehen«, sagte einer von ihnen, »sind etwas Wundervolles. Du kannst sie sammeln wie Trophäen.«

»Ich kenne nur eine Frau, die wundervoll ist, aber es ist die wundervollste«, antwortete Biscuit bescheiden. »Für sie muss ich lernen, ein Pousse zu ziehen.«

Da lachten sie, doch Biscuit nahm die Griffe der nächstbesten Rikscha, stemmte sie hoch und zog sie einmal um den Verleihplatz herum, und die Männer klatschten.

Von da an durfte er an den Sonntagen die Rikschas der Fahrer ziehen, die bei ihren Familien waren. Die Hälfte seines Verdienstes ließen sie ihm.

Zuerst zog er nur Einkäufe, aber bald schaffte er es, Personen zu befördern, und am Ende sogar Möbelstücke. Der Trick war das Gleichgewicht. Man durfte nicht zu sehr ziehen, nicht zu ruckartig, man musste die Rikscha das Gewicht tragen lassen und sie nur vorsichtig in Bewegung setzen.

Von dem Sonntagsgeld legte Biscuit jedes Mal etwas zur Seite, er bewahrte es in einer alten Bonbondose auf, und als er genug hatte, ging er an einem Montag um halb sechs Uhr morgens zu dem Pousse-Verleiher und sagte: »Ich möchte für heute ein eigenes Pousse mieten. Ich *kann* fahren.«

Der dicke Mann lachte. »Na gut«, sagte er. »Jeder soll eine Chance haben.«

Dann glättete er Biscuits zerknickte Geldscheine, doch Biscuit war bereits auf der Straße: Vor einem Pousse in Hellblau und Dunkelblau, an dessen Griff jetzt eine rote Klingel prangte. Um Punkt sechs Uhr stand er vor dem Tor zu Maribelles Garten.

Die Nounou sah ihn und wunderte sich. »Wo ist der Alte?«, wollte sie wissen.

»Er ist krank«, sagte Biscuit rasch. »Er hat mich gebeten, heute Maribelle abzuholen. Ich kenne den Weg.«

Die Nounou musterte ihn kritisch, die pummeligen Arme in die Seiten gestützt. »Du Bohnenstange?«

»Jeder soll seine Chance haben«, sagte Biscuit, obwohl er innerlich zitterte.

Da lachte die Nounou. »Ah, ein kleiner Sozialist. Hast du noch ein paar Regierungsspitzel mitgebracht? Bitte, versuch es. Du wirst ja sehen, dass es nicht geht.«

Und dann kletterte Maribelle auf den Sitz, auf den Knien ihre Schultasche: Das hellblaue und dunkelblaue Pousse passte perfekt zu der hellblauen und dunkelblauen Uniform, Biscuit hatte es sorgsam ausgewählt.

Sie sah ihn an, nur ganz kurz, heimlich, und ihr Blick sagte alles.

Da bist du. Ich habe auf dich gewartet.

Und Biscuit zog an, natürlich ging es, sie wog nichts im Vergleich zu den Waren und Menschen, die er an den Sonntagen gezogen hatte. Er flog, seine Füße berührten den Boden kaum. Die Stadt war aus glitzernden Morgenjuwelen gemacht an diesem Tag, der Sonnenhimmel aus Gold. Und in seinem Pousse saß das schönste Mädchen der Welt.

Als er vor dem Collège hielt und sich zu ihr umdrehte, hob die Nounou Maribelle heraus. Er stutzte und begriff: Sie war ihm in einem anderen Pousse nachgefahren, sie hatte ihn keinen Moment aus den Augen gelassen.

Sie bezahlte ihn nicht.

Er bemühte sich dennoch, aufrecht zu stehen, stolz, er sah Maribelle mit ihrer Nounou durch das Schultor gehen, sah die Blumen dahinter und den Sportplatz, auf dem Jungen in seinem Alter einen Ball jagten, wohlgenährt, übermütig, laut. Aber die Jungen interessierten ihn nicht. Er sah nur Maribelle an. Kurz bevor sie endgültig verschwand, drehte sie sich um und hob die Hand zu einem kleinen geheimen Winken. *Wir sehen uns.* Er hob die Hand ebenfalls.

Und die Jungen mit dem Ball taten ihm leid. Denn ihnen winkte keine Prinzessin.

Er sang den ganzen Tag lautlos vor sich hin, er transportierte andere Passagiere, manche waren zu schwer, und er schaffte es kaum, manche lachten ihn aus, aber er sang. Um vier Uhr stand er wieder vor dem Collège.

Die Nounou stand auch da und nickte ihm zu.

Maribelle kam mit den anderen Kindern herausgerannt,

strahlte ihn an und kletterte in sein Pousse. Diesmal kletterte die Nounou hinterher. Er zog sie um alle Schlaglöcher auf der Straße herum, die Nounou war keine leichte Frau, als sie ankamen, war er schweißgebadet.

Die Nounou drückte ihm einen Geldschein in die Hand. Er sah ihn kaum an. Er sah nur Maribelle.

Sie hatte kein Wort mit ihm gesprochen, doch als das Tor in der Mauer sie verschluckte, drehte sie sich wieder kurz um und hob die Hand.

Von da an stand Biscuit jeden Morgen vor dem Tor und klingelte mit der roten Klingel, und dann kam Maribelle aus der Tür, hinter sich die Nounou.

Nach einer Woche stieg die Nounou morgens nicht mit ins Pousse.

»Ist schon gut«, sagte sie. »Hol sie einfach um vier Uhr ab, ja? Und wenn ihr was passiert«, sie kam ganz nahe und packte ihn am Kragen, »dann dreh ich dir den Hals um, verstanden?«

Als Biscuit diesmal auf die große Straße bog und sich in den Morgenverkehr einreihte, sagte Maribelle mit ihrer klaren Kinderstimme etwas. Und es war, auf ihre Art, eine Liebeserklärung. Sie sagte: »Können wir schneller?«

»Klar«, sagte Biscuit.

Und er rannte so schnell, dass Funken von seinen Füßen stoben, oder jedenfalls war er sich fast sicher, dass sie es taten. Maribelle klammerte sich fest und jauchzte. »Ich hab es gewusst!«, rief sie. »Ich hab gewusst, dass du der Schnellste bist!«

Vor der Schule war sie so atemlos wie er. »Wir haben gewonnen«, erklärte sie. Auch wenn er nicht wusste, gegen wen. Er reichte ihr die Hand, und sie hüpfte auf den Boden. »Prima«, sagte sie, und dann gab sie ihm den Geldschein, den sie die ganze Zeit in der Faust gehabt hatte, und rannte durch das Tor.

So begann ihre gemeinsame Zeit.

Wenn er nicht Maribelle transportierte, wartete Biscuit vor Hotels und am Markt auf Kundschaft, aß mittags Reis bei Madame le Riz und lauschte ihren Gesprächen. Nur den Bahnhof mied er. Er war der jüngste Pousse-Läufer von Antsirabé, und bald der bekannteste. Die Leute fuhren gerne mit ihm, denn er war immer freundlich und versuchte nie, astronomische Preise auszuhandeln.

Aber jeden Morgen und jeden Nachmittag holte er seine Prinzessin ab.

Jetzt, wo die Nounou nicht mehr dabei war, führten sie die wunderbarsten Gespräche. Sie sprachen über Wolken und über Katzen und über die Frage, warum Zebus Buckel haben, und eines Tages sagte Maribelle: »Mein Vater hat gesagt, dass du meine Mutter gekannt hast. Sie hat immer die Seifenkisten angeguckt.«

Sie beugte sich vor und zeigte ihm ein zerknicktes altes Foto, auf dem eine wunderschöne Frau mit skandalös kurzem Haar und dickem Babybauch auf einer Bank am Bahnhof saß. »Das war kurz bevor ich geboren wurde«, sagte Maribelle. »Sie hat es gar nicht gemerkt. Sie ist spazieren gegangen, zum Bahnhof, und sie dachte, sie ist allein, aber er war immer da. Er hat immer auf sie aufgepasst.«

Biscuit hielt an. Mitten auf der Straße. Er nahm das Foto und hielt es ganz nah vor sein Gesicht. Neben der schönen Frau auf der Bank saß ein junger Mann. Terje.

»Das ist mein Freund«, flüsterte Biscuit. »Er hat mir die rote Klingel geschenkt. Er hat ein grünes Fahrrad. Er kommt eines Tages wieder.«

»Meine Mutter kommt nicht wieder«, sagte Maribelle und nahm das Foto an sich.

»Sie ist die schönste Frau, die ich je gesehen habe«, sagte Biscuit ehrlich. »Ich meine, außer dir. Du siehst ihr ähnlich. Aber du musst nicht traurig sein. Eine Menge Leute haben keine Mütter. Ich auch nicht.«

»Und vermisst du deine? Ich kannte meine nicht, aber ich vermisse sie trotzdem. Ich glaube, mein Vater vermisst sie so sehr, dass es ansteckend ist.«

Biscuit nickte. »Ich habe keinen Vater, der mich anstecken kann.«

»Wo ist er?«

»Ich erinnere mich nicht. Vielleicht ist er weggegangen. Vielleicht ist er in einem Land, das so weit weg ist, dass es im Winter schneit.«

»Oh, ich will unbedingt irgendwann Schnee sehen«, sagte Maribelle. »Ich kenne ihn aus Büchern. Weißt du was?« Sie nahm seine Hände und hielt sie einen Moment lang fest. »Wenn wir groß sind, gehen wir dahin. In ein Land mit Schnee. Du ziehst mich. Da wird alles anders sein. Besser. Heller. Aber wir müssen genug warme Kleider mitnehmen.«

»Okay«, sagte er.

* * *

Deine Tochter ist eine Heldin, eine Veteranin.

Ich war alleine auf dem Antsena Sabotsy, dem Großen Markt.

Das Cyclo-Pousse setzte mich in einem Tal ab, mitten in der Stadt neben dem See, und ich dachte, ich könnte mich dort auf eine Bank setzen und aufs Wasser sehen, nur einen Moment. Aber direkt neben dem See ist eine Müllhalde.

Dahinter beginnt ein schmaler Bürgersteig, auf dem eine Reihe von Frauen getrocknete Kräuter und seltsame Steine in Gläsern verkauft, einheimische Medizin, und hinter ihnen fällt die Böschung ab zum Wasser. Auf dem Ufergras trocknen die Frauen Wäsche, im See schwimmen Reste von Seifenlauge. An einer anderen Stelle leiten sie die Abwässer hinein. Und da sind die Ersatzteilstände und Autowerkstätten, Keilriemen und Schläuche hängen dort wie Innereien großer schwarzer

Tiere. Ich machte, dass ich weiterkam, den Hügel hinauf, vorbei an Dutzenden kleiner, halb offener Läden: gebrauchte Schirmmützen, neue Sofagarnituren, kaputte Rollschuhe, Teller mit gekochten Spaghetti und Sauce, bedeckt mit Fliegen.

Handkarren, Autos, Fahrräder, Fußgänger, selbst ein Rollstuhl bahnte sich seinen Weg die steile alte Straße hinauf, durch einen Hindernisparcours aus knietiefen Löchern.

Und oben, hinter einer Kreuzung mehrerer mittelalterlicher Pflasterstraßen, beginnt der eigentliche Markt.

Ich tauchte ein in ein Labyrinth kleiner Stände unter einem Flickenteppich von Dächern. Und dann roch ich die Blumen. Blumen, zwischen alldem hier! Und ich legte einen Geldschein in die Hand des verkrüppelten Bettlers, einen Geldschein, der Glück bringen sollte: Glück bei meiner Suche nach den Blumen. Es half.

Ich ging um eine Ecke, und da waren sie: ein Meer aus zarten, filigranen Blüten, weiß, blau, violett. Ihre langen Stiele sprossen aus aufgeschnittenen Kanistern. Mein Herz machte einen Sprung.

Doch dann sah ich genauer hin. Und es waren Schleierkraut und Rittersporn und Akelei. Blumen aus importierten Samen. Blumen aus Europa.

Was meine Nase geleitet hatte, war kein neuer, aufregend exotischer Duft, sondern Heimweh. Es ist wahr, ich habe Heimweh: nach der grünen Ordentlichkeit müllfreier Parks. Nach Fußböden in Ämtern, die so sauber sind, dass man sich darin spiegeln kann. Nach digitalen Zeitanzeigen.

Ich kaufte einen ganzen Armvoll Blumen samt Wurzelballen, die die Verkäuferin mit Plastikstreifen umwickelte. Überreste gebrauchter Tüten. Alles wird recycelt.

Und ich ging weiter, weiter durch das Meer der Gerüche:

Durch den algigen Geruch leerer Plastikflaschen, den Mottenkugelgeruch von Secondhandkleidung, den künstlichen Geruch chinesischen Plastikspielzeugs, den gefährlichen Geruch von alten Kabeln, Platinen, schadhaften Mehrfachsteckdosen.

Dann kam ich in eine Gegend mit ausschließlich Früchten: Apfelberge auf erhöhten Bretterplattformen, Orangengipfel, ein Zitronengebirge, malerisch. Ihr Geruch war aus der Nähe so betäubend, so überreif, dass es mir fast die Sinne nahm. Ich floh. Ich floh, wer hätte das gedacht, vor Obst. Floh durch Hügel von Zwiebeln und Tomaten, die Verkäufer und ihre Babys sitzen mitten dazwischen, thronen auf ihren Plattformen. Dann kam die Gasse der lebenden Hühner. Die Hühner trägt man kopfunter nach Hause, wenn man sie kauft, wie Blumensträuße. Dahinter gab es Tauben zu kaufen und junge Hunde, Kaninchen, Katzen, alle mit dünnen Bindfäden um den Hals an großen Raphiakörben festgebunden.

Der zooähnliche Gestank brachte mich beinahe um.

Ich kaufte ein Kaninchen. Versteh mich nicht falsch, ich wollte es nicht *haben*. Ich kaufte es frei. Weißt du noch, als ich klein war, hatte ich dieses weiße Kaninchen in einem Käfig in meinem Zimmer. Terje hat immer gesagt, es täte ihm leid da drin.

Ich ging also weiter, Kaninchen und Blumen an mich gedrückt, und dann geriet ich in eine Gegend mit Fleisch auf Tischen, roh und rot, mit Plastikschüsseln voller Gedärme und Innereien. Halbe Ziegen sahen mich aus toten Augen an, und ich floh weiter, geriet in einen Irrgarten aus Fischen, der Boden glitschig von Schuppen, wollte nur noch fort, zurück zum Ausgang, aber ich hatte keine Ahnung, wo der war.

Ich stand mit einem Kaninchen und einem Arm voller Gartenblumen in der Hölle und war verloren.

Und niemand, den ich fragte, sprach Französisch.

Terje hätte den Weg gekannt. Ich war hilflos, und ich hasse es, hilflos zu sein.

Ich begann zu rennen, auf einmal panisch, stieß mir den Kopf an zu niedrigen Dachkonstruktionen, schlüpfte zwischen Menschen hindurch, schwitzend, verzweifelt, aber der Markt war unendlich, es war wie in einem Albtraum. Und endlich, endlich sah ich hinter den Ständen Häuser mit windschiefen Balkons: die Stadt. Ich warf mich in die nächste Lücke zwischen zwei Verkaufsständen, quetschte mich durch. Doch ich hatte es zu eilig. Ich rutschte aus und fiel, in eine Ritze zwischen zwei großen alten Steinplatten, die vor hundert Jahren ein Bürgersteig gewesen waren, in Schlamm und Schlick und Stroh.

Einen Moment lang lag ich einfach da und fragte mich, ob es noch schlimmer werden konnte.

Der Gestank war unglaublich, es roch nach Dung und fauligen Früchten, und der Schlamm war überall, an meiner Kleidung, in meinem Haar, an meinem Kaninchen. Als ich versuchte, mich aufzurappeln, merkte ich, dass ich die Straße, in der ich herausgekommen war, nicht kannte. Es war eine mittelalterliche Pflasterstraße wie so viele, aber ich kannte sie nicht, ich war auf der anderen Seite des Marktes.

Da beugte sich jemand über mich und sagte: »Madame?«

Es war ein Mann in Hemd und Sportjackett, mit einer ins Haar geschobenen Sonnenbrille, um die fünfzig. Er sah makellos aus. Und er reichte mir seine Hand und zog mich hoch. Er lächelte.

»Ich … ich fürchte, ich habe mich verirrt«, sagte ich.

»Mein Wagen steht da drüben«, sagte er. »Wo ist Ihr Hotel?«

»In der Nähe des Bahnhofs«, sagte ich.

Er nickte. »Den Bahnhof kenne ich zufällig ziemlich gut.«

Damit nahm er meinen Arm in altmodischer Höflichkeit, meinen dreckigen, schlammverschmierten Arm, und führte mich zu einem silbernen Wagen, den ich im Chaos nicht bemerkt hatte.

Er öffnete mir die hintere Wagentür mit vollendeter Eleganz, und ich sagte: »Ich werde Ihr schönes Auto ganz dreckig machen«, aber er lächelte nur weiter. »Hauptsache, Sie kommen nach Hause.«

Er selbst stieg vorne ein, neben dem Chauffeur, der mich im Rückspiegel ansah und mir ernst zunickte, zu wohlerzogen, um meinen Zustand zu kommentieren.

Der Wagen fuhr mit einem Schnurren an, die Klimaanlage summte. Das Kaninchen auf meinem Schoß sah verwundert aus dem Fenster. Wahrscheinlich war es noch nie Auto gefahren.

»Machen Sie Urlaub?«, erkundigte sich mein Retter. »Seit wann sind Sie hier?«

»Seit gestern«, antwortete ich. »Ich recherchiere. Für ein Parfum. Es soll exotisch sein und geheimnisvoll. Menschen brauchen Düfte, die sie aus ihrem Alltag befreien, verstehen Sie, sie brauchen etwas Neues …«

Aber auf einmal klang das, was ich sagte, dumm.

Menschen brauchten keine Düfte in teuren Glasflaschen. Sie brauchten etwas zu essen. Sie brauchten heile Kleider .

Doch der Mann auf dem Beifahrersitz nickte. »Das hört sich sehr interessant an«, sagte er. »Ich habe noch nie jemanden kennengelernt, der Parfum herstellt. Haben Sie auf dem Markt etwas entdeckt? Einen Duft?«

Ich schüttelte den Kopf. »Es gibt von allem zu viel dort. Wenn Sie verstehen.«

»Ja«, sagte er. »Auch Kaninchen, wie es scheint. Aber jetzt gibt es ja eines weniger.« Er lachte. »Duften Kaninchen nach etwas Besonderem?«

»Nein, ich … ich wollte einfach ein Tier freikaufen. Sie taten mir leid. Als Kind hatte ich eins. In einem sehr sauberen Käfig.«

Er nickte wieder. »Wenn Sie möchten, es gibt ein paar schöne Orte hier, an denen Sie vielleicht eher fündig werden. Ich bin ein bisschen eingespannt mit Sporttraining im Moment, aber ich könnte mich freimachen und Sie hinfahren. Da ist dieser Vulkansee: blaues, klares Wasser in einem kleinen Wald. Zwei Liebende, die nicht heiraten durften, sind darin ertrunken, es heißt, ihre Geister besuchen den Ort noch heute. Wenn es regnet, sinkt der Wasserspiegel, statt zu steigen, und niemand weiß, warum. Ein geheimnisvoller Ort.«

»Klingt schön«, sagte ich.

Er fand ein Stück Papier und kritzelte eine Nummer darauf. »Rufen Sie mich an. Dann vereinbaren wir etwas. Und im Übrigen sind wir da.«

Ich sah aus dem Fenster. Tatsächlich, wir standen vor dem Hotel, ich sah die Schönheit seines Gartens über die Mauer schäumen. Hinter dem Tor warteten die rot-weiß gestreiften Blumen, die aussehen wie Weihnachtsdekoration.

Ich atmete auf.

Woher hatte der Chauffeur gewusst, dass es hier war?

Der Mann mit dem Sportjackett stieg aus und öffnete mir die Tür, und ich schüttelte ihm zum Abschied die Hand. »Nora«, sagte ich. »Nora Sandholz.«

»Sehr erfreut«, sagte er. »Rajonarimananahery.«

Dann stieg er wieder ein, das silberne Auto fuhr davon, und ich war allein. Allein mit einem Zettel, einem Kaninchen und einer Menge zerknickter Blumen.

Es ist seltsam, aber ich habe das Gefühl, dass etwas in mir begonnen hat, sich zu verändern.

4

Nachdem er Terje ein Pousse gerufen hatte, saß Biscuit lange vor seinem Tor und malte mit dem Finger kleine Fahrräder in den roten Sand.

Drinnen warteten der Laptop und eine Menge Vereinsarbeit auf ihn. Im Hof wartete das Pousse, so aufgebockt, dass er trainieren konnte, ohne den Hof zu verlassen. Und weiter hinten wartete die Rikscha, die ein Segel bekommen sollte.

Aber er konnte sich nicht aufraffen. Terjes Ankunft hatte alles durcheinandergewirbelt. Jahrelang war sein Leben stagniert, er hatte nichts getan, als sich um seinen Sport zu kümmern. Nun, da Terje da war, war es, als müsste etwas geschehen. Eine angefangene Geschichte einen Abschluss bekommen.

Sein Herz flatterte, wenn er das dachte, froh und aufgeregt wie das Herz eines Kindes, und zugleich hatte er Angst.

Er dachte an das, was er Terje erzählt hatte. An seine Tage als Läufer der Prinzessin. Es war eine so wunderschöne Zeit gewesen. Natürlich hatte er viel gearbeitet, natürlich hatte er sich verausgabt, jeden Tag von Neuem, doch wenn er sich später in eine Zeit zurücksehnte, dann in diese.

In den Schulferien vermisste er Maribelle zwei Monate lang so sehr, dass es wehtat. Sie war mit ihrem Vater verreist, aber im Oktober war sie wieder da, in einer neuen Schuluniform, mit einer neuen Schultasche, und sie strahlte ihn an und kletterte ins Pousse wie immer, fünf Jahre alt inzwischen.

Sie ging jetzt in die *grande section* und begann, Buchstaben zu schreiben.

Nach der Schule erzählte sie ihm alles, was sie gelernt hatte. »Heute war das P«, sagte sie zum Beispiel. »P wie Pousse. Das ist ein Mann mit einem dicken Bauch, der gezogen werden will.« Und sie holte ein Stück Kreide aus ihrer Tasche und malte einen Strichmann mit Bauch auf die Wand des Pousse.

Biscuit hielt an, irgendwo an der Straße, legte die Holzgriffe auf den Boden, und sie gab ihm die Kreide, damit er das P lernen konnte. Sie war seine Lehrerin, eine kleine *maîtresse,* sie führte seine Hand, wenn er auf das Holz neben dem Sitz schrieb. Und am nächsten Tag sagte sie: »Heute hatten wir das O wie Orange auf Französisch, es ist ganz rund, zum Anbeißen.«

Das Pousse war seine Tafel, seine Schulbank, sein Klassenzimmer; jeden Abend entfernte er die Kreidespuren.

Auch Französisch brachte Maribelle ihm bei, und Zahlen. Er lernte rasch. Nachts tanzten jetzt Kreidezeichen durch seine Träume. Er kaufte auf dem Antsena Sabotsy eine Hose und ein sauberes Hemd, nicht neu, aber fast heil. Jemand, der eine Prinzessin zog, musste auch so aussehen.

Es geschah, als Biscuit und Maribelle das erste Vorschuljahr hinter sich hatten, am Tag vor den großen Ferien im August. Maribelle hatte ihm an diesem Tag beigebracht, das Wort »bald« zu schreiben. »Wir verreisen nächste Woche«, sagte sie. »Aber ich komme *bald* zurück.«

Er setzte sie ab, und sie verschwand durch das Tor, das der *gardien* ihr öffnete. Er wollte das Pousse wegziehen, auf dem überall »bald« stand, und da standen sie plötzlich vor ihm: die Jungs vom Bahnhof, die Seifenkistenfahrer. In ihrer Mitte stand Hery.

Er war gewachsen in den letzten beiden Jahren. Auch Biscuit war gewachsen, er war beinahe so groß wie Hery, nur in den Schultern nicht so breit.

Aber es gab noch eine Veränderung an Hery. Seine Kleidung bestand aus kaum mehr als Löchern, er war dreckiger als früher, sein Haar länger und verfilzter, und in seinen Augen glänzte etwas Neues. Er sah hungrig aus.

»So«, sagte er und verschränkte die Arme. »Der Herr lernt

jetzt lesen und schreiben, wie man hört. Hast ja ein schönes Leben, was? Verdienst gut, ja?« Er trat einen Schritt auf Biscuit zu.

Biscuit versuchte, ganz ruhig dazustehen, die Griffe des Pousse in der Hand.

»Lass mich durch.«

»Oh«, sagte Hery, »das ist gerade leider schlecht, vielleicht später.« Und als Biscuit sich umdrehte, sah er, dass sie einen Kreis um ihn gebildet hatten.

»Die Sache ist, du schuldest mir Geld«, sagte Hery. »Das hast du doch nicht etwa vergessen.«

»Ich? Ich schulde dir Geld?« Biscuits Verblüffung war fast größer als seine Angst.

Hery nickte. »Ich habe dich jahrelang durchgefüttert. Glaubst du, das bisschen, was du mit dem Herumschubsen von Kinderspielzeug verdient hast, hat für die Mengen ausgereicht, die du gegessen hast? Ich habe es ausgerechnet, du schuldest mir genau eine Million Ariary.« Damit packte er Biscuit am Hemdkragen, und der Kragen riss ab und blieb in seiner Hand hängen wie etwas Getötetes. Hery ließ ihn fallen und trat ihn mit dem bloßen Fuß in den Dreck.

»Also?«

»Du bist verrückt«, flüsterte Biscuit. »Ich habe keine Million.«

»Dann nehme ich, was du hast«, sagte Hery. »Du kannst es in Raten abzahlen.« Er kam noch näher. »Wir haben Hunger«, sagte er. »Die Zeiten sind schlecht. Keiner hat mehr Geld, um seine Kinder in einer Seifenkiste rumfahren zu lassen. Wir verdienen nichts.«

»Was ist mit deinem Vater?«, fragte Biscuit.

»Mein Vater ist tot.« Hery spuckte ihm den Satz ins Gesicht wie Gift. »Und du bist schuld. Damals, nach der Sache mit dem Unfall, hatte er nicht mehr viele Aufträge. Und irgendwann gar keine mehr. Er ist krank geworden, wir hatten kein Geld für Medizin, und das war's. Der Vermieter hat uns am nächsten Tag aus der Hütte geworfen. Jetzt rück das Geld raus.«

»Nein«, sagte Biscuit und setzte die Griffe des Pousse auf den Boden, um die Hände frei zu haben zum Kämpfen. Er sah die rote Klingel. Er dachte an Terje. Er war ein freier Mensch. Er würde Hery nichts geben, er konnte alle Zahlen bis zwanzig schreiben. Und das Wort *bald*.

»Wie du willst«, sagte Hery. Er nickte den anderen zu.

Und dann stürzten sie sich auf ihn. Alle zusammen. Er war stark, sein elfjähriger Körper durchtrainiert, aber sie waren zu viele. Er dachte, sie würden ihn verprügeln wie früher, doch sie hoben ihn auf den Sitz des Pousse, und auf einmal hatte Hery ein altes Seil in der Hand. Er wickelte es um Biscuit und zurrte es fest, sodass er auf der Sitzbank lag, eingerollt wie ein Embryo, unfähig, sich zu bewegen. Danach traten sie zurück, Hery nickte zufrieden.

Biscuit sah, wie die Jungs Steine aus ihren Taschen holten, große, scharfkantige Schottersteine, und sie hoben sie und ließen sie auf das Holz des Pousse hinabsausen wie Äxte.

»Nein!«, schrie Biscuit. »Hört auf! Ich gebe euch das Geld! Ich …«

Aber es war zu spät, sie waren wie im Rausch, er sah ihre Augen blitzen wie Waffen, sah den Hunger darin, der ihren Verstand fraß. Hörte das Holz krachen. Sie schlugen auf das Pousse ein, als sei es ein Tier, das sie töten konnten, um es zu essen.

Er hörte die Seitenwände brechen, sah, wie Hery mit einer Ecke seines Steins den blauen Stoff des Dachs aufschlitzte, und er begann sich zu fragen, was sie tun würden, wenn sie mit dem Pousse fertig waren. Ob sie ihn mit ihren Steinen erschlagen würden.

Er fragte sich, ob sie betrunken waren. Ob sie irgendwo eine Flasche gefunden oder gestohlen hatten. Der kleinste Junge war so alt wie Maribelle.

Und dann schaffte Biscuit es, einen Arm zu befreien, nur

einen, und er griff nach seinem Rettungsring, der roten Klingel, und klingelte, zweimal. Die Jungs lachten nur, doch der Ton der Klingel klang hell und klar durch den Lärm der Stadt. Terje, dachte Biscuit. Terje wird ihn hören. Er wird die Klingel hören und herkommen, er wird von seinem grünen Fahrrad springen und mich retten, er ist stark.

Hery stand jetzt vor ihm und hob seinen Stein mit beiden Händen.

Und in diesem Moment geschah etwas. Jemand hinter den Jungs schrie etwas. Jemand schwang einen langen Bambusstock. Die Menge teilte sich. Dahinter sah er Maribelles Nounou, klein, kräftig, ihr Gesicht wutverzerrt. Sie teilte nach links und rechts Schläge mit dem Stock aus, schrie eine Kaskade von Halbsätzen, in denen auch das Wort »Polizei« vorkam, und die Jungs wichen langsam zurück. Hinter der Nounou stand der *gardien* mit hochgekrempelten Ärmeln.

Dann schlüpfte jemand zwischen den beiden durch. Maribelle. Ihr Haar hatte sich aus den Zöpfen gelöst, sie war schöner denn je.

»Biscuit!«, sagte sie.

Sie sah ihn an, wie er da vor ihr lag, zu einem Bündel zusammengeschnürt auf der Bank eines Pousse, das kein Pousse mehr war. Er schämte sich.

Der *gardien* holte ein Messer aus der Tasche, und Maribelle nahm es und schnitt das Seil durch.

Biscuit sah, wie die Jungs sich umdrehten und verschwanden.

Und Maribelle zog ihn auf die Beine und umarmte ihn. Ihr Atem war warm auf seinem Gesicht.

»Wer war das?«, fragte sie, ohne ihn loszulassen.

»Alte Freunde«, sagte Biscuit mit einem bitteren Lachen.

»Komm«, sagte die Nounou. »Gehen wir rein. Und du, junger Mann, verschwinde. Wir wollen solche Banditen nicht in unserem Viertel. Wenn es das ist, was du mitbringst …« Sie nahm Maribelle an der Hand und zog sie von Biscuit fort.

Maribelle sah über die Schulter zurück, aber er wusste, sie konnte nichts tun, und der *gardien* schloss das Tor.

Biscuit zog die Überreste des Pousse zurück zum Verleih.

Die anderen Fahrer hörten sich kopfschüttelnd seine Geschichte an, die Zeiten sind schlecht, sagten sie, die Kinder auf der Straße werden verrückt.

Es würde ewig dauern, das Geld für die Reparatur zu verdienen.

Er fragte sich, ob er weglaufen sollte, anderswo neu anfangen. Doch wo immer er ankam, dort wäre keine Prinzessin.

Am nächsten Tag lieh er eine andere Rikscha, um das Geld für die blaue zu verdienen, und als sich ihm einer von Herys Jungs entgegenstellte und die Hand öffnete, zahlte er. Es nützte nichts, Prinzipien zu haben.

Jeden Tag tauchte einer von Herys Leuten auf, die Schlaglöcher schienen sie auszuspucken. Vielleicht lebten sie darin mit den Ratten. Am Ende des Tages blieb Biscuit nur wenig, um es dem Verleiher für die Reparatur zu geben.

Er lief mehr denn je, aß und schlief kaum. Er träumte von dem Wort *bald*.

Als er nach den Ferien wieder vor dem Tor der Villa stand, öffnete der *gardien* nur das winzige Fenster im großen Tor. »Sie ist schon weg«, sagte er.

»Ich komme morgen wieder«, sagte Biscuit. »Früher!«

»Junge«, sagte der Gardien. »Du brauchst nicht wiederzukommen. Wer vertraut sein Kind einem an, der Freunde hat, die ein Fahrzeug kurz und klein schlagen?«

Das kleine Fenster im Tor schloss sich.

Und Biscuit zog sein Pousse fort, den Kopf gesenkt. Er würde wiederkommen. Eines Tages. Wenn sie einem wie ihm die Prinzessin nicht mehr anvertrauten, musste er ein anderer werden.

* * *

An jenem Nachmittag saß Terje im Garten des Hotels zwischen den Rosen und Bougainvilleen und sah zu, wie ein Zyklon aufzog. Der Himmel verdunkelte sich, Wolken türmten sich übereinander, das Licht sickerte unwirklich gelb hindurch.

An der Küste war der Zyklon schon gewesen, dort tobten die Stürme sich aus, hier in Antsirabé kamen nur noch ihre Ausläufer an. Natürlich war es Fady, bei Zyklon hinauszugehen, verboten von den Ahnen. Er fragte sich, wo Nora war.

Die Rezeptionistin hatte gesagt, sie wäre zurückgekommen von ihrem Ausflug auf den Markt, hätte sehr lange geduscht und eine Weile mit dem Laptop im Garten gesessen und Mails geschrieben. Doch Terje hatte im Garten nur ein weißes Kaninchen gefunden, das am Fuß einer neu gepflanzten Ansammlung von Blumen hockte und Kleeblätter mümmelte.

Nora musste wieder gegangen sein. Er hatte sie verpasst.

Er hätte gerne mit ihr geredet, ihr von Biscuits Sammlung erzählt, von Rikschas mit Segeln, von Häusern ohne Einrichtung. Davon, wie er jahrelang vor sich hin gelebt hatte, inmitten von tausend Dingen, die vielleicht überflüssig gewesen waren. Er hatte eine Menge Bekannte gehabt, dachte er, aber nie einen Freund, und am Ende war er in seiner Wohnung mit Meerblick so allein gewesen wie Biscuit in seinem Haus ohne Möbel.

Und davon, dass er Biscuit die einzige Frage, die wichtig war, nicht gestellt hatte, weil er den Mut nicht aufgebracht hatte.

Wo ist Maribelle?

* * *

Warum bin ich hinausgegangen? Im Beginn des Sturms?

Ich weiß es nicht. Vielleicht war es das Licht. Die Wolken. Diese Spannung in der Luft, als müsste etwas passieren.

Ich war geduscht und umgezogen und fühlte mich wieder

wie ein Mensch. Und ich fand an der Kreuzung ein Cyclo-Pousse, ein einziges, dessen Fahrer ein wenig furchtsam aussah.

»Madame«, sagte er. »Wir bekommen einen Zyklon. Es ist Fady, bei Zyklon zu fahren.«

Ich bemühte mich, nicht zu lachen. All diese Fadys, diese Verbote, dieser Aberglauben. Madagaskar hat das Zeitalter der Aufklärung übersprungen.

»Aber Sie möchten doch Geld verdienen«, sagte ich.

Er nickte, gequält. »Ich muss. Meine Kinder … Vielleicht schaffen wir es vor dem Zyklon. Wohin möchten Sie?« Sein Französisch war gut. Die meisten Madagassen sprechen etwas, von dem man nicht einmal sagen kann, ob es Französisch ist oder etwas ganz anderes, Chinesisch vielleicht oder prähistorisches Serbokroatisch.

»Nirgendwohin«, sagte ich. »Einfach eine halbe Stunde durch die Stadt. Ich zahle den doppelten Preis. Ich suche etwas. Und vielleicht finde ich es. Im Wind. Verstehen Sie?«

»Nein«, sagte er und fuhr los.

Ich trug das kurze gelbe Kleid und um den Hals den blassgelben Seidenschal, den du mir geschenkt hast und der nach dir riecht. Das Licht war auch gelb, und sehr unwirklich. Die Stadt war fast menschenleer. Und dann bogen wir in eine schmale Pflasterstraße ein, die einen Hügel hinabführte und an deren Ende das Minarett einer Moschee aufragte, mitten hinein in die düsterblauen Wolken. Ein paar Kinder in Lumpen trieben mit einem Stock einen alten Fahrradreifen die Straße entlang. Zwei junge Mädchen kamen uns Arm in Arm entgegen, Körbe mit Obst auf dem Kopf, kichernd, eilig, der Wind blähte ihre bunten Röcke. Papierfetzen flogen durch die Luft wie Schnee.

Da roch ich ihn.

Den Duft. Süßlich, aber herb, seltsam, geheimnisvoll. Ich stand im Cyclo-Pousse auf, merkte, wie mein Herz schneller schlug, irgendwo vor mir war etwas, das ich finden musste, weit weg, verborgen im Sturm.

Auf einmal vergaß ich meinen Ekel, meine Abscheu, meinen Widerwillen gegen all das Kaputte und Dreckige. Vielleicht hatte ich es geahnt, vielleicht hatte ich deshalb, einem Instinkt folgend, das Hotel noch einmal verlassen.

Eine neue Böe riss mir den gelben Seidenschal vom Hals, trug ihn vor mir her, ohne dass meine ausgestreckten Arme ihn erreichten – und ließen ihn schließlich neben der Straße landen, an einem dunklen Ort, umwirbelt von Papierfetzen und Tüten. Dies ist das Herz, dachte ich, das Herz des Sturms. Und dann waren wir ganz nah, dann sah ich, woher der süßliche Geruch kam und wo der Schal gelandet war: auf einer der offenen Müllkippen. Auf einem Berg von Unrat, Abfall, Schutt, Kompost, zwischen bröckeligen Mauern, zwischen im Wind flatternden Plastikplanen und Zeitungen. »Anhalten!«, rief ich. »Halten Sie an!«

Der Fahrer verstand, und ich sprang auf die Straße und stand da, mitten im Chaos des Sturms, mitten im Gestank, er war betäubend, wie hatte ich diesen Gestank für etwas Wunderbares halten können?

Ganz hinten glühte der Müll, jemand hatte ihn angezündet, aber dann wieder ausgehen lassen, und nun schwelte er vor sich hin. Ich roch schmelzendes Plastik und etwas süßliches wie verkohlendes Fleisch, vielleicht lag da ein totes Tier. Mir war übel. Der Schal lag genau neben der Stelle, wo der Wind jetzt die Glut anfachte, sodass kleine Flämmchen aus der schwarzen Abfallmasse leckten.

»Madame? Wir helfen für Sie?«, fragte jemand neben mir, und ich fuhr zusammen. Da standen die vier schmutzigsten Kinder, die ich je gesehen hatte, Kleidung, Haare, Haut schwarz vor Dreck, nur das Weiße in ihren Augen strahlte hell, als sie mich anlächelten. Sie zeigten auf den gelben Farbklecks im dunklen Müll.

»Das da? Wir holen?«

Ich wollte nichts mit diesen Kindern zu tun haben, nicht einmal mit ihnen sprechen, ihnen nicht zu nahe kommen, sie übertrugen mit Sicherheit Krankheiten. Aber da war der Schal. Vielleicht waren die Kinder meine einzige Chance. Ich nickte.

Da stiegen sie mit einem hellen Lachen in den Müll, kletterten mit bloßen Füßen über Glasscherben und alte Windeln, Matsch und Dreck quoll zwischen ihren nackten Zehen hervor. Jetzt! Jetzt waren sie fast bei dem Schal. Doch in diesem Moment blies ein neuer Windstoß die Flämmchen in die Höhe. Ich roch die angesengte Seide.

»Lasst es!«, hörte ich mich selber rufen. Panisch. »Kommt zurück!«

Doch eines der Kinder, das älteste, ein Mädchen, griff mit bloßer Hand ins Feuer und zog den Schal heraus, und die anderen jubelten. Sekunden später standen sie alle vor mir, und das Mädchen hielt mir den Schal entgegen. Er hatte ein Brandloch. Und als ich ihn nahm, sah ich, dass die Handfläche des Mädchens ebenfalls verbrannt war, eben begann sich dort eine große Blase zu bilden. Ich nahm den Schal.

»Das … das hättest du nicht … danke!«, stammelte ich. Sie lächelte. Es musste höllisch wehtun, doch sie lächelte, mitten im Sturm. In diesem Moment begann es zu regnen.

Wir standen in einem Sturzbach, und das Mädchen hielt mir ihre Hand unter die Nase und sagte: *»Vola.«* Und dann: *»Argent.«* Geld.

»Ich … ich habe nichts«, stammelte ich und wich zurück. Und ich drehte meine Taschen um, damit sie es sahen, dass es stimmte. Ich hatte den Fahrer bereits bezahlt, mehr hatte ich nicht mitgenommen.

»Noana be. Faim«, sagte das Mädchen und zeigte auf ihren Bauch, um den sie statt eines Gürtels ein langes, dünnes Seil mehrfach geschlungen hatte, um die Fetzen zusammenzuhal-

ten, die sie trug. Hunger. Die anderen nickten. Es waren zwei Jungen und ein zweites winziges Mädchen, vielleicht drei Jahre alt.

»Zweitausend«, sagte das große Mädchen.

Fünfzig Cent.

Jetzt zogen alle Kinder an meinem gelben Kleid. *»Vola, vola!«*, riefen sie. *»Argent!«*

Ich roch ihren Hunger, ich roch den vom Regen gelöschten Müll, ich roch meine Angst.

Sie werden mich totschlagen, dachte ich. Sie werden meine Kleider verkaufen und meinen Körper im Müll liegen lassen.

Da durchbrach eine Hupe den Singsang der Kinder, das Heulen des Zyklons, das Rauschen des Regens. Ich fuhr herum. Ein zweites Pousse hielt neben meinem, ein Lauf-Pousse. Ein alter Mann zog es, barfuß, mit einer Tüte auf dem Kopf gegen den Regen und einer, in der sein Oberkörper steckte. Darin, unter einem weißen Regenschirm, saß eine Dame.

Eine wahre Dame in einem engen dunkelblauen Kleid mit winzigen aufgestickten Mustern. Sie war sehr klein für eine erwachsene Person, doch sie strahlte so viel Würde aus, dass es mir den Atem nahm. Und jetzt stieg sie aus, setzte ihre Füße in den Riemchensandalen auf das nasse Pflaster, griff in ihre runde rote Lederhandtasche und holte einen Schein heraus. Sie stellte eine kurze Frage, die Kinder zeigten auf den Schal und begannen, alle durcheinanderzureden, und die Dame nickte und gab dem ältesten Mädchen den Geldschein.

»Und Sie!«, sagte sie zu mir. »Wenn Sie möchten, nehme ich Sie mit zu einem warmen Tee. Steigen Sie ein.«

»Kann er denn uns beide ziehen?«, fragte ich mit einem Blick auf den Mann. Die Tüten ließen ihn aussehen wie ein riesiges Huhn.

»Natürlich«, sagte die Dame, doch sie sagte es nicht herablassend, sondern auf eine Art, die ihn stolz den Kopf heben ließ. Mein eigener Fahrer war offenbar froh, dass er wegkam.

Dann setzte unser Gefährt sich in Bewegung.

Ich sah die Dame von der Seite an. Das einzige Undamenhafte an ihr war ihr kurzes, lockiges Haar, doch sie hatte es mit einer Million kleiner Spangen und perlenbesetzter Haarnadeln am Kopf festgesteckt. Ihr Gesicht war fein wie das einer Puppe, um ihren Mund spielten Lachfältchen. Nur ihren Augen fehlten die Lachfalten. Als hätte sie jahrelang allein mit dem Mund gelacht.

»Danke«, sagte ich, »Ich gebe Ihnen das Geld natürlich zurück. Diese Kinder …«

Ich sah mich um. Die Kinder standen noch immer da, mitten im Regen.

»Warum gehen sie nicht hinein?«, fragte ich.

»Wo hinein?«, fragte die kleine Dame.

Und dann blieb unser Läufer vor einem hohen Eisentor stehen, das ein *gardien* von innen öffnete. Dahinter führte ein Weg aus dunklen Steinplatten zur Tür eines geometrisch abstrakten Hauses: ein Kunstwerk aus ineinander verschachtelten Quadern aus dem gleichen dunklen, glänzenden Stein. Scheußlich.

Ein perfekt getrimmter Rasen umgab das Haus, hohe Palmen mit kahlen grauen Stämmen wie Beton bogen sich im Wind – solche Palmen hatte ich sonst noch überhaupt nicht gesehen in Antsirabé –, und in einem mit weißem Marmor umfassten Beet wuchsen streng zurechtgestutzte pink blühende Rhododendronbüsche, die so perfekt wirkten, als wären sie aus Kunststoff. Es war alles sehr teuer und sehr groß und sehr geschmacklos.

Es passte nicht zu meiner Retterin. Doch, dachte ich, es passte zu der Art, wie sie ihr Haar bändigte. Als wäre sie einer der blühenden Büsche in den Beeten, sorgsam in Form gestutzt, ein Busch, der ganz innen, im Herzen seiner ineinander verwobenen Äste, ein Nest wilder Vögel beherbergte. Ein

Hausangestellter öffnete die Tür, und meine Retterin führte mich durch das Haus, das wirkte wie aus einem Einrichtungskatalog: makellos. Unbewohnt.

In einem riesigen Bad mit großen Amphoren voller dekorativer trockener Äste sagte sie vage: »Ziehen Sie irgendwas von dem hier an«, deutete auf einen Korb mit frisch gewaschener, gebügelter Wäsche und ließ mich allein.

Eine halbe Stunde später saß ich mit trocken gerubbeltem Haar in einem weiten gestreiften Hemd und zu kurzen schwarzen Leggins auf einem Ecksofa in einem Salon, der so weitläufig und kalt war wie das ganze Haus. Aber auf dem Sofa lagen behagliche Decken, und auf dem kleinen Beistelltisch dampften zwei Tassen Tee neben einer kleinen Kerze in einem Kerzenhalter: einer bunt bemalten Schildkröte aus Blech. In ihrem ersten Leben war die Schildkröte eine Dose Tomatenmark gewesen. Neben dem Tisch lagen mehrere Bücherstapel auf dem Boden. Es war seltsam, als würde meine Retterin nur diese eine Ecke des Hauses bewohnen und der Rest gehörte jemandem, der selten da war und offenbar ein Liebhaber großer Kälte.

Direkt neben dem Sofa erstreckte sich hinter einer Glaswand wie der eines Aquariums der hintere Teil des Garten. Der Regen schlug an die Scheiben, es war schon beinahe dunkel, und in der Dunkelheit entdeckte ich ein kleines Fenster, in dem eine Kerze oder eine Petroleumlampe flackerte: das Fenster eines Schuppens, geschmiegt in ein Meer aus windzerzausten Sträuchern. Schemen wanderten innen am Fenster vorbei.

»Was ist in dem Schuppen?«, fragte ich.

»Oh, mein Mann würde sagen, das ist mein Puppenhaus«, sagte sie und beugte sich vor. »Aber erzählen Sie. Was tun Sie hier?«

Ich seufzte. »Ich suche«, sagte ich zum hundertsten Mal, »einen Duft.«

Sie sah mich mit ihren hellen Augen aufmerksam an, Augen

von einer Farbe wie Karamell, der in Kaffee schmilzt. Weich und warm.

Dann erzählte ich. Ich erzählte von Summer und von Berlin und von den Düften. Von Jan. Davon, wie er mit mir essen gegangen war, zwischen all seinen Terminen, nur wir beide. Wie er mich angesehen hatte. Wie er gesagt hatte: »Du schaffst das, du findest den perfekten Duft. Unseren Duft für 2021. *Weit weg.* So wird er heißen. Er wird die Leute an einen anderen Ort transportieren, du, Nora, wirst ihr Leben verändern.«

»Ich?«, hatte ich gesagt. »Aber wie …?«

Er hatte mir nur eine Hand auf den Arm gelegt und genickt. »Ich weiß«, hatte er gesagt, »dass du es kannst.«

Das alles erzählte ich ihr, und auch davon, wie anders Madagaskar war, anders, als die Leute in Deutschland dachten.

Und von meiner Wohnung und davon, wie gut es tat, allein zu sein zwischen all den schönen Dingen, die ich liebte, den modernen, abstrakten Bildern, den farbigen Glasmurmeln in der Schale auf dem Fensterbrett, den Parfumflakons auf dem Regal. Meinen Büchern, die alphabetisch sortiert nebeneinanderstanden, den Suppenlöffeln an ihren Haken, die ich der Größe nach geordnet hatte.

»Ich kann das Leben von gar niemandem ändern«, sagte ich am Ende leise. »Ich kann noch nicht mal mein eigenes Leben ändern, es ist seit Jahren gleich. Seit ich bei meiner Mutter ausgezogen bin. Aber es ist beruhigend, dass alles immer gleich ist. Hier ist nichts beruhigend.«

Ich sah in den Zyklon hinaus, der Blätter an der Glaswand vorübertrieb, unordentlich, unvorhersagbar. Es war jetzt ganz dunkel draußen, nur das Licht im Schuppenfenster flackerte, und dann erlosch auch das. Hinter dem Sofa brannte in einem offenen Kamin ein Feuer, einer der Bediensteten hatte es entfacht.

Sie goss mir Tee nach, und ich nickte dankbar und legte meine Hände um die Tasse. »Als ich den Schal verloren habe, dachte ich, ich hätte einen Duft gefunden«, flüsterte ich, »und dann war es die Müllhalde, die ich gerochen hatte. Mein Geruchssinn ist völlig verwirrt.«

»Sie sind erst seit zwei Tagen hier«, sagte sie sanft. »Sie wissen noch wenig. Die Kinder, die den Schal gerettet haben … Sie können nicht *hineingehen,* wie Sie vorschlugen. Sie haben kein Haus.«

»Sie leben in irgendeiner Wellblechhütte«, sagte ich und seufzte.

»Nein«, sagte sie. »Haben Sie das Lager nicht gesehen? Das Lager aus Pappe und Stofffetzen, neben der Mauer der Müllkippe? *Dort* leben sie. Die Müllkippe versorgt sie mit Essen, und sie sammeln die Kohlestücke heraus, um sie als Brennmaterial weiterzukaufen. Oder das Metall.«

»Oh«, sagte ich nur.

»Wie lange bleiben Sie im Land?«

»Wir fliegen in zwei Wochen wieder«, sagte ich, plötzlich seltsam heiser.

»*Wir?*« Sie hob die Augenbrauen. »Ist er doch mitgekommen, Ihr Freund? Jan?«

»Er ist nicht mein Freund«, sagte ich leise. »Und er ist *nicht* mitgekommen. Er hat zu viel Arbeit.«

»Das ist das Problem einer Menge Leute«, sagte sie. »In Europa. Sie jagen den ganzen Tag sich selbst. Europa ist erschöpft. Es war immer so effektiv, hat immer alle Löffel der Größe nach geordnet, verstehen Sie? Jetzt ist es müde. Und es beißt alle weg, die hinkommen wollen.«

»Ja, wir haben da ein kleines Problem mit dem Mittelmeer«, sagte ich und fragte mich, ob ich jetzt anfangen musste, über Politik zu sprechen. »Aber es hat nichts mit Löffeln zu tun.«

»Ich verstehe Europa«, sagte sie. »Müde Leute sind nicht sehr freundlich. Europa braucht eine Pause. Und das ist es, was Ihr Freund will, nicht wahr? Dass Sie Pausen erschaffen.«

Sie lachte, diesmal heller, und warf den Kopf zurück, sodass

Haarnadeln aus ihrer Frisur rutschten und sich ein paar wilde Locken lösten. »Aber glauben die Leute in Berlin wirklich, sie können an etwas riechen, das *Weit weg* heißt und sich die Zeit für eine wirkliche Reise, eine wirkliche Pause *sparen?*«

Dann sah sie mich wieder mit diesem weichen Blick an, und sie sagte: »Oh, Sie werden Ihren Duft finden, ganz bestimmt. Er wird wunderbar sein. Auch wenn er keine Pause ersetzt. Mit wem sind Sie hier, wenn nicht mit Ihrem Jan?«

»Mit meinem Vater«, sagte ich. »Er ist im Hotel. Nehme ich an. Ich sollte ihn anrufen, er wird sich fragen, wo ich bin. Er wollte diesen Tag mit mir verbringen, aber ich bin erwachsen, ich komme alleine klar.« Ich merkte, dass es dumm klang, denn offensichtlich war ich nicht alleine klargekommen, sie hatte mich retten müssen.

Ich holte mein Handy heraus, und meine Retterin beugte sich ein wenig vor. Schien kopfüber die Liste der Kontakte im Telefon mitzulesen.

Die Verbindung war zu schlecht, vielleicht lag es am Zyklon.

»Vielleicht sollte ich einfach los«, sagte ich. »Er wird auf mich warten.«

Sie warf einen Blick auf die zierliche Armbanduhr an ihrem Handgelenk und nickte plötzlich besorgt. »Ja. Sie sollten vielleicht gehen. Es ist gleich sieben. Ich rufe Ihnen ein Taxi. Ein richtiges Taxi.«

Wir standen gleichzeitig auf, und ich hatte das Gefühl, sie hätte es auf einmal eilig, mich loszuwerden. Als würde um sieben Uhr etwas in diesem Haus geschehen, was ich nicht miterleben sollte.

Und dann stand ich vor der Tür, eine Tüte mit meinen nassen Kleidern im Arm, und vor mir hielt ein *richtiges* Taxi, aber es war kein richtiges Taxi. Es war eine andere Art von Rikscha, diesmal eine motorisierte. Schwarz und gelb, vorne ein Rad und hinten zwei. Das Armaturenbrett des Fahrers war eine

Ansammlung aus losen Kabeln, die heraushingen wie Spaghetti, und statt einen Zündschlüssel umzudrehen, hielt er zwei Kabel aneinander, sodass ein Funke übersprang.

»Da schien mir das Lauf-Pousse sicherer«, murmelte ich. »Ich fahre sonst nicht gern damit, aber …«.

»Sehen Sie, und ich fahre nicht Cyclo-Pousse«, erwiderte sie.

»Warum?«, fragte ich.

»Das ist eine lange Geschichte. Die Geschichte einer Liebe, die nicht gut ausging. Aber fürchten Sie sich nicht vor ein paar Kabeln.«

Erst als die Motorrikscha über die Kopfsteinpflasterstraße holperte, fiel mir ein, dass ich meinen Seidenschal vergessen hatte. Ich versuchte, dem Fahrer zu sagen, er sollte umkehren, aber er verstand mich nicht. Ich drehte mich noch einmal um, um mir den Weg einzuprägen, damit ich zurückkommen und den Schal holen konnte. Nach dem Sturm.

Da sah ich, dass uns jemand folgte. Vier Gestalten rannten durch Wind und Regen, hielten die Kleiderfetzen fest, die der Sturm von ihren dünnen Körpern reißen wollte, und blieben schließlich stehen.

Ich war erleichtert und schämte mich gleichzeitig.

Dann tat ich etwas, von dem ich nie gedacht hatte, ich würde es tun. Ich hob die Hand und winkte den Kindern. Sie winkten alle zurück, hopsten auf und ab und winkten, und ich merkte, voller Verwunderung, dass ich lächelte.

5

Terje hatte eine Flasche Wein besorgt.

Er war so froh, dass Nora wieder da war. Er hatte sich Sorgen gemacht. Versucht, sie anzurufen. Aber sie hatte sich offensichtlich in einem Funkloch befunden. Er war hinausgegangen und hatte sie gesucht, in den Straßen um das Hotel, aber schließlich hatte er aufgegeben. Und schließlich hatte der Sturm sie hereingeweht, und sie hatte gelächelt.

»Wo warst du?«, hatte er gefragt, aber sie sagte, sie müsste sich erst setzen und einen Moment durchatmen, und da waren sie nun, in Terjes Hotelzimmer, und er öffnete den Wein.

»Ich wusste nicht, dass man hier Wein kaufen kann«, sagte Nora.

»Man kann«, sagte Terje und klopfte neben sich auf die Matratze, da der einzige Stuhl im Zimmer von seinen Kleidern belegt war. »Wein aus Frankreich. Im europäischen Supermarkt. Sie haben Schokolade aus der Schweiz und Birchermüsli aus Deutschland. Für die *vazahas.*«

Er legte eine braune Papptüte aufs Bett. »Ich habe uns Abendbrot besorgt. Im Hotel kochen sie abends nicht.«

Nora setzte sich aufs Bett und öffnete die Papiertüte. »Birchermüsli?«, fragte sie zweifelnd. Aber was sie herauszog, waren zwei belegte Baguettes. Und dann stießen sie an.

Ich sitze, dachte er, mit meiner Tochter auf einem Bett und trinke Wein, das ist verrückt, es ist, als wären wir Studenten.

Etwas an Nora schien sich verändert zu haben. Unter normalen Umständen hätte sie niemals etwas so Unordentliches getan, wie Wein aus einer Flasche zu trinken. Zu Hause hatte sie Rotwein- und Weißweingläser, immer perfekt poliert, er war nur einmal in ihrer Wohnung gewesen, zur Einweihung, und hatte sich fremd gefühlt.

An diesem Abend war sie anders. Lockerer. Als hätte etwas in ihr begonnen, sich zu lösen, wie ein Knoten. Und wieso trug sie ein gestreiftes Herrenhemd?

»Wo warst du?«, fragte er noch einmal.

Und da begann sie zu erzählen. Von den Farben des Großen Marktes, dem Auto eines Mannes, dessen Namen sie vergessen hatte, dem Geruch einer Müllkippe und den Augen von Kindern und einem Huhn in einem Regenmantel, alles durcheinander, und sie trank Wein und lachte, gestikulierte mit ihrem Baguette, verstreute Krümel, ohne sich dessen bewusst zu sein, und Terje lehnte sich zurück und hörte zu.

Sie war ihm näher als sonst an diesem Abend. Es war ein Geschenk.

»Wie hieß die Frau, die dich gerettet hat?«, fragte er schließlich.

Nora hielt inne, die Weinflasche in der Hand. »Oh«, sagte sie, verwundert. »Ich habe sie nicht gefragt. Wir haben uns einfach unterhalten. Weißt du, es war gar nicht so, als lernte man jemand Neuen kennen. Es war so, als träfe man eine alte Freundin. Ich werde wieder hingehen. Ihr das Geld zurückgeben und den Schal abholen. Ich frage mich, was in dem Schuppen ist, in ihrem Garten. Und was das für eine Liebesgeschichte ist, die nicht gut ausging. Weshalb sie nie Cyclo-Pousse fährt. Lach mich jetzt nicht aus, aber ich habe so ein Gefühl. Als wäre das, was ich suche, irgendwo in ihrem Garten. Der Duft. Als wäre ich ihm ganz nahe gewesen.«

»Also fahren wir nicht weiter?«, fragte Terje. »In Richtung Küste? Zum Dschungel? Du wolltest Strände, Muscheln.«

»Und es gibt keine Bettler? Keine Müllhalden? Keine hungrigen Menschen?«

Terje seufzte. »Es kommt darauf an, wo wir hinfahren. In den meisten Touristenorten gibt es eine Menge Prostitution. Kinderstrich. Drogen. Solche Dinge.« Er lachte, unfroh. »Aber sie haben Vanilleplantagen. Urwaldblüten.«

Nora nickte. Eine Weile schwieg sie, und dann sagte sie: »Urwaldblüten riechen nach gar nichts. Die meisten Leute wissen das nicht. Urwaldblüten locken die Insekten über ihre Farben an, nicht über Duftstoffe.«

»Hm«, sagte Terje. »Also willst du nicht in irgendwelche Nationalparks?«

»Nein.«

»Sicher? Ich will nicht, dass du hier unglücklich bist. Wir sind gekommen, damit du deinen Duft findest.«

»Nicht nur«, sagte sie. »Wir sind auch gekommen, weil du etwas finden willst. Oder? Und ich nehme an, du feierst deinen Siebzigsten lieber hier als in irgendeinem Urwaldort, der dir nichts bedeutet.«

»Na ja, ich …« Er holte tief Luft. »Wenn wir sowieso bleiben, würde ich gerne einem alten Bekannten helfen, ein Segel fertig zu konstruieren. Im Gegensatz zu ihm habe ich den Sportbootführerschein, und er wird in zwei Wochen versuchen, eine Weltmeisterschaft damit zu gewinnen.«

Nora riss die Augen auf »Was tut er? Dein Bekannter?«

»Er segelt eine Fahrradrikscha«, sagte Terje.

Und sie lachten, zum ersten Mal zusammen.

Am nächsten Tag stand er früh auf und hinterließ Nora einen Zettel.

Guten Morgen. Der Abend gestern war schön. Ich bin eine Weile weg, aber wenn du willst, können wir später gerne etwas zusammen unternehmen. Bitte begibt dich nicht wieder in Gefahr.

Terje fand Biscuit unterhalb des Hangs im Reisfeld. Mitten im Grün. Er sah ihn von Weitem neben etwas Buntem sitzen: Es war die Fahrradrikscha aus Papier. Biscuit hielt ihr Segel in den Händen.

Terje lief die kleinen, erhöhten Pfade zwischen den Feldern entlang. Wie lange war er keine Pfade zwischen Reisfeldern mehr entlanggelaufen! Biscuit saß im Wasser zwischen den jungen Pflanzen.

»Hey«, sagte Terje, und Biscuit sah auf.

»Sieh dir das an! Der Zyklon hat es bis hierher getragen. Hat nicht viel übrig gelassen.« Er hob einen Lappen aus durchweichtem Papier hoch, von dem rote Farbe tropfte. Dann ein Stück Gelb, ein Stück Grün. »Das Segel ist noch in Ordnung. Reissäcke halten was aus.« Er lachte.

»O nein«, sagte Terje.

»Wie damals«, sagte Biscuit. »Weißt du noch, das andere Pousse? Manche Dinge kann man nicht reparieren.«

»Aber du hast es abbezahlt damals. Oder?«

»Nein.« Biscuit schüttelte den Kopf. »Hilfst du mir, das Fahrgestell aus dem Wasser zu ziehen?«

Terje schluckte. *Geh niemals ohne Stiefel in ein Reisfeld.* Er selbst hatte das jahrelang gepredigt. Reisfelder sind schistosomenverseucht; die Wasserschnecken, die die Pärchenegel übertragen, leben dort, ganz Madagaskar hat Bilharziose, die Würmer nisten sich in deinen Gefäßen ein und verstopfen sie, zerstören Leber, Lunge, Hirn, lassen dich Blut pinkeln.

»Ich krieg es allein nicht raus«, sagte Biscuit. »Es steckt im Schlamm fest.«

Man stirbt nicht an Bilharziose. Sie ist behandelbar.

Terje stieg mit seinen Turnschuhen ins Wasser, und sie zogen zu zweit. Zogen und zogen, gegen die Kraft des Reisfeldes an, das die Papierrikscha unbedingt behalten wollte. Reisfelder, dachte Terje, saugen alles ein, fressen alles auf. Sie fressen die letzten Regenwälder, sie fressen die Zeit und die Gesundheit der Menschen, sie sind so schön und so grün. Und so gierig.

Er zog Schulter an Schulter mit Biscuit, der so viel jünger und stärker war und ihn dennoch brauchte. Dann löste sich das Pousse, und sie taumelten gemeinsam rückwärts, fielen, lachten zusammen, mit schlammbespritzten Gesichtern. Und endlich hatten sie das Ding auf der Straße, wo Biscuit zog und Terje schob, ein Teil des Gestells blockierte die Räder, alles klemmte.

»Deshalb heißen sie Pousse-Pousse«, sagte Biscuit außer Atem. »Wusstest du das? Einer hat gezogen und einer geschoben, bei den allerersten, vor hundert Jahren. Und am Berg haben die ungeduldigen Passagiere den hinteren Mann angeschrien: *Pousse! Pousse!* Schieb!«

In Biscuits Hof ließen sie sich außer Atem auf den Boden fallen, in den Staub, zwischen die Hühner.

»Die Sklaven«, keuchte Biscuit, »die haben ihre Herren noch auf dem Rücken getragen. Manchmal glaube ich, es hat sich gar nichts geändert seit damals.« Dann schüttelte er den Kopf. »Das mit dem Papier war eine dumme Idee.«

»Es sah hübsch aus«, sagte Terje. Er fuhr den Metallrahmen mit der Hand entlang. »Das hier ist am Ende, aber die Achsen und die Räder können wir weiternutzen.«

Biscuit sah Terje an. »Wir?«

»Ich könnte dir helfen, das schnellste Cyclo-Pousse der Welt zu bauen. Ich habe zwei Wochen.«

Da verzog sich Biscuits Gesicht langsam zu einem Lächeln.

Und in diesem Moment waren sie wieder eins. Ein alter und ein jüngerer Mensch, ein ruhiger und ein wilder, ein entschlossener und ein zögernder, ein heller und ein dunkler. Freunde. Trotz allem, was zwischen ihnen stand, all den Kilometern und Gewohnheiten und Kulturunterschieden.

Biscuit wischte ein paar Schlammspritzer von seinem weißen, mit winzigen Blättern bestickten Hemd. Und dann zog er das Hemd aus und zwei Schraubenschlüssel aus der Hosentasche.

»Dann los.«

Fünf Minuten später knieten sie gemeinsam auf dem Boden und waren dabei, Räder und Achsen vom Rest des Fahrgestells zu trennen. »Wir behalten das Segel«, murmelte Terje. »Wir denken uns irgendetwas anderes aus für den Rumpf, etwas noch Leichteres als Metall mit Papier, etwas … ich weiß nicht …« Er sah auf, sah Biscuit an, der zwei Schrauben im Mund hatte. Und er stellte fest, dass er sich betrunken fühlte. Dann begriff er. Er war zum ersten Mal seit Langem glücklich.

Er saß vor der Ruine eines Traums im Staub und hatte keine Ahnung, wie es weiterging, aber genau hier gehörte er hin, genau jetzt.

»Damals«, sagte er. »Erzähl mir noch einmal, wie es weiterging. Damals, als auch alles zerstört war. Vielleicht finden wir darin eine Lösung.«

Biscuit spuckte die Schrauben aus. »Damals«, sagte er, »bin ich weggelaufen.«

An jenem Tag, an dem der *gardien* ihm erklärte, er brauchte nicht wiederzukommen, transportierte Biscuit keine Passagiere mehr. Er zog das Pousse zurück zum Verleih, nahm die rote Klingel ab und ging. Die anderen sahen ihm fragend nach, aber er hatte nicht die Kraft, etwas zu erklären. In seiner Tasche befanden sich ein Stück weißer Kreide und ein Zweihundert-Ariary-Schein. Fünf Cent.

Er wusste nicht, wohin er ging. Nur dass er wegmusste.

Weg aus Antsirabé, Stadt des Wassers, Stadt der Pferde, Stadt der Pousse-Fahrer.

Stadt der Prinzessin.

Er würde niemals alles abbezahlen können, was er dem Verleiher schuldete, er würde niemals gegen Herys Leute ankommen, er wusste von anderen, die versucht hatten, Schulden zu bezahlen. Am Ende waren sie im Gefängnis gelandet, weil sie es nicht geschafft hatten, und sie hatten es hingenommen, wie alle immer alles hinnahmen, doch er hob den Kopf, trotzig, spürte den Wind von den Bergen her und begann zu rennen.

Er rannte bis zur Straße nach Fianarantsoa und sprang auf ein TaxiB, einen jener Kleinbusse, die beladen mit Körben,

Koffern, Menschen durch das Land schaukeln und an jedem Halt zusammenbrechen. Er hielt sich an der hinteren Leiter fest, gab dem Kontrolleur den Zweihundert-Ariary-Schein und kletterte aufs Dach, zwischen einen Korb mit lebenden Enten und zwei Fahrräder.

Und so sah er die Stadt zum letzten Mal.

Er sah ihre französische Kathedrale und ihre hohen Bäume in der Ferne verschwinden, ihre Villen und Wellblechhütten, und sein Herz tat weh, denn es war seine Stadt, trotz allem, man konnte sie vergöttern und sie hassen, doch was er für sie empfand, war Liebe. Ein kompliziertes Gefühl, das beides, das Vergöttern und den Hass, mit einschließt.

Irgendwann wurden die Enten abgeladen, stattdessen banden sie ein Schwein fest, aber die Fahrräder blieben, und Biscuit schlief ein, den Kopf gegen einen Reifen gelehnt, den Arm um eine Sattelstange gelegt. Er sehnte sich zurück nach der Zeit, in der er ab und zu bei den Fahrraddoktoren herumgesessen hatte, damals, ehe er mit neun Jahren beschlossen hatte, erwachsen zu werden, um einer Prinzessin willen. Ehe er ein Pousse-Läufer geworden war und keine freie Minute mehr gehabt hatte.

Und er träumte, dass die Räder abgeladen wurden und er auf eines stieg und einfach davonfuhr. Er wusste, wenn er immer weiterfuhr, würde er Terje finden, und dann wäre alles gut.

Als er erwachte, waren sie in den Bergen: Kleine, braune Felder bedeckten die Hänge, unterbrochen von dunkelgrünen Kiefernwäldchen, alles noch trocken und kühl, die Regenzeit würde erst in einem Monat beginnen. Lehmhäuser mit blau gestrichenen Balkons standen zwischen den Hängen. In einem solchen Dorf kletterte Biscuit vom Dach des TaxiB, hungrig, zerschlagen vom Geholper des Wagens, aber entschlossen.

An diesem Tag waren es zwei junge Zebus, die ihn retteten. Sie sollten einen leeren Wagen eine steile Gasse hinunterziehen, aber sie hatten Angst, ihre Hufe rutschten im Staub, er hörte ihr verzweifeltes Brüllen, der Wagen drohte, sie zu überrollen, und es nützte nichts, dass ihr Herr sie mit seinem Stock schlug und sie anschrie.

Biscuit war mit zwei Sätzen dort und hielt den Wagen hinten fest, und die Zebus merkten, dass das Gewicht nachließ, und wurden ruhiger, gingen endlich weiter, bis der Weg nicht mehr so steil war. Dann blieben sie wieder stehen, versuchten auszubrechen, um im Gebüsch am Wegesrand zu grasen, und da ging Biscuit um den Wagen herum und sagte zu dem Bauern mit dem Stock, der ihn nicht einmal bemerkt hatte: »Ich kann ihn ziehen.«

Der Bauer lachte. »Wo kommst du denn her? Bist du vom Himmel gefallen?«

»Ich bin stark«, sagte Biscuit. »Ich habe ein Pousse gezogen. In Antsirabé.«

»Kleine Kinder ziehen keine Pousses«, sagte der Mann.

»Diese Zebus sind zu jung«, sagte Biscuit. »Ich nicht. Ich bin kein Kind. Jeder verdient eine Chance.«

»Bitte.« Der Bauer lachte. »Du wirst ja sehen, dass es nicht geht.«

Es waren die gleichen Worte, die die Nounou benutzt hatte. Und Biscuit sah zu, wie der Bauer seine Zebus ausspannte, und packte die Deichsel. An seinem Handgelenk leuchtete die rote Fahrradklingel, sie gab ihm Kraft, und der Wagen ruckte an.

Biscuit spürte, wie die Adern an seiner Stirn hervortraten, und dann, ganz plötzlich, ging es leichter, der Wagen war über einen Stein geholpert und schien jetzt von selbst zu laufen, er brauchte nur vorwärtszugehen. Es ist die rote Fahrradklingel, dachte er. Und dann waren sie vor dem Haus des Bauern angekommen.

»Junge«, sagte der Bauer. »Suchst du Arbeit?«

Biscuit nickte, schweißüberströmt.

»Du kannst bei den Tieren im Heu schlafen«, sagte der Bauer. »Lass dir von der Frau eine Schüssel Reis geben.«

So wurde Biscuit mit knapp elf Jahren ein Zebu.

Er zog den Wagen, zunächst leer und später beladen, mit Heu, mit Ästen, schließlich mit Steinen. Er aß Reis mit den anderen am Hof. Es gab zwölf Kinder. Sie arbeiteten auf den Feldern mit, sie gingen nicht zur Schule, wie Maribelle es tat, aber sie waren auch nicht wie Biscuit.

Wenn die Kinder am Abend die Außentreppe zum Balkon hochkletterten, balgten und lachten und schließlich drinnen mit ihrer Mutter die alten Lieder sangen, dann stand Biscuit unten und lauschte eine Weile, ehe er sich im Stroh verkroch.

Wenn die Kinder eine Pause von der Arbeit des Reispflanzens, Reiserntens, Reisdreschens machten, wenn sie ihre selbst gebauten Autos aus leeren Plastikflaschen und Deckelrädern herumzogen und schrien und johlten, dann arbeitete er weiter. Die beiden Zebus wuchsen heran und wurden seine Freunde, mehr als die Kinder, die stets Abstand hielten.

Sie sagten, er sei seltsam.

Sie sahen ihn mit den Zebus sprechen, sie zwischen den Ohren streicheln, wie nie jemand Zebus streichelte. Und sie sahen ihn mit roten Ziegelstückchen Zahlen und Buchstaben an die Wände des Schuppens schreiben. Manchmal schenkten sie ihm einen alten Apfel. Manchmal warfen sie Steine nach ihm. Das Land war so alt wie seine Lieder, und die Tradition der Sklaverei war ebenso alt.

Doch in seinem Herzen war Biscuit ein Prinz, denn darin glühte das Bild der Prinzessin, und er wusste, dass sie wartete.

Wenn er aß, um neue Kraft zu schöpfen, tat er es der Prinzessin wegen. Wenn er sich im Reisfeld wusch, wusch er sich für sie, und wenn er Wasser vom Brunnen holte, goss er manchmal etwas davon in seine hohle Hand und betrachtete sich in der Spiegelfläche. Sah, wie er wuchs. Sah, wie er sich veränderte.

Für sie.

Das Land veränderte sich um ihn herum, der Regen kam und ging, die Berge wurden grün und wieder braun, aber er veränderte sich nur in eine Richtung. Er wurde stärker und älter und größer.

Die Zebus waren längst so weit, dass sie den Wagen zogen und sich lenken ließen, Biscuit lenkte sie weite Strecken durch die Berge, bis zu den umliegenden Dörfern, wo der Bauer Gemüse verkaufte. Er schlug sie nie, und wenn das Gelände zu schwierig wurde, zog er mit ihnen den Karren. Zu dritt bewältigten sie die steilsten Wege, die schwersten Lasten. Und wenn die Leute den Ton der roten Klingel hörten, dann wussten sie: Hier kommt der Junge, der ein Zebu ist.

Sie mochten ihn. Denn er war ein Zebu, das lesen konnte. Wenn jemand ein Dokument lesen musste, entzifferte er es für ihn.

Als er zwölf war, fand er eine Fahrradkette. Irgendwo in den Bergen, zwischen den Dörfern. Er polierte sie, bis sie glänzte, und hängte sie sich um den Hals: ein Symbol dafür, dass er eines Tages Rad fahren würde, er wusste, das war seine Bestimmung.

Die Leute in der Umgebung sagten jetzt nicht mehr »Da kommt der Junge, der ein Zebu ist«, sie sagten: »Da kommt der Junge, der ein Fahrrad ist, eine Klingel und eine Kette hat er ja schon.«

Und dann kam der Tag, ein kalter Tag im Juni, an dem er das Fahrrad entdeckte.

Es lag unten in einer Bergspalte, dort, wo der Fluss vorbeirauschte, es war die Zeit, in der er Wasser führte. Biscuit traute seinen Augen kam. Er band sich das Seil, mit dem er sonst Feuerholz auf dem Karren festzurrte, um den Bauch, knotete das andere Ende am Karren fest und begann zu klettern. Die Zebus standen oben und schnaubten.

Er stützte sich mit den Füßen am Steilhang ab, und dann

kniete er unten neben dem Fahrrad nieder und streichelte es wie ein verletztes Tier, strich über seine verbogenen Reifen und seine zerbrochenen Speichen, es war ein schwarzes Mountainbike, und Biscuit fragte sich, wer es gefahren hatte und wo derjenige jetzt war. Er band das Rad ans Seilende und kletterte an dem gespannten Seil wieder empor. Seine Armmuskeln, die es gewohnt waren, den Karren zu ziehen, waren nützlicher denn je.

Als er oben war, riefen die Zebus ihre Erleichterung in den Abend, und Biscuit spannte seine Muskeln noch einmal an, zog das Rad an dem Seil aus der Schlucht und bettete es auf den Karren.

Der Bauer schüttelte nur den Kopf, als er es sah. »Vielleicht kann man die Einzelteile verkaufen.«

»Ich werde es reparieren«, sagte Biscuit. »Ich habe es gefunden. Es gehört mir.«

»Tu, was du willst«, sagte der Bauer. »Aber nicht in deiner Arbeitszeit. Wenn du das Ding da reparieren willst, wirst du es nachts tun müssen.«

So begann er, nachts durchs Dorf zu streunen und nach Ersatzteilen zu suchen, im Müll, an der Straße, überall.

Er bog Draht zurecht, setzte Schrauben ein, ölte Teile mit Ölresten aus fortgeworfenen Flaschen. Benutzte einen großen Stein als Hammer, um die verbogenen Reifen gerade zu biegen.

Biscuit brauchte zwölf Monate. Am Ende verdiente er sich einen halben Topf grüner Farbe, in dem er ein paar nächtliche Botengänge für den Besitzer des kleinen Farben-und-Schrauben-Geschäfts erledigte, Botengänge der Liebe, und er strich das Rad grün wie Terjes und befestigte vorn die rote Klingel.

Zum ersten Mal sah er Bewunderung in den Augen der Bauernkinder.

Von diesem Tag an fuhr Biscuit nachts, wenn der Mond schien, Fahrrad.

Es dauerte nicht lange, bis er es gelernt hatte. Er fuhr Runden auf dem Stroh im Hof, unter den erstaunten Blicken der sanftäugigen Zebus, fuhr die Pfade um das Dorf entlang, hinauf in die Berge. Er sah die Sterne mit anderen Augen, sah in die Ferne und wusste: Irgendwo dort lag Antsirabé, irgendwo dort wartete Maribelle.

Eine Woche lang fuhr er nachts durch die Sternenberge.

Dann sagte der Bauer eines Abends, als es dämmerte: »Da ist jemand, der sich für dein Rad interessiert. Er hat dich fahren sehen.« Ein Mann aus dem nächsten Dorf, der ein kleines Geschäft besaß, stand mit seinem Sohn neben dem Bauern.

Sie holten das Rad aus dem Schuppen, und der Ladenbesitzer besah es sich.

»Der Preis, den Sie genannt haben, ist zu hoch«, sagte er. »Die Hälfte würde ich zahlen.«

»Warten Sie!«, rief Biscuit. »Das Rad ist nicht zu verkaufen.«

»*Mangina*«, sagte der Bauer. Ruhe.

»Ich will es, Papa«, sagte der Junge und legte die Hand auf den Sattel, den Biscuit mit mühsam erworbenem Klebeband umwickelt hatte.

Dann versanken die Männer in einem lebhaften Handel, und am Ende drückte der Vater des Jungen dem Bauern ein paar Scheine in die Hand und griff sich das Fahrrad. Biscuit hielt es fest. »Nein!«, schrie er. »Nein! Die Klingel hatte ich immer schon, und das Rad … Ich habe es aus einer Schlucht gezogen, ich habe es repariert und angestrichen.«

»Das sehe ich«, sagte der Ladenbesitzer. »Gute Arbeit. Jetzt lass los.«

Biscuit war stark, aber der Bauer hielt den dünnen Stock in der Hand, den er bei den Zebus benutzte, und als er ihn durch die Luft sausen und auf Biscuits Fingern landen ließ, ließ er reflexartig los und krümmte sich unter dem scharfen, heißen Schmerz.

Der Bauer schüttelte nur den Kopf. Fast mitleidig. Dann

steckte er ihm einen der vier Geldscheine in die Tasche seiner Hose, die nur ein Stück Schnur um seine Hüften hielt. Biscuit wusste, dass er mit seinen vierzehn Jahren stark genug war, um dem Bauern den Stock zu entwinden und zurückzuschlagen. Er tat es nicht.

Er ging stumm in den Schuppen und legte seine Arme um eines der Zebus.

Am Morgen, als die Hähne des Dorfes das erste Licht ankündigten, lag vor der Tür des Schuppens die rote Fahrradklingel. Der neue Besitzer hatte ein Herz. Kein gutes vielleicht, aber immerhin ein Herz. Biscuit nahm die Klingel und drückte sie an sich.

Dann ging er noch einmal in den Schuppen und verabschiedete sich von den beiden Zebus.

»Ihr müsst jetzt ohne ein drittes auskommen«, flüsterte er in ihre schönen Ohren. »Es ist Zeit, zurückzukehren und zu kämpfen. Aber nicht gegen Männer, die Fahrräder kaufen.«

Und dann holte er den Geldschein aus der Tasche und sah ihn an. Es war ein Zweihunderter, genau wie der, mit dem er gekommen war.

Nichts hatte sich geändert.

Er stellte sich an die Straße und wartete, bis ein TaxiB kam. Dann gab er dem Kontrolleur den Schein und kletterte die hintere Leiter hinauf aufs Dach.

Nichts hatte sich geändert? O doch. Er war vollgepumpt mit Kraft und frischer Luft, er hatte überlebt, und er war vier Jahre älter. Er hatte die Kraft eines Stiers. Hery würde gut daran tun, Angst zu haben.

Auf einem anderen Kontinent, sehr weit weg, sah zur gleichen Zeit ein Mann aus einem Fenster auf einen Klinikparkplatz in Berlin und betrachtete mit leiser Melancholie das Rad, das dort unten im Fahrradständer stand, und die kleine blaue Werkzeugtasche unter dem Sattel.

Mit ihrem Inhalt hatte er einmal in den Bergen einer Insel ein anderes Rad repariert, ein grünes.

Es war neun Jahre her.

Er fragte sich, ob das grüne Rad jemals in die Stadt der Platanen und der Rikschas geschickt worden war. Er fragte sich, was der kleine Junge tat, dem er die rote Klingel geschenkt hatte. Wahrscheinlich hatte er sie längst verkauft, dachte Terje, sie in ein paar Teller Reis verwandelt.

Er fragte sich auch, ob die schönste Frau der Welt und ihre Tochter jeden Tag unter den Platanen spazieren gingen.

Dreimal hatte er versucht, ein Visum zu bekommen und wieder nach Madagaskar zu fliegen, nachdem er damals in Berlin die Stelle in der Klinik angenommen hatte.

Tut uns leid, hieß es jedes Mal, die Formalien genügen nicht. Sie brauchen eine Einladung, das Format des Passbildes ist falsch … Beim zweiten Mal hatte es plötzlich einen Sonderantrag gegeben, den man in Deutschland ausfüllen, den man aber nur in Madagaskar bekommen konnte, und woran er beim dritten Mal gescheitert war, hatte er vergessen.

Sie erfanden Dinge.

Der Sozialismus hatte sich nicht so zum Vorzeigemodell entwickelt, wie sie gehofft hatten, und sie ließen keine Fremden ins Land, die ihnen auf die Finger sahen, schon gar keine westdeutschen Ärzte. Irgendwann hatte er aufgegeben.

Sicher hatte die schönste Frau der Welt ihn längst vergessen. Er musste sich damit begnügen, von ihr zu träumen.

Eine junge Ärztin auf seiner Station, der Inneren 3, bemühte sich um ihn. Sie war nett und fleißig. Und manchmal war er einsam inmitten all der Patienten.

Er sah die Werkzeugtasche an seinem Fahrrad an, da unten auf dem Parkplatz, und glaubte fast, den Ton der alten roten Klingel zu hören. Als riefe ihn jemand. Es war schon einmal so gewesen, vor vier Jahren, ein Hilferuf aus dem Nichts. Natürlich nur Einbildung.

An diesem Tag ging er mit der Kollegin aus. Sie sprachen über Ferien. Auszeiten. Zu viel Arbeit. Sie hieß Martina Schulze und liebte Campingurlaub in Holland und Bergwanderungen in Norwegen. Er sagte, Norwegen sei sicher schön. Er sagte nichts über Madagaskar. Sein Herz tat weh, doch er versteckte es unter dem Kneipentisch.

Als Biscuit die Stadt vom Dach des TaxiB aus wiedersah, sang es in ihm. Alles war noch da. Die Kathedrale, die Bäume, die Villen, die Hütten.

Aber als sie nach Antsirabé hineinfuhren, schluckte er. Die Stadt sah müde aus, schmutziger als damals, ärmer. Viele Villen standen jetzt leer, die Ranken an ihren Mauern tot, die Hecken in ihren Gärten vertrocknet. Die einst mit bunter Reklame bemalte Mauer an den Bahngeleisen war grau, ein paar Zeilen in Rot verkündeten etwas über *Unsere Brüder in der Sowjetunion,* waren aber eine Weile nicht nachgemalt worden. Das Lachen der Menschen auf den Straßen war lauter und verzweifelter geworden. Es gab kaum noch Hühner und Ziegen, die Hunde waren so mager, dass es wehtat, sie anzusehen.

Er stieg in der Nähe des Bahnhofs aus.

Die Bahnhofsuhr war stehen geblieben.

Biscuit begann, ziellos durch die Straßen zu schlendern, die Prachtstraße entlang, an der keine Blumen mehr wuchsen, in die Innenstadt bis hinunter zum See. Die Uferstraße war voller klaffender Löcher, als hätte jemand die Pflastersteine herausgerissen, vielleicht, um sie zu stehlen.

Die Müllberge waren leer gesucht von zu vielen Leuten.

Und dann sah er Hery.

Er erkannte ihn sofort. Hery stand am Straßenrand und sprach mit einem Kohleverkäufer, die Griffe eines Pousse in den Händen. Fast hätte Biscuit gelacht. Hery war ein Läufer geworden! Aber natürlich. Er hatte Biscuit vertrieben und ihn ersetzt.

Biscuit ging nicht hinüber, um mit ihm zu sprechen. Er ging zurück ins Villenviertel. Und auf der Mauer vor dem Haus der Prinzessin blühten die Bougainvilleen so feurig orangerot wie immer. Er kletterte hinauf und sah zum Haus hinüber, und sein Herz schlug rasch.

An der Veranda schaukelten kleine bunte Papierflugzeuge im Wind. Rote Riemchenschuhe standen auf der untersten Stufe, daneben lagen ein paar Stifte.

Biscuit atmete auf. Sie war da.

Die Prinzessin war noch da.

An diesem Abend stieg er über die Mauer und stahl Essensreste aus dem Abfall der Villa. Der *gardien* bemerkte ihn nicht. Und er kletterte zurück und schlief auf der Mauer, zwischen den Ranken, wie damals, vor unendlich langer Zeit.

Als er in der Morgendämmerung erwachte, sangen alle Vögel des Gartens nur für ihn. An der Straße neben den Geleisen stand ein mit Grünzeug beladener Lastkarren, die ausgespannten Zebus weideten auf dem Grasstreifen unter den Platanen, ihr Lenker saß daneben und unterhielt sich mit einem Fahrraddoktor. Sein Werkzeug, das in einer Platane hing, glänzte im Licht der Morgensonne wie ein Gruß.

Und dann sah er Hery mit dem Pousse in die Straße einbiegen.

Verdammt. Er hatte es geahnt.

Auch hier hatte Hery ihn ersetzt. Biscuit spürte, wie alles in ihm sich schmerzhaft zusammenzog. Empfand die Prinzessin etwas für Hery? War er es, mit dem sie jetzt über den Schnee sprach?

Das Pousse, das Hery zog, war orange, grün und lila, viel zu bunt, es passte nicht zu der blauen Schuluniform.

Eine Weile wartete Hery unten, steckte sich eine Zigarette an. *Dafür* gab er sein Geld aus?

Und dann sah Biscuit *sie* den Weg entlangkommen, zusammen mit der Nounou.

Sie ging durch den Garten, die Schultasche in der Hand, und er schmolz. Sie trug ihr Haar jetzt lang, zu zwei dicken Zöpfen geflochten, sie war schlank wie ein junger Baum und ihr Gesicht so fein und verträumt wie ein Gemälde. Sie war nicht sehr viel größer als damals. Als hätte ihr Körper sich geweigert, weiterzuwachsen, solange er nicht dabei zusehen konnte.

Der *gardien* öffnete das Tor, und sie trat hindurch und nickte Hery zu.

Er holte tief Luft. Und sprang von der Mauer.

Stand da, in der Straße, die Arme verschränkt, und sah Hery an, der sich umgedreht hatte. Sie hatten sich alle umgedreht, auch der *gardien* und die Nounou. Und Maribelle.

Sie sah ihn an.

Kniff die Augen zusammen. Und er wusste, dass sie ihn nicht erkannte. Er hatte sich zu sehr verändert. Ein schrecklicher Gedanke machte sich in ihm breit: Sah sie dort, wo er stand, ein Zebu? Er stellte sich gerader hin. »Hallo, Hery.«

»Wer bist … Biscuit?«, fragte Hery, verblüfft.

»Wer?« fragte die Nounou. Sie hatte seinen Namen nie gekannt. Und es war gut, dass sie nicht wusste, wer zurückgekommen war.

»Da sind ein paar Schulden offen«, sagte Biscuit.

»Ja. Der Verleiher war ziemlich sauer«, meinte Hery und trat die Zigarette aus. »Du solltest ihn bezahlen, nehme ich an.«

»Das meinte ich nicht«, sagte Biscuit und trat einen Schritt auf ihn zu. Er war noch immer schmaler als Hery, es lag am Knochenbau, aber er war nicht länger kleiner.

»Bist du schnell?«, fragte er. Maribelle grinste, kaum merklich, und schüttelte den Kopf. Und da wusste er, dass sie ihn durchaus erkannte hatte. Sie ließ es nur die Nounou nicht merken.

In ihm ging die Sonne auf.

»Natürlich bin ich schnell, Kleiner«, sagte Hery und schnaubte. »Da kannst du noch was lernen.«

»Wir machen ein Rennen«, sagte Biscuit.

»Wie bitte? Lächerlich«, knurrte Hery.

»Es ist Zeit fürs Collège«, sagte die Nounou. »Los jetzt.«

Aber niemand achtete auf sie. Nicht einmal der *gardien*, der sich ans Tor gelehnt hatte, ein Glitzern in den Augen wie das Publikum bei einem Hahnenkampf.

Hery lachte. »Was willst du ziehen? Du hast kein Pousse.«

»Warte.« Biscuit drehte sich um und stapfte zur großen Straße, wo der Karren stand. Der Lenker war ein freundlicher junger Mann, und er bekam den gleichen Hahnenkampfblick wie der *gardien*, als Biscuit seine Frage stellte.

Fünf Minuten später war er mit dem Wagen zurück, davorgespannt wie sonst die Rinder, und hielt neben Hery an. Die grünen Blätter, Gemüse oder Tierfutter, waren leicht, verglichen mit den Lasten, die er auf dem Dorf gezogen hatte. Die Straße war eben, verglichen mit den Wegen in den Bergen.

Herys Pousse maß einen Meter, war unbemannt, bestand aus bemalten Holzstreben.

Der Karren maß drei Meter, war beladen, bestand aus armdicken Stämmen.

»Lasst den Unsinn«, sagte die Nounou.

Hery spuckte auf die Straße. »Damit? Damit willst du ein Rennen fahren?«

»Einmal zum Bahnhof, um das Madagaskardenkmal und zurück«, sagte Biscuit. »Pfeif deine Jungs her, wir brauchen Zeugen.«

Niemand sagte etwas über den Wetteinsatz. Er war klar.

»Mein Gott, wo immer du gesteckt hast«, murmelte Hery, »du hast den Verstand verloren da.«

Er brauchte nicht zu pfeifen. Die Jungs waren schon da. Sie kamen jetzt hinter den trockenen Büschen am Straßenrand hervor, hinter Mauern und Häuserecken, sie hatten gespürt, dass etwas geschehen würde. Es waren mehr als damals, zwei Dutzend zerlumpte Gestalten mit herausforderndem Blick.

Maribelle sog scharf die Luft ein. Dann sagte sie zu ihrer Nounou: »Ich glaube, ich habe meine Stiftedose im Haus vergessen, bitte, könntest du sie rasch holen?«

Die Nounou knurrte und verschwand, ließ die Prinzessin in der Obhut des *gardien*.

Da trat Maribelle zu Biscuit, stellte sich auf die Zehenspitzen und küsste ihn auf die Wange.

Es war ein winziger und schneller Kuss, nur hingehaucht, aber er sagte mehr als alles. Er sagte auf seine kindliche Weise mehr als eine tausendseitige Liebeserklärung. Er hatte sich nicht getäuscht. Sie hatte auf ihn gewartet.

Und in ihm loderte eine Flamme auf.

Er sah Herys tödlichen Blick. Er wusste, wenn er verlor, wenn er es nicht schaffte, würden sie über ihn herfallen – die ganze Meute unter Herys Befehl. Und was er erreichen wollte, mit einem Lastkarren ein Pousse zu besiegen, war menschenunmöglich.

Doch er war kein Mensch. Er war ein Zebu.

Die Meute zählte im Chor. *»Ray, ro, tel.«*

Und dann liefen sie. Hery voran, mit einem Startvorsprung, der Wagen kam langsamer ins Rollen; Biscuit hinterher, die schadhafte Straße entlang, die Räder des Karrens eierten, und er hörte die Meute rufen und lachen, siegessicher, einige der Jungs liefen neben Hery her und spornten ihn an. Er lag um Meter vorn.

Biscuit konzentrierte sich auf die Flamme in sich. Maribelles Feuer. Und er spannte all seine Muskeln und vergaß seine Angst und ließ die Kraft frei, die in ihm schlief. Er war wieder in den Bergen, zog den Wagen einen Hang hinunter, musste ihn nur lenken, die Räder rollten von selbst, um ihn breitete sich das Land aus, die Berge, die Lehmhäuser. Und da waren die Menschen, denen er Briefe vorgelesen hatte, all die Menschen, sie standen vor ihren Häusern und jubelten für ihn.

Etwas war im Weg: ein behäbiges geflecktes Schwein, das in dieselbe Richtung trottete wie er. Er streifte es nur leicht, dann war die Bahn frei, und der Karren rollte noch rascher. Wie steil es war! Schneller und schneller rannte er, schnell wie der Wind, schnell wie das Licht. Dort unten am Wegesrand stand die Prinzessin und wartete auf ihn. Was, wenn er nicht mehr anhalten konnte? Wenn der Wagen sie überrollte? Er stemmte sich gegen das Gewicht des Karrens, panisch.

Da hob sie die Hand, als könnte sie zaubern, und er blieb stehen. Keuchend, schweißüberströmt.

Die Prinzessin lächelte.

Er schüttelte den Kopf. Blinzelte. Sah sich um. Er war nicht in den Bergen, er stand vor dem Tor einer Villa, und der *gardien* hob seine großen Hände und klatschte. Dann fielen mehr Leute in das Klatschen ein. Da war der Karrenlenker, der Fahrraddoktor – selbst Herys Meute applaudierte. Er drehte sich um. Hinter ihm kam Hery mit dem zu bunten Pousse die Straße entlang. Er blieb stehen, zog das Pousse erst gar nicht weiter.

Hery war das Schwein gewesen, dachte Biscuit, das gefleckte Schwein auf dem Bergpfad, das er überholt hatte.

Er hatte gewonnen. Unglaublich, aber es war wahr.

Maribelle klatschte nicht. Sie nickte nur. Als hätte sie es immer gewusst. Die Nounou kam eben wieder, mit leeren Händen, und Maribelle sagte: »Ich habe mich geirrt, die Stiftedose ist doch in meiner Schultasche, wir sollten jetzt wirklich los.«

Hery legte die Griffe des Pousse auf den Boden. Die Meute war auf dem Weg zu ihm, langsam, grinsend. Hery ging rückwärts. Dann drehte er sich um und floh. Die Jungs folgten ihm nicht. Sie blieben und sahen zu, wie Biscuit den Karren zurückschob, wie er die rote Klingel sorgfältig am Griff des

Pousse befestigte. Wie Maribelle ihre Schultasche hineinwarf und hinterherkletterte. Niemand sah den Blick, den die beiden sich zuwarfen.

Die Nounou hielt Maribelle nicht auf.

Nie war eine Prinzessin von einem schweißtriefenderen, dreckigeren, abgerisseneren Pousse-Läufer zur Schule gefahren worden. Nie von einem glücklicheren.

Und nie war eine Prinzessin glücklicher gewesen.

Sie sprachen kein einziges Wort, auf diesem ersten gemeinsamen Weg. Sie brauchten keine Worte.

»Und dann?«, fragte Terje und wischte sich die öligen Hände an dem alten Stofffetzen ab, den Biscuit ihm reichte. Das Pousse vor ihnen war inzwischen in Einzelteile zerlegt: Räder, Lenkung, Kette, Teile des verbogenen Gestells.

»Dann begann die zweite wunderbarste Zeit«, sagte Biscuit mit einem verträumten Lächeln.

»Wir haben wieder geschrieben und gerechnet und geredet. Über alles, von den Steinen bis zu den Sternen. Manchmal haben wir zusammen geschwiegen. Wenn sie traurig war. Wenn sie an ihre Mutter dachte. Und ich habe ihre Hand gehalten. Hery war verschwunden. Seine Jungs lungerten auf den Straßen herum wie herrenlose Hunde.«

Er reichte Terje eine Wasserflasche, und Terje trank und gab sie zurück. Dann saßen sie eine Weile da und sahen nur die Teile an.

»Man müsste es so zusammenbauen, dass es wirklich nichts wiegt«, murmelte Biscuit.

»Warte. Ihr habt geredet und geredet und … dann?«

»Dann bist du wiedergekommen.«

Terje lachte. »Halt, das ist geschummelt. Das war fünf Jahre später. Was ist in der Zwischenzeit passiert? Du hast fünf Jahre lang ein Mädchen zur Schule gefahren, das du geliebt hast. Und sie dich. Sie hat dich geküsst.«

»Auf die Wange.« Biscuit lachte ebenfalls. »Einmal. Das war alles. Sie war neun, Terje.«

»Sie war fünf Jahre lang neun?«

»Nein, natürlich wurde sie älter. Und immer schöner. Und eine Weile dachte ich … Aber es war unmöglich. Sie hat nie mit mir gesprochen, wenn jemand aus ihrer Welt dabei war. Sie hatten es ihr verboten. Einmal, mit sechzehn, hatte sie ein paar Monate einen festen Freund, von dem ihre Eltern nichts wussten. Sie sagte, sie müsste Dinge ausprobieren. Und dass er ein wenig langweilig wäre. Aber sie erzählte mir auch, wie es war, zu küssen. Interessant, sagte sie. Intensiv. Immerhin knutschte sie nie in Sichtweite des Pousse mit ihm. Ich denke, sie wusste, dass mich das verletzt hätte.«

Terje nahm die Wasserflasche, es war heiß geworden.

»Ich hab noch mehr«, sagte Biscuit. »Wasser aus dem Filter. Keine gekauften Flaschen, ist das okay?«

Terje nickte. »Natürlich. Warum sollte man Wasser in Plastikflaschen kaufen? Ein unendlicher Müllberg. Hier werden die Flaschen wenigstens weitergenutzt. Milch, Benzin, Farbe, was verkauft ihr noch alles in alten Wasserflaschen?« Er lachte. »Europa sollte Madagaskar einen Orden verleihen fürs Recyceln. *Warte.*« Er sprang auf, die Flasche in der Hand. »Das ist es!«

»Was?«, fragte Biscuit und stand ebenfalls auf.

»Wasserflaschen! Wir bauen ein Pousse aus Flaschen! Die Sitzfläche, die Lehne, alles! Wir ziehen dünne Drähte durch und kleben die Flaschen zusätzlich fest. Das Ding wird zu neunzig Prozent aus Luft bestehen, und die Leute bei der Weltmeisterschaft in Europa werden es lieben!« Er brach ab und sah Biscuit an. »Ist die Idee dumm?«

Biscuits Gesicht war ernst. »Es könnte funktionieren«, sagte er leise. »Wasserflaschen. Wasser. Ein Symbol für das Leben.«

»Dann müssen wir jetzt ungefähr achtzig Liter Wasser besorgen und leer trinken.« Terje lachte.

»Terje.« Biscuit grinste. »Du hast selbst gesagt, dass wir hier die Flaschen recyceln. Auf dem Antsena Sabotsy gibt es eine komplette Straße voller Stände, die leere Plastikflaschen verkaufen. Wir können morgen anfangen. Heute habe ich um drei noch einen Pressetermin.«

»Morgen. Nach dem Frühstück.«

Terje nickte. Er sah seine Hände an, Hände voller Altersflecken, die so gerne ein riesengroßes Spielzeug bauen wollten. Er war wieder ein Kind. Dieses Land machte ihn jung.

Biscuit machte ihn jung. Wie damals.

* * *

Und dann bin ich losgegangen, um meiner Retterin ihr Geld zurückzugeben.

Ich habe den Weg ganz allein gefunden. Ich bin die Pflasterstraße hinuntergegangen Das Minarett war wie ein Freund, der mich führte, und ich lief an der Müllhalde vorbei. Ich war froh über meine geschlossenen Schuhe. Aber, seltsam, der Ekel hatte nachgelassen.

Erst dachte ich, die Kinder hätten mich nicht bemerkt, sie waren beschäftigt damit, den Müll zu durchsuchen.

Aber zwanzig Meter hinter der Müllhalde merkte ich, dass sie mir folgten. Das größte Mädchen trug jetzt ein Baby auf dem Arm. Ich fragte mich, ob es ihr Baby war, sie konnte höchstens vierzehn sein. »Madame!«, riefen die Kinder. »Madame!«

Und auf einmal hatte ich wieder Angst. Ich ging schneller, ich wollte nicht, dass sie mich einholten.

Ich dachte an meine Straße in Berlin, durch die mir nie jemand gefolgt ist. Ich dachte an den Blumenladen an der Ecke, an die Blumen in ihren Kübeln auf dem Bürgersteig, duftend, frisch und sauber. An das kühle, leere Treppenhaus und meine Wohnung im zweiten Stock, an das saubere Badezimmer mit der geräumigen Ablage über dem Waschbecken, auf der die nach Größe geordneten Cremetuben und Shampooflaschen stehen. Ich dachte an mein Bild in dem großen Spiegel: ein schlichtes, aber perfekt gekämmtes, perfekt geschminktes, kühles, vernünftiges Ich.

Ein ganz anderes Ich als das, das jetzt verschwitzt und verklebt mit zerzausten Haaren durch den Staub hastete, verfolgt von einer Gruppe Kinder.

Als der *gardien* mir das Tor öffnete, liefen die Kinder weg. Aber er sagte, die Herrschaften wären ausgegangen. Ich sollte später wiederkommen.

Und als ich zurückging, klebten sich die Kinder wieder an meine Fersen. Ich fand in meiner Tasche eine Dose mit Pfefferminzbonbons, die ich ihnen gab, um sie loszuwerden. Der kleinere Junge berührte dabei meine Hand. Ich zwang mich, nicht zurückzuzucken.

Die Kinder beugten sich über die Bonbondose und beäugten sie misstrauisch. Ich drehte mich nach ein paar Metern um und sah, wie sie die Bonbons wieder ausspuckten. Dafür stritten sie jetzt um die Metalldose.

Und ich dachte, verdammt, nun kommen sie gleich und fragen, ob ich nicht zufällig noch mehr solche Metalldosen habe. Ich begann, zu rennen.

Da näherte sich ein Motorengeräusch von hinten, und ein silberner Wagen hielt neben mir.

»Haben Sie Ihren Duft gefunden?«, fragte der Mann auf dem Beifahrersitz, der das Fenster heruntergefahren hatte. »Soll ich Sie ein Stück mitnehmen?«

Ich nickte. Zum zweiten Mal war er in exakt dem Moment erschienen, in dem ich es aufgegeben hatte, alleine stark zu sein. Und ich sank auf das saubere Polster der Rückbank, und die Hitze, die Kinder, der Gestank blieben hinter mir zurück. Ich hatte beinahe ein schlechtes Gewissen, weil ich so einfach entkam. Als hätte ich unfair gespielt.

»Nein«, sagte ich zu dem Mann. »Oder fast. Den Duft, meine ich. Ich habe ihn fast gefunden. Ich war nahe dran. In einem Garten. Da war etwas wie eine Spur, ein Gefühl, Aber heute ist der Garten verschlossen. Die Besitzerin ist nicht da.«

»Haben Sie darüber nachgedacht, außerhalb der Stadt zu suchen?«

»Mein Vater ist der Meinung, wir sollten in den Urwald fahren. An die Küste. Aber ich habe das Gefühl, mein Duft ist hier. Irgendwo.«

»Oh, ich meine gar nicht den Urwald«, sagte der Mann. »Ich komme gerade von einem wichtigen Termin, ich hätte ein bisschen Zeit. Und ich könnte Ihnen, theoretisch, meinen Wagen anbieten, um hinauszufahren zum Vulkansee. Dort gibt es auch ein Restaurant.«

»Das ist sehr freundlich von Ihnen, aber …«, begann ich und dachte: Warum eigentlich nicht? »Wenn Sie wirklich Zeit haben?«

»Mein nächster Termin ist um drei Uhr nachmittags. Jetzt ist es zehn.« Er lächelte. »Genügend Zeit für einen See und ein Mittagessen. Ich esse zu oft allein, wissen Sie. Es wäre zur Abwechslung ganz nett, Gesellschaft zu haben.«

Als wir eine Dreiviertelstunde später aus dem Wagen stiegen, wurden wir sofort von Kindern umringt. Es waren mehr als die von der Müllhalde, viel mehr.

»*Madame, Madame, achetez, achetez!*« Kaufen Sie!

Der Wald aus hochgestreckten Händen war auch ein Wald aus Halbedelsteinen, zu Herzen und Ovalen zurechtgeschnitten, geschliffen, an Lederbändern. »Billig, billig! Sie kaufen! Bei mir! Nein, bei *mir!*«

Ich wollte keinen Halbedelstein kaufen. Sie waren hässlich. Doch die Kinder klammerten sich an mir fest, zerrten an meiner Kleidung.

»*Argent! Vola!* Wir brauchen Geld für die Schule! Hefte! Bücher! Stifte!«

Da hob mein Begleiter die Hand und sagte ein einziges scharfes Wort, und die Kinder verstummten. Gingen rückwärts, die Augen noch immer auf mich gerichtet. Drehten sich schließlich um und rannten davon.

»Brauchen sie wirklich Geld für die Schule?«, fragte ich, schon wieder mit einem merkwürdig schlechten Gewissen.

»Die Schule kostet Geld«, sagte mein Begleiter. »Aber sie würden es nicht dafür ausgeben. Sie geben es zu Hause ab. Sie leben davon, zu überteuerten Preisen Unsinn zu verkaufen. Wegen dieser Bande brauchen Sie sich keine Gedanken zu machen.« Er bot mir seinen Arm. »Kommen Sie. Der See wartet. Er ist schön, Sie werden sehen. Es gibt Bäume und Schatten und blaues Wasser. Wunderschöne Felsen. Vielleicht finden Sie etwas.«

Ich nehme nie den Arm eines Mannes, ich bin selbstständig genug, alleine zu gehen. An diesem Tag nahm ich den Arm.

Und dann lag er vor uns – der See. Blau glänzend in seinem Vulkankrater, tief eingeschnitten in den Fels, ein eigener Edelstein, wunderschön, unverkäuflich. Der Krater wurde von einem Kiefernwäldchen umrahmt, durch das wir gingen, auf einem schmalen, erdigen Pfad. Wenn man hier abrutscht, dachte ich, stürzt man über die Felskante, und wenn man nicht das Glück hat, direkt ins Wasser zu fallen, dann war es das. Aber ich hatte den Arm meines Begleiters.

»Ich habe vergessen, wie Sie heißen«, sagte ich.

»Das macht nichts«, sagte mein Retter. »Rajonarimananahery. Aber Hery reicht. Und Sie sind Nora. Ein schöner Name. Hery ist sehr austauschbar. Es gibt Tausende von Herys in Madagaskar. Ich war nie etwas Besonderes.« Er lachte. »Als ich ein Kind war wie die von eben, da kannte ich einen, der war etwas Besonders. Er strahlte. Von innen heraus, auf unerklärliche Weise. Ich habe ihn sehr geliebt. Wie alle. Es war leicht, ihn zu lieben, aber schwer, neben ihm zu existieren. Wenn man nicht von Natur aus liebenswert war. Er hat immer bei allem gewonnen. Und ich …« Er brach ab, schüttelte den Kopf, lachte wieder. »Finden wir Ihren Duft.«

Wir gingen weiter, ich roch das Harz der Kiefern, ich roch Sonne auf roter Erde, dort, wo sie zwischen den Ästen hindurchfiel. Ich roch das Wasser tief unten, ich roch die Felsen, die kühlen, dunklen Schatten und Mineralien, die ich nicht benennen konnte. Ich roch das Rasierwasser meines Begleiters. Und ich roch Angst.

Meine war es nicht. Die Kinderraubtiere, die mir Angst gemacht hatten, waren fort.

An einer Stelle, wo ein paar Felsen über den See hinausragten, blieben wir stehen.

»Möchten Sie ein Foto machen?«, fragte Hery. »Die meisten Leute machen ein Foto auf den Felsen.«

»Warum fürchten Sie sich?«, fragte ich.

Seine Augen erschraken, doch sein Mund lächelte. »Ich? Warum sollte ich mich fürchten?«

»Das ist ja die Frage«, sagte ich. Hatte er Angst vor *mir?*

Ich ließ seinen Arm los und kletterte über die Felsen bis zum Kraterrand.

Einen Moment lang stand ich da und sah nur hinab ins Blau so weit, weit unten. Hier war der Geruch des kühlen Wassers stärker als zuvor. Schließlich drehte ich mich um. Hery war mir nachgekommen. »Ihr Handy?«, fragte er und streckte die Hand aus. »Für das Foto.«

Ich nickte. Vielleicht konnte ich das Bild Jan schicken. Ich, vor dem tiefen Blau des Sees, auf einem gefährlichen Felsen.

Ich gab Hery mein Telefon, er hob es und knipste, und in diesem Moment klingelte es. Herys Gesichtsausdruck veränderte sich, als er darauf sah, oder eigentlich veränderte er sich nicht, er intensivierte sich. Der Geruch von Angst war jetzt stärker.

»Ihr Vater«, sagte er.

Und dann geschah etwas Seltsames.

Er kam auf mich zu, langsam, das klingelnde Telefon in der Hand, und ich wusste, dass hinter mir der Abgrund begann. Ich dachte, er bleibt jetzt stehen und gibt mir das Telefon, doch er blieb nicht stehen, er ging einfach weiter, als triebe ihn eine unsichtbare Macht, als plante er, weiterzugehen, bis er mich umrannte. Ich machte instinktiv einen halben Schritt rückwärts. Unter meinen Schuhen rieselten kleine Steine in die Tiefe.

Das Telefon klingelte noch immer.

Hery hielt das Telefon mit ausgestrecktem Arm in die Höhe, wie ein Kind, das ein andres Kind nicht an ein Spielzeug kommen lässt. Und dann streckte er die andere Hand aus. Nach mir. Das ist verrückt, dachte ich, absolut verrückt, er stößt mich in die Tiefe. *Wieso?*

Er packte mich, wir taumelten beide – und fielen. Aber nicht in den Abgrund, sondern zur anderen Seite. Noch mehr Steine rieselten über den Rand. Ich hörte sie auf dem Felsgestein am Ufer aufschlagen. Wenn ich dort gelandet wäre, hätte ich mir das Genick gebrochen.

Das Telefon war jetzt in meiner Hand. Ich sah Terjes Bild und seinen Namen auf dem Display. Dann erstarb das Klingeln.

»Warum haben Sie das getan?«, flüsterte ich. Mir war schwindelig.

»Was getan? Ich wollte Ihnen nur Ihr Telefon geben«, sagte er. Was seltsam war, findest du nicht, denn er hatte es in die Höhe gehalten, außerhalb meiner Reichweite, oder hatte ich mir das eingebildet?

»Sie sind zurückgewichen«, fuhr er fort, »warum sind Sie zurückgewichen? Sie wären fast da hinuntergefallen, ich konnte Sie gerade noch nach vorn reißen!« Er hob den Saum seines Hemdes, um sich den Schweiß von der Stirn zu wischen, und dabei verrutschte es, und ich sah die Narbe.

Eine breite Narbe, die quer über seine Flanke lief, als wäre sein Körper dort vor langer Zeit aufgerissen, aufgebrochen wie eine reife Frucht. Dann war das Hemd wieder an Ort und Stelle. »Wollen Sie zurückrufen?«, fragte er.

Ich schüttelte den Kopf. »Nicht jetzt.«

Ich roch die Angst noch immer. Ich roch auch meine eigene Angst, aber seine war stärker.

Und ich dachte einen bizarren Gedanken. Ich dachte: *Er hat Angst vor sich selbst.*

»An dieser Stelle sind die Liebenden in den See gesprungen«, flüsterte er. »Sie durften im Leben nicht zusammen sein, ihrer Familien wegen, doch im Tod sind sie vereint. Sie sind eng umschlungen ins Wasser hinabgesunken, und ihre Körper sind nie gefunden worden. Stattdessen wuchsen von jenem Tag an aus dem senkrechten Felsen zwei Bäume, ein Stamm um den anderen geschlungen.«

»Kann man sie von hier aus sehen?«

Er schüttelte den Kopf. »Nein. Sie sind vor langer Zeit verschwunden. Vielleicht hat jemand sie abgehackt. Aber manche Leute glauben«, er flüsterte jetzt ganz leise, »die Liebenden hätten sich eines Nachts zurückverwandelt und man könnte sie nachts am Ufer baden sehen. *Matoto.* Geister. Tagsüber sind sie duftende Blumen.« Er lachte. »Ich dachte, das könnte er sein. Der Duft, den Sie suchen.«

Ich nickte langsam.

Ich wollte vom Abgrund weg, aber er saß mir im Weg.

»Dieser Freund, den sie als Kind hatten«, sagte ich vorsichtig. »Wo ist er jetzt?«

»Oh, in Antsirabé«, sagte Hery. »Und alles fliegt ihm zu, das hat sich nicht geändert.« Er lachte bitter. »Die Leute vergöttern ihn. Wir haben nichts mehr miteinander zu tun. Ich liebe ihn noch immer, aber Liebe ist ein kompliziertes Gefühl. Sie schließt alles mit ein, das Vergöttern und auch den Hass.« Er schüttelte den Kopf. »Warum erzähle ich Ihnen das? Gehen wir weiter.« Er stand auf und zog mich auf die Beine, führte mich zurück auf den Weg, und ich atmete auf.

Als wir weiter hinunterwanderten, drehte ich mich um und sah, wie ein anderes Pärchen auf dem Felsen stand, in sicherem Abstand vom Abgrund, und Selfies machte.

Ich fragte mich, wie es gewesen wäre, mit Jan dort zu stehen. Und zum ersten Mal fragte ich mich, ob ich wieder zurückkehren würde. Oder ob etwas dazwischenkam – ein Abgrund, ein See, eine Horde Kinder, ein tollwütiger Hund. Ich fragte mich, ob dieses Land wirklich gefährlich war.

Ich fand keine Blume mit einem besonderen Duft.

Auf der anderen Seite des Kraters führte ein steiler Pfad zum See hinunter. Hery half mir über die schwierigsten Stellen, ganz Gentleman, und unten am See setzten wir uns auf die flachen Uferfelsen, wo ein paar Großfamilien picknickten. Ich sah diese Familien an mit ihren Blechtellern voller Reis, die Kinder, die versuchten, in den See zu fallen, die Mütter, die sie daran hinderten. Manchmal frage ich mich, was gewesen wäre, wenn Terje damals nicht ausgezogen wäre. Ob wir eine picknickende Familie an einem See hätten sein können. Ich habe nie das Bedürfnis verspürt, mich zwischen Staub und Erde und Gras zu setzen, du und ich, wir haben immer lieber am Tisch gegessen. Aber an diesem Tag dachte ich: Es hätte schön sein können.

Ich sah, dass auch mein Begleiter die Familien betrachtete.

»Haben Sie Kinder?«, fragte ich.

Er schien zu zögern. »Ich hatte einen Sohn. Er … hatte einen Unfall, als er noch klein war. Sie?«

»Ich? Ich bin erst fünfundzwanzig. Und ich arbeite zu viel. Ich bin auch keine Kinderperson.«

Er sah auf die Uhr. »Ich fürchte, wir müssen los. Mein Sportverein wartet. Und die Presse.«

»Welche Art von Sport machen Sie?«, fragte ich, aus Höflichkeit.

»Radsport«, sagte er. »Da findet bald eine größere Sache

statt. Kommen Sie. Ich kaufe Ihnen einen Halbedelstein, als Andenken.«

Als ich im Auto saß und die trockene Landschaft vorbeiholperte, hatte ich immer noch den Geruch der Angst in der Nase. Und auf einmal wusste ich etwas über das Parfum, das wir machen würden.

Es würde das Gegenteil sein. Das Gegenteil von Angst.

Entspannung, hatte Jan gesagt. Exotik. Aber mein Duft musste auch ein Ausweg sein, ein Geruch, der die Angst aufhob, die die Menschen ständig hatten. Angst vor dem Zuspätkommen, Angst vor dem Versagen, Angst, etwas zu verlieren. Angst wie dieser Mann.

Ein Duft gegen die Angst.

6

An jenem Abend schien der Mond hell auf die alten Villen von Antsirabé, und in einer Straßenkneipe dazwischen, einem Unterstand eher, saßen auf wackeligen Holzstühlen zwei Menschen vor Bierflaschen und Tellern mit Reis: THB, Three Horses Brand, das Bier mit den drei Pferdeköpfen. Noch immer gab es die Star-Brauerei vor der Stadt.

Zwei Menschen: ein alter und ein junger, einer voller Erinnerungen und einer voller Zukunftsträume, ein sanfter und ein forscher.

»Also habe ich quasi ein Negativ gefunden«, sagte Nora. »Ein Negativ des Dufts. Das ist ein Anfang, verstehst du?«

»Nicht ganz«, sagte Terje. »Dieser Mann … Wovor hatte er Angst?«

Er hatte das Gefühl, dass sie ihm nicht alles erzählt hatte, da war mehr gewesen als nur ein Spaziergang, und er glaubte auch nicht ganz, dass sie den Namen ihres selbst ernannten Reiseführers schon wieder vergessen hatte. Seltsamerweise traf alles, was sie über diesen Mann gesagt hatte, auf Biscuit zu.

»Ich glaube, er hatte Angst vor sich selbst. Davor, er könnte etwas Schreckliches tun. Ich …«

Sie sah die Bierflasche an. Er fand es immer noch erstaunlich, dass sie sich hatte überreden lassen, mit ihm in diese Bar zu gehen.

»Alle Menschen haben Angst«, sagte sie. »Selbst bei uns in Europa mit unseren perfekten Krankenversicherungen und Sicherheitsbestimmungen. Wir haben Angst davor, zu versagen. Angst, nicht der Erste zu sein. Angst, vergessen zu werden. Es ist eine vage Angst, die die Menschen auffrisst, wie eine Krankheit. Jan hat sie auch. Angst davor, nicht der Beste zu sein. Summer *muss* das höchste Ranking haben, es ist unglaublich wichtig.«

Sie trank einen Schluck Bier und lehnte sich auf dem wackeligen Stuhl ein wenig zurück. Terje dachte, sie würde sagen: Aber es ist nicht wichtig, der Beste zu sein.

Doch sie sagte: »Aber wir *werden* die Besten sein. Mit dem, was ich finden werde. Einem Duft gegen die Angst.«

Fast lachte er. Natürlich.

»Und was hast *du* den ganzen Tag lang gemacht?«

Sie fragte, dachte er, immerhin. Selbst wenn es vermutlich nur aus Höflichkeit geschah.

»Ich habe ein Cyclo-Pousse in seine Einzelteile zerlegt.« Er lächelte. »Ab morgen bauen wir es wieder zusammen. Aus Flaschen. Und dann war ich hier und habe auf dich gewartet.«

Sie hob eine Augenbraue. »Aus Flaschen.«

»Plastikflaschen. Recycling. Die Leute in Deutschland werden es lieben. Und es wird das leichteste Pousse aller Zeiten sein. Es wird die Weltmeisterschaft gewinnen. Auf Sylt. Den Leuten wird der Krabbencocktail im Hals stecken bleiben.« Er lachte. »Und wir können dabei sein und zusehen! Wenn du willst, stelle ich dir bei Gelegenheit meinen Freund vor, der fahren wird.«

»Wenn du möchtest«, sagte sie höflich. Aber etwas wie Sorge trat in ihre Augen. Weil sie ihn möglicherweise schon kannte, dachte Terje. Sie war mit ihm am Vulkansee gewesen, und etwas war geschehen, etwas Beunruhigendes.

Am nächsten Morgen stand Terje im Gewühl des Antsena Sabotsy in einem Wald aus Flaschen und machte Fotos: Biscuit mit erhobenen Händen, astronomische Preise abwinkend. Biscuit, eine Flasche in der Hand, blaues Plastik, er betrachtete es mit Kennerblick, als kaufte er einen Jahrgangswein. Biscuit, riesige Taschen mit Flaschen in beiden Händen.

Der Countdown begann: zweieinhalb Wochen bis zur Weltmeisterschaft. Zweieinhalb Wochen bis zu Terjes siebzigstem Geburtstag.

Nora hatte sich im Datum geirrt, er würde seinen Geburtstag nicht in Madagaskar verbringen. Er fiel auf den Tag nach ihrem Rückflug.

Den Tag der Weltmeisterschaft.

»Wir haben vierhundert Flaschen«, sagte Biscuit, glücklich wie ein kleiner Junge. »Lass uns nach Hause fahren.«

Eine ganze Horde Kinder folgte ihnen, taschentragend, hopsend, lachend. Sie hatten Biscuit erkannt und folgten ihm wie einem Fußballstar. Er war der Mann, der ihren Sport groß machen würde, den Sport der Stadt, der bisher nicht mehr gewesen war als Sklavenarbeit. Er war ihr Held.

Sie alle wollten Pousse-Fahrer werden, selbst die kleinsten, die kaum größer waren als die Taschen, die sie trugen.

Biscuit lächelte und verteilte Zweihundert-Ariary-Scheine.

»Glücksgeld«, sagte er. »Aus zweihundert Ariary kann man einen Traum machen.«

»Vom Tellerwäscher zum Millionär«, sagte Terje. »Der American Dream.«

»Der African Dream sieht anders aus«, sagte Biscuit. »Vom Millionär zum Tellerwäscher. Wir beginnen mit einer Million Sorgen. Wenn du so weit kommst, dass du einen Teller besitzt, den du waschen kannst, hast du gewonnen.«

Und dann kniete Biscuit im Hof, und Terje, dessen Rücken rebellierte, saß auf einem Hocker. Sie erhitzten Draht über einem offenen Feuer, schmolzen damit Löcher in Flaschen, fädelten den Draht hindurch.

Die schwarzen Hühner waren im Weg, Biscuit scheuchte sie weg, rettete Küken, die versuchten, ins Feuer zu hüpfen, entfernte einen Hundewelpen, der sich durch den Zaun gezwängt hatte. Und Terje spürte wieder das goldene, unerklärliche Glück.

»Erzähl weiter«, bat er. »Erzähl mir, wie es dem Jungen ging, der die Prinzessin zog. Es ist eine so schöne Geschichte. Wenngleich eine schwierige.«

»Gut«, sagte Biscuit. »Es wäre gelogen, zu behaupten, dass ich Hery nie wiedersah, nachdem er das Rennen verloren hatte.«

Es wäre gelogen, zu behaupten, dass der Läufer der Prinzessin seinen Erzfeind nie wiedersah, nachdem er das Rennen verloren hatte.

Natürlich tauchte er wieder auf, und natürlich im falschen Augenblick.

Im allerwichtigsten.

Die Prinzessin war vierzehn, kein kleines Mädchen mehr und noch keine Frau, sie war eines jener magische Zwischengeschöpfe und schöner denn je. Madagaskar hingegen war eine alte Frau, die gerade begann, Luft zu holen. Die Herrschenden waren dabei, den Sozialismus langsam und heimlich aufzugeben, und es gab wieder Hoffnung unter den Menschen.

Das jedenfalls hörte man bei Madame le Riz, die vor dem Bahnhof noch immer Reis kochte.

Und Madame le Riz wusste alles. Sie wusste auch, dass Maribelle Soa, das schönste Mädchen von Antsirabé, fortgehen würde, nach Antananarivo, in die Hauptstadt. Ihr Vater schickte sie auf das neu eröffnete Lycée für junge Französinnen, denn die Franzosen waren wieder da. Es war das Jahr 1993, die Madagassen hatten seit Langem das erste Mal gewählt. Und ein Abschluss an einer französischen Schule war Gold wert.

Madame le Riz wusste auch, dass Maribelles junger Läufer sich seit Wochen mit dem Gedanken plagte, was er an jenem letzten Tag zu ihr sagen sollte.

»Der arme Junge«, sagte sie. »Man kann zusehen, wie er leidet. Er sollte sie vergessen.«

Aber Biscuit, neunzehn Jahre alt, hörte Madame le Riz in diesen Tagen nicht zu.

Eine Woche ehe Maribelle ging, kam der Jahrmarkt in die Stadt. Auf dem Bahnhofsvorplatz und an den Kreuzungen der Prachtstraße – an der inzwischen wieder Blumen wuchsen, von denen aber auch niemand satt wurde – standen überall Riesenräder und Karussells, kleine Garküchen flankierten die Straße, es roch nach heißem Fett, Bier und Zuckergebäck, Fotografen hatten ihre Sofas aufstellt, wo man sich zwischen Plastikblumensträußen und roten Plüschherzen ablichten lassen konnte, und die Pferdevermieter preschten auf ihren Pferden zwischen alldem entlang.

Maribelle liebte die Riesenräder so sehr, wie sie die Seifenkisten geliebt hatte. So wie sie alles Waghalsige liebte.

Mit neun Jahren hatte sie gesagt: »Ich stelle mir immer vor, dass man von da oben das Schneeland sieht. Du hast es doch nicht vergessen?«

»Niemals«, hatte er geantwortet.

Mit vierzehn sagte sie: »Die Riesenräder sind wieder da! Sicher gibt es Riesenräder in Tana, aber ich möchte Antsirabé noch einmal von oben sehen. Abends, wenn unten die Lichter brennen. Falls mein Vater mich lässt. Es sind noch so viele Besorgungen zu machen, ehe ich zu meinem Onkel ziehe.«

Da wusste Biscuit, was er tun würde.

Er konnte nicht mit ihr sprechen, wenn sie hinter ihm im Pousse saß und er für sie lief. Er brauchte eine andere Umgebung, eine scheinbar zufällige. Und der Geruch von Zucker in der Luft, die Musik, die Gondeln, die sich hoch in den Abendhimmel schwangen – nicht die schlechteste Wahl.

Sie suchten immer Leute bei den Riesenrädern, und er bekam den Job sofort. Von da an verkaufte er jeden Tag nach halb fünf Uhr, wenn er Maribelle am Tor ihrer Villa abgesetzt hatte, Blechmarken an Kinder und Erwachsene, ölte Scharniere, kletterte mit den anderen Jungs an der Außenleiter hinauf und schwang sich hinunter, um das Rad zu drehen: waghalsig, knapp zwischen den Gondeln des eigenen und des Nachbarrades. Und wenn er sich in die Tiefe stürzte, nur an einer Hand am äußeren Gestänge hängend, klingelte er mit der anderen Hand die rote Fahrradklingel an seinem Arm. Ein Ruf hinaus in die Welt.

Irgendwo dort war Terje. Schick mir Glück, klingelte die Klingel, es war wie ein Gebet. Lass sie kommen. Lass mich endlich wagen, ihr zu sagen, dass ich sie liebe.

Sie kam am allerletzten Tag.

Er sah sie von oben, während er durch die Luft schwang, sah sie am Arm des Mannes mit den traurigen Augen über den Jahrmarkt schlendern. Sah sie Zuckerwatte kaufen, sah sie Bälle nach einer Pyramide leerer Konservendosen werfen, sah sie zusammen auf einem Sofa sitzen für ein Erinnerungsfoto. Komm her, komm her, sang Biscuits Herz, komm …

Neben dem Riesenrad, auf dem er arbeitete, war erst gestern noch eines aufgestellt worden, ein neueres. Der Besitzer war ein bekannter Mann auf den Jahrmärkten des Landes, und er stellte keine Jungs aus der Stadt ein, er hatte seine eigenen Jungs mitgebracht. Er war später gekommen, weil er noch einen Privatauftrag bei einem hohen Tier der Regierung gehabt hatte: Er hatte sein Rad in einem Garten aufgestellt, nur für die Gäste einer Abendgala. Manche sagten, es wäre der Garten des Präsidenten gewesen. Manche sagten, der Garten hätte einem der Ganoven gehört, die Madagaskars Ressourcen an die Chinesen ausverkauften. Manche sagten, das wäre das Gleiche.

In jedem Fall hatte das Rad eine Aura des Glamourösen und Verfemten: Ein Nachtrad, ein Teufelsrad, man munkelte, es wäre doppelt so schnell wie die anderen und nach Mitternacht führen die Geister damit. Es hatte Lämpchen mit wechselnden Farben und mehr Zulauf als alle anderen.

In dem Moment, in dem Maribelle die Riesenräder ansteuerte, sah Biscuit zum ersten Mal das Gesicht des jungen Mannes, der dort drüben durch die Luft schwang.

Und er fiel fast von der Leiter. Es war Hery.

Er musste inzwischen Mitte zwanzig sein. Sein Gesicht war härter geworden, sein Körper trainierter. Stählern.

Es stimmte, dass sein Rad sich schneller drehte. Zu schnell. Biscuit sah Hery klettern und springen, sich strecken, seine Muskeln zeigen, er arbeitete mit bloßem Oberkörper, schweißglänzend.

Die Achse des Rades war nicht besser als die der anderen, er würde sie irgendwann überbeanspruchen. Aber es war etwas ganz anders, was an diesem Abend geschah und das Schicksal für immer änderte.

Maribelle stand unten zwischen den beiden Rädern, scheinbar unentschieden. Biscuit ließ sich zur Erde gleiten und kam mit einer Verbeugung vor ihr zum Stehen. Ihr Vater sah ihn mit seinen traurigen Augen an, ohne ihn zu erkennen.

»Deine Mutter hat die Räder geliebt«, sagte er zu Maribelle.

Sie nickte. »Ich liebe sie auch. Komm. Lass uns fahren.«

Doch ihr Vater schüttelte den Kopf – zu Biscuits Erleichterung. »Ich bin ein Mann, der mit beiden Füßen auf dem Boden steht. Fahr du, Kind, ich sehe zu, so wie immer.«

»Es würde dir guttun, einmal zu fliegen«, sagte Maribelle und nahm seine Hände.

Doch ihr Vater trat bereits einen Schritt zurück. »Nimm nicht das schnelle Rad«, sagte er noch.

Maribelle sah Biscuit an, erwiderte sein schüchternes Grinsen. Ihres war weniger schüchtern. »Ich nehme dieses«, sagte sie.

Und als sie sich in die schönste Gondel setzte – er hatte dafür gesorgt, dass sie gerade diese bekam, eine grüne Gondel mit goldenem Rand, die zu Maribelles kurzem grünem Kleid mit der Goldstickerei passte –, da dachte er: Vielleicht hat auch sie gewartet. Vielleicht haben wir beide auf den richtigen

Augenblick gewartet, um uns etwas zu sagen, was wir all die Jahre nicht sagen konnten.

Die Gondel stieg auf, und Biscuit lotste kleine Kinder in die anderen Gondeln, einen Vater mit einem Baby, ein Liebespaar, zwei dreckige Jungen ohne Geld, als der Riesenradbesitzer nicht hinsah. Dann kletterte er ganz nach oben. Zu ihr. Lächelte ihr zu. Schwang sich mit dem Rad hinunter und herum, einmal, zweimal, dreimal, hing außen an ihrer Gondel in der Luft. Beim dritten Mal, als sie ganz oben waren, warf er sich zur anderen Seite und hielt das Rad an, etwas, was nicht viele konnten.

Er war ihr jetzt ganz nah, mitten in der Luft, in der das Rad leicht vor- und zurückschwang.

»Maribelle«, sagte er. »Bevor du morgen gehst. Ich muss dir etwas sagen. Ich …« Er holte noch einmal Luft, ehe er die Worte sagte, die sein Leben verändern sollten.

Ich liebe dich. Ich habe dich immer geliebt. Du wirst fortgehen, vielleicht kommst du nicht wieder, aber du sollst es wissen. Ich wäre der glücklichste Mensch auf diesem Kontinent, wenn du mich eines Tages heiraten würdest. Ich werde mich bemühen, jemand zu werden, der deiner würdig ist.

Vielleicht wäre all das zu viel gewesen, zu kitschig.

Und er sagte es nicht.

Denn vorher passierte etwas anderes.

Jemand schwang sich durch die Luft, sprang wie ein Maki in den Urwäldern der Küste von der Spitze des einen Riesenrades zur Spitze des anderen. Landete auf der anderen Seite von Maribelles Gondel und setzte mit seinem Gewicht das Rad wieder in Bewegung.

Hery.

Sie traten die Reise abwärts zu dritt an, Biscuit, Hery, und in der Mitte Maribelle, und sie glitten gemeinsam wieder in die Höhe, Hery lachte laut, verrückt beinahe.

»Schneller!«, rief er. »Das muss viel schneller gehen! Hören Sie, Mademoiselle, der Kleine hier hat keine Ahnung, wie man ein Riesenrad bedient! Ich, Mademoiselle, arbeite seit einem halben Jahrzehnt auf dem Rad, sie nennen unseres das Rad des Teufels oder das Rad des Paradieses, je nachdem! Halten Sie sich fest! Das schönste Mädchen der Stadt soll in der schnellsten Gondel sitzen!«

Unten sprang er ab und kletterte blitzschnell die Leiter hoch, warf sich wieder auf das Rad, sprang zwischen den Metallstangen hin und her; er hatte seine eigenen Tricks, das Rad anzutreiben, er wusste mehr über den Mechanismus. Schneller und schneller ging es, wilder und wilder.

Die Kinder in den anderen Gondeln schrien. Biscuit stand noch immer wie festgenagelt neben Maribelle. Da war keine Furcht in ihren Augen. Sie leuchteten.

Sie war wieder das kleine Mädchen in der Seifenkiste, das schneller fahren – das kleine Mädchen im Pousse, das fliegen wollte.

Und da bekam er Angst. Dies hier war keine Seifenkiste. Dies hier war gefährlicher.

»Das ist was anderes, als dein kleiner Laufsklave zustande bringt, was?«, rief Hery.

Biscuit erwachte aus seiner Erstarrung, verlagerte sein Gewicht, versuchte, mit seinen Bewegungen zu bremsen. Er brüllte Hery an, er solle aufhören mit dem Unsinn. Herum und herum ging es, die Stadt, der Jahrmarkt, der Himmel rasten in einem bunten Taumel vorüber. Hery war oben, war wieder unten … Und dann hörte Biscuit den Knall.

Die Achse, dachte er, es ist die verdammte Achse.

Doch es war nicht die Achse.

Es war eine der Gondeln. Der linke Haken in ihrer Halterung hatte sich gelöst. Die Gondel war grün-golden.

Es war Maribelles Gondel. Sie hing ganz oben.

Die Leute unten schrien. Und in ihrem Schrei hörte Biscuit

einen, der verzweifelter war als alle anderen: den Schrei des Mannes mit den traurigen Augen.

Endlich, endlich stoppte Hery das Rad, mitten aus der wildesten Fahrt heraus. Und da hing die Gondel, und das dünne Metall ächzte. Die Schrauben der heilen Seite würden sich lösen.

»Warte!«, brüllte Hery. »Ich komme!«

Aber Maribelle lächelte nur. Sie war die Einzige, die nicht geschrien hatte. Und jetzt schob sie ihr grünes Kleid mit der Goldstickerei hoch und schwang die Beine über den Rand der Gondel, kletterte hinaus, ohne Angst. Biscuit reichte ihr die Hand, und sie nahm sie und schwang sich hinüber auf das Gestänge. Einen Augenblick lang lag ihre Hand noch in seiner, warm und lebendig.

Und wie im Film näherten sich ihre Gesichter einander, dort über der Stadt, und dann, als sich ihre Nasen beinahe berührten, dachte er einen sehr klaren Gedanken. Da unten sind all diese Menschen. Alle sehen uns. Wenn ich sie küsse, ich, ein Nichts, ein Zugtier, ein Sklave, werden sie mich lynchen.

Und er schob sie sachte von sich.

Sah ihren Blick. Enttäuscht, verletzt.

Dann kletterte sie vorsichtig weiter abwärts, um das Rad nicht aus dem Gleichgewicht zu bringen.

Er kletterte mit ihr, aber sie brauchte ihn nicht. In diesem Moment liebte er sie mehr als je zuvor.

Sie war nicht nur die Prinzessin, die sich herumkutschieren ließ, die ein wohlbehütetes Leben hinter einer hohen Mauer führte. Sie war viel mehr. Sie war geschickt, sie war schnell, sie war stark. Sie war mutig, selbstständig, eigensinnig, eine Abenteurerin. Er hatte sie vierzehn Jahre lang unterschätzt.

Er sah Herys Gesicht, sah die Enttäuschung darauf. Sein Plan, sie dramatisch zu retten, war nicht aufgegangen, und fast lachte Biscuit, aber nur fast, denn in diesem Moment ging ihm auf, dass es *ein Plan* gewesen war. Die Gondel hatte sich nicht zufällig gelockert. Er musste die Schrauben gelöst haben.

Und dann, als aller Augen an der jungen Frau klebten und niemand Hery beachtete, der unten stand – dann schnellten seine Arme vor und drehten das Rad. Biscuit klammerte sich fest, er war dies gewohnt. Aber Maribelle verlor den Halt. Und sie fiel.

Diesmal schrie niemand, die Menge schwieg. Und da war ein Schweigen, das verzweifelter war als alle anderen: das Schweigen des Mannes mit den traurigen Augen.

Hery jedoch sprang vor, streckte die Arme aus – und fing Maribelle auf.

Er hielt sie fest, eine Filmpose, und ihre Gesichter waren sich so nah wie eben zwei andere Gesichter.

Aber Hery schob sie nicht von sich.

Er küsste sie auch nicht, so dumm war er nicht. Er hielt sie nur in seinen Armen, für einen langen Moment, und das war mehr, als Biscuit ertragen konnte.

Jetzt applaudierte die Menge, und mitten im Applaus der Menge hörte Biscuit den Applaus des Mannes mit den traurigen Augen. Er drängte sich durch die Menge zu seiner Tochter, schüttelte Hery die Hand.

Mein Gott, hatte denn niemand gesehen, was Hery getan hatte?

Die Art, auf die Maribelle Hery angesehen hatte, tat weh. Es war seine eigene Schuld, dachte Biscuit, er hatte sie weggestoßen, mit ihren vierzehn Jahren verstand sie nicht, dass er das Vernünftige getan hatte.

»Hey!«, rief Biscuit, um die Gratulationen für Hery zu unterbrechen. »Irgendwer muss die Gondel reparieren!«

Und er begann, das Rad hinaufzuklettern. Hery kletterte von der anderen Seite.

Ein Raunen lief durch die Menge, ihnen allen war klar, dass sie Zeugen eines Hahnenkampfs wurden: dass es um das Mädchen ging. Die beiden jungen Kampfhähne trafen sich oben, genau in der Mitte des Rades. Biscuit streckte die Hand aus, um die grün-goldene Gondel wieder einzuhaken, doch Hery schlug seine Hand weg. »Lass mich das machen, du hast keine Ahnung!«, fauchte er.

»Aber ich habe die hier.«

Biscuit holte ein paar Ersatzschrauben aus der Tasche.

»Schrauben! Wie süß. Du bist immer noch im Grunde deines Herzens ein Fahrrad«, fauchte Hery. »Oder einfach ein kleiner Sklave, der tut, was die Leute wollen, damit alle ihn lieb haben.«

Hery griff nach dem ausgehakten Stück Metall, doch diesmal war es Biscuit, der ihn fortschlug, es reichte jetzt, und dann entspann sich dort in der Luft ein so unübersichtlicher Kampf, dass Biscuit selbst später nicht sagen konnte, wie es passierte.

Sie brachten sich gegenseitig aus dem Gleichgewicht. Sie stürzten. Beide zugleich. Doch da war niemand, der sie auffing, nur Prinzessinnen werden gefangen.

Biscuit spürte, wie die Knochen in seinem Arm splitterten, als er unten zwischen den Stangen des Rades aufkam, Hery lag neben ihm, er hörte sein Stöhnen. Ein scharfes Stück Metall hatte seine Flanke aufgeschlitzt, sein Blut sickerte in den Dreck der Straße.

Das war das Letzte, was Biscuit sah, ehe er die Augen schloss.

Als er eine Woche später – den Arm in Gips und einen Zettel mit der Summe seiner Krankenhausschulden in der Tasche – wieder bei Madame le Riz auftauchte, sagte sie, die Prinzessin hätte die Stadt verlassen. Sie war in Tana. Und auch der Betreiber des Teufelsrades war fortgezogen, zusammen mit Hery, den ein paar Kollegen vom Platz getragen hatten. »Doch, doch«, sagte Madame le Riz, »mach dir keine Sorgen, er lebt.«

»Genau deshalb mache ich mir Sorgen«, knurrte Biscuit. Aber er wünschte niemandem den Tod. Hery hatte recht, in seinem Herzen war er zu sanft.

»Man sagt, in vier Jahren kommt sie zurück. Nach den Abschlussprüfungen.«, meinte Madame le Riz.

Ja, dachte Biscuit, sie würde wiederkommen, aber woran würde sie sich erinnern? An einen, der sie oben auf dem Rad von sich gestoßen hatte? Einen anderen, einen wilden, einen Abenteurer, der sie aufgefangen hatte?

Und überhaupt, nach vier Jahren in der Großstadt: Würde sie noch dieselbe sein?

»Und dann kamst du«, sagte Biscuit und fädelte eine weitere Flasche auf.

»Ich stieg aus einem Zug …«, murmelte Terje.

Und er sah es wieder vor sich.

Als Terje Sandholz 1993 zum zweiten Mal nach Madagaskar kam, hielt er in der Hand nur eine kleine blaue Werkzeugtasche, ein Erinnerungsstück.

Einen Moment lang stand er vor dem Bahnhof und sah sich um. Fetzen von buntem Papier wehten über den Platz. Wilde Hunde nagten an den Überresten von Fleischspießen. Ein paar Plastikblumen wirbelten mit dem Wind davon. Dies waren die Reste eines Jahrmarkts, der Geruch von verbranntem Zucker lag noch in der Luft.

Weiter hinten an der Prachtstraße bauten sie ein letztes Karussell auseinander und luden die bunten Holzpferdchen auf einen Zebukarren.

Die Platanen bewegten neue, junge Blätter in einer Frühlingsböe.

Terje holte tief Luft.

Als er das Visum endlich bekam, hatte er schon nicht mehr daran geglaubt, hatte den Antrag aus reiner Gewohnheit gestellt wie jedes Jahr. Martina, hinter einer Kaffeetasse in der Krankenhauscafeteria, hatte gefragt, wann er wiederkäme, ihre Augen flehend. Bald, hatte er gesagt. Ich warte auf dich, hatte sie gesagt.

Ich fahre nicht in den Krieg, hatte Terje gesagt und sie zum Abschied geküsst. Nur in ein Land in Afrika, das ich zufällig kenne und wiedersehen möchte.

Aber es war mehr als das. Und es war nicht Afrika.

Er sah sich um, nahm alles auf: die Pferdevermieter, die Jungs mit ihren Seifenkisten, die Bettler.

Da war der Ton einer Klingel, die er kannte. Er hob den Kopf.

Das Klingeln kam näher.

Und dann hielt eine Laufrikscha vor ihm, und er sah die Klingel am Holz ihres Griffs: groß und rund und rot.

Der Läufer zog die Rikscha mit einem Arm. Der andere hing eingegipst in einer Schlinge.

Er betrachtete das Gesicht des jungen Mannes, die Schweißtropfen darauf, die ernsten Augen, den schmalen Mund. Konnte es sein? Vierzehn Jahre sind eine lange Zeit.

»Terje«, sagte der junge Mann. Und sein Ernst zerbrach zu einem Lächeln, einem breiten, glücklichen Lächeln.

»Ja«, sagte Terje.

»Vierzehn Jahre sind eine lange Zeit«, sagte der junge Mann. Aber natürlich hatte er einen Namen.

»Bisikileta«, sagte Terje. »Heißt du noch so?« Er wusste nicht, ob der andere ihn verstand. Damals hatte er kein Französisch gesprochen.

Der andere nickte und grinste. »Ich bin noch derselbe. Aber sie nennen mich jetzt Biscuit. Eine Abkürzung. Spart Zeit für Wichtigeres.« O ja, er sprach Französisch, und Terje strahlte innerlich. Das hieß, dass sie sich unterhalten konnten. Er stellte fest, dass er sich nach diesem Jungen gesehnt hatte, den man so einfach glücklich machen konnte. Diesem Jungen, der der erste und vielleicht einzige Mensch war, der ihn wirklich gebraucht hatte. Und – noch brauchte?

»Nein«, sagte Terje. »Du bist nicht derselbe. Du bist größer geworden und stärker und … Mein Gott, wer hat diesen fürchterlichen Gips gemacht? Ich bin kein Chirurg, aber das Ding sieht aus, als müsste es Tonnen wiegen. Wie kannst du damit ein Pousse ziehen?«

Biscuit lächelte noch immer »Bis vor einer Woche war ich der schnellste Läufer der Stadt. Steig ein. In welchem Hotel wohnst du?«

»Ich glaube, ich bin ganz gut zu Fuß«, sagte Terje und legte nur seinen Rucksack auf den Sitz.

Biscuit brachte sein Gepäck zu einer kleinen Pension in der Vorstadt: ein einfaches Zimmer ohne Strom und fließendes Wasser in einer schmalen Gasse, aber dafür hatte es einen winzigen Balkon, von dem aus man die Berge sehen konnte. Der Abend zog schon herauf, und sie standen eine Weile schweigend am Geländer. Sie kannten sich nicht und kannten sich doch, etwas Tiefes und Unerklärliches verband sie, etwas wie ein gemeinsamer Traum.

»Hast du das Fahrrad bekommen?«, fragte Terje schließlich.

»Das Fahrrad?«, fragte Biscuit.

»Ich habe es an *sie* schicken lassen. Die junge Frau mit dem kurzen Haar, die unter den Platanen saß. Erinnerst du dich? Sie kannte dich. Sie muss kurze Zeit später ihr Kind bekommen haben. Sie wollte, dass es in einer Seifenkiste fährt. Sie war wunderschön. Sie hat mir ihre Adresse gegeben. Ich habe ihr später ein paar Briefe geschrieben, aber sie hat nie geantwortet.«

Er sah, wie Biscuit schluckte. Dann lachte er. Madagassisches Lachen. Und in diesem Moment wusste Terje, dass etwas geschehen war.

»Sie ist tot«, sagte Biscuit.

»Wie?«, fragte Terje, seine Stimme belegt.

»Nach der Geburt. Im Krankenhaus. Irgendeine Infektion. Es passiert oft.«

Terje hieb mit der Faust gegen das Geländer. »Verdammte Stümperei! Verdammte mangelnde Hygiene. Verdammte …« Er verstummte. In seinen Augen standen Tränen.

»Sie hat eine Tochter«, flüsterte Biscuit. »Eine Prinzessin. Sie sieht ihr sehr ähnlich. Ich war ihr Läufer, acht Jahre lang. Vorige Woche ist sie fortgegangen.«

Terje sah Biscuit an.

»Komisch«, sagte er. »Ich bin so lange weg gewesen. Es gibt viel zu tun hier, was? Mein Visum ist ein Touristenvisum. Aber man kann es verlängern.«

»Wenn man die nötigen Leute besticht.«

Terje nickte. »Wir sollten das Fahrrad finden. Und wir müssen sehen, was wir mit deinem Arm machen. Ich kann von hier aus sehen, dass dieser Gips an zwei Stellen durch ist. Tut es weh?«

Biscuit lachte. »Möglich.«

»Du hast Schulden beim Krankenhaus, richtig? Gib mir den Zettel.«

»Woher weißt du, dass ich ihn bei mir habe?«

»Gib ihn mir.«

Terje nahm ihn, las und steckte das Papier ein. »Das ist jetzt mein Zettel.«

»Moment. Ich meine, ich habe all diese Jahre auf dich gewartet, aber … geht das so einfach?« Biscuit klang wieder wie ein Kind. »Kannst du so einfach herkommen, und alles wird gut?« Er wollte, dass Terje Ja sagte. Er wollte, dass Terje sagte: Ich bin der Mann, der mit dem Fahrrad um die Welt gefahren ist, ich kann alles lösen und alles regeln. Ich kann das Mädchen für dich zurückholen und dein Leben leichter machen.

Doch Terje schüttelte den Kopf. »Nein. Ich kann nur deine Schulden bezahlen.«

Biscuit nickte. »Wenn ich reich bin, gebe ich es dir zurück.«

Da lachten sie beide.

Und Terje sagte, ganz leise. »Lass uns zusammen zu Abend essen und reden. Erzähl mir alles. Ich glaube, ich war nicht glücklich, da drüben in Europa. Du brauchst meine Hilfe, und ich brauche deine. Dabei, einen Sinn zu finden.«

»Mein Gott«, sagte Biscuit. »Ihr Europäer seid kompliziert! Du bist Arzt, oder? Du brauchst einen Sinn? Es gibt Arbeit, fang an! Fang mit den Frauen an, die Kinder kriegen wie Maribelles Mutter und daran sterben.«

»Ich bin kein Frauenarzt.« Terje hob hilflos die Hände. »Ich habe das nicht gelernt, an der Uni.«

»Was glaubst du: Habe ich an der Uni gelernt, mit einem gebrochenen Arm ein Pousse zu ziehen?«, fragte Biscuit. »Wenn du willst, erzähle ich dir, wie ich es gelernt habe. Wir haben die ganze Nacht. Es begann vor dem Gartentor der Prinzessin …«

* * *

An jenem Morgen war ich entschlossen, zu der Villa mit den Palmen zu gelangen, ohne den Bettelkindern zu begegnen. Ich würde ein Cyclo-Pousse nehmen und erst am Tor aussteigen, mich ducken, wenn wir an der Müllhalde vorbeifuhren. Es klingt nach Verfolgungswahn, ich weiß.

Ich streichelte das weiße Kaninchen, das im Garten des Hotels Gras mümmelte, richtete mich auf und holte tief Luft. Dann bat ich den *gardien,* das Tor zu öffnen.

Rate, wer davorstand.

Die Kinder. Alle vier. Nein: fünf, denn das älteste Mädchen hatte das Baby auf dem Arm.

Sie sagen nichts. Lächelten nur. »Ich … ich habe nichts für euch«, sagte ich.

Ich griff in meine Tasche. Natürlich hatte ich Geld. Ich fand einen Zweihundert-Ariary-Schein und gab ihn dem größten

Mädchen. Sie sagte *misaotra* und dann *merci* und steckte ihn ein, aber die Kinder gingen nicht weg.

Als ich zur Straßenecke ging, um ein Cyclo-Pousse zu finden, folgten sie mir, und als ich einstieg, rannten sie mir nach. Am liebsten hätte ich sie angeschrien. *Verschwindet! Ich kann euch nicht helfen. Ich habe euch nicht adoptiert!*

Aber wir hängten die Kinder sowieso ab. Ich bezahlte den Fahrer vor dem Tor meiner namenlosen Retterin und hob die Hand, um zu klingeln. Das Gefühl, ganz nahe an etwas zu sein, an etwas Wichtigem, war stärker denn je. Etwas lag in der Luft.

Und dann klingelte ich nicht. Jedes Haus hat auch eine Hintertür. Ich musste sie nur finden.

Das war kein leichtes Unterfangen, das Grundstück befand sich in einer Reihe anderer ummauerter Grundstücke, und ich musste mehrfach die Straße wechseln, landete beinahe im Hof der Moschee, doch schließlich kam ich in der Parallelstraße an und sah die Palmen und die schwarzgraue, quadratische Villa von hinten. Es gab tatsächlich eine schmale Hintertür in der Mauer. Die Farbe blätterte ab, ein tiefes Goldgelb, wie das meines Seidenschals.

Die Farbe war wie ein Zeichen.

Und als ich die Hand nach der Tür ausstreckte, wunderte ich mich kaum, dass sie offen war.

Ich schloss die Tür sorgfältig hinter mir. Ich stand auf einem schmalen Pfad, der zwischen blühenden Büschen zu dem Schuppen führte, in dem ich die Schatten gesehen hatte.

Links und rechts der Schuppentür wuchsen Blumen in alten Ölfässern. Schöne Blumen. Unordentliche Blumen. Sie gehörten zu einer anderen Welt als die Villa. Über mehrere Büsche waren Kleider zum Trocknen gebreitet, fadenscheinige Hemden, Shorts, die Sorte von Windeltüchern, die man im letzten Jahrhundert verwendet hat.

Und auch das fand ich malerisch. Ich glaube, noch vor einer

Woche hätte ich mich geschüttelt. Vor einer Woche hätte ich die ordentlich beschnittenen Rhododendren vor der Villa schöner gefunden. Die Dinge sind dabei, sich zu ändern, es ist ein beunruhigender Prozess, als würde man sich verpuppen, um etwas Neues zu werden. Ich weiß nicht einmal, ob ich das will.

Aber ich kann es nicht aufhalten.

Die Tür des Schuppens war nur angelehnt.

Dahinter hörte ich Stimmen, Lachen, Fetzen von Gesang. Ein Radio lief im Hintergrund, und die Stimmen sangen mit. Frauenstimmen. Ein Baby schrie und verstummte. Etwas ratterte. Ein Motor? Und dann hörte ich eine Stimme, die sich von den anderen unterschied: *ihre* Stimme. Ich verstand kein Wort, meine Retterin sprach Madagassisch.

Ich hob die Hand und klopfte.

Die Frau, die mir öffnete, war jung und hübsch und hatte furchtbare Zähne und ein Baby im Arm, dass sie stillte, ohne dass es ihr im Geringsten peinlich zu sein schien. Sie stand da, eine Brust entblößt, und musterte mich, dann machte sie mir Platz, und ich trat ein.

Im schattigen Halbdunkel standen drei Nähmaschinen.

Fußbetrieben mit großen Schwungrädern. An den Maschinen saßen drei Frauen, und auf dem Boden, auf kahlem Estrich mit Raphiamatten, saßen noch zwei weitere. Sie stickten.

Mitten zwischen den Frauen jedoch stand die zierliche kleine Dame und sah mich an.

Sie lächelte.

»Da sind Sie ja. Ich hatte mich schon gefragt, wann Sie auftauchen.«

»Ich war da«, sagte ich. »Gestern. An der Vordertür. Man sagte mir, Sie seien ausgegangen.«

»So, sagte man das.« Sie lächelte noch immer. »Die Vordertür gehört zu dem Leben, das ich mit meinem Mann führe. Er hat mir zugestanden, hier mein Puppenhaus zu haben und zu spielen, wie er sagt, aber er hat es nicht gern, wenn die Lieferanten oder meine Frauen durch den Vordereingang kommen.«

»Lieferanten«, echote ich verwirrt.

Sie nickte. »Stofflieferanten zum Beispiel. Sehen Sie, wir haben eine kleine Produktion hier. Hemden. Taschen. Ich kümmere mich um die Vermarktung. Ich mag schöne Dinge. Als ich ein Kind war, hat mein Vater all meine Kleider bei einer Schneiderin am Kleinen Markt anfertigen und für mich besticken lassen. Ich hatte ein grünes mit goldener Stickerei, das war mein liebstes.« Ihre Stimme verlor sich, und sie nahm ein besticktes Stück Stoff auf und versank in die Betrachtung der bunten Hügellandschaft, die darauf zu sehen war: Bäume, Hütten, rennende Kinder, fröhliche Farben. »Jetzt nähen und besticken wir Kleider für anderen Prinzessinnen. Die Frauen brauchen Arbeit. Eine Menge Stickerinnen versuchen, ihre Arbeiten auf der Straße zu verkaufen, aber niemand kauft sie. Die Zeiten sind schlecht. Ich verkaufe übers Netz. Wir sind …«, sie zuckte die Schultern, »teilerfolgreich.«

»Es ist wunderschön«, flüsterte ich, und es war nicht gelogen, die Muster und Bilder, die die Frauen stickten, leuchteten mir entgegen wie Gemälde von Träumen. Es war eine Art naiver Kunst, einfach, kindlich, und gerade das machte ihren Reiz aus. Die Frauen an zwei der Maschinen stickten jedoch etwas anderes, Muster in gedeckteren Farben, nett, aber ein wenig langweilig.

Meine Gastgeberin bemerkte meinen Blick. »Wir arbeiten auch für Europa«, erklärte sie. »Norwegische Nationaltrachten, bayrische Dirndl. Wir sind billig, deshalb geht es ganz gut. Wie geht es Ihrem Vater?«

»Meinem Vater?«

Sie deutete auf zwei Stühle, und wir setzten uns, aber es war seltsam, dort zu sitzen, während die Frauen arbeiteten. Ich bin niemand, der anderen bei der Arbeit zusieht, ich bin jemand, der herumrennt und Dinge organisiert.

»Meinem Vater geht es gut«, sagte ich etwas steif. »Er hat einen Freund getroffen. Sie arbeiten an einem voll recycelten Cyclo-Pousse. Ich glaube, er ist glücklich.«

»Und Sie?«

»Ich? Ich bin hier, um einen Duft zu finden, nicht, um glücklich zu sein.«

»Für Ihren Freund. Mit dem Sie glücklich sein werden, wenn Sie zurückgehen.«

»Er ist nicht mein Freund«, sagte ich. »Und ich weiß nicht, was wird, wenn ich zurückgehe. Sind Sie denn glücklich?«

Sie sah mich lange an. Ihr feines Puppengesicht unter dem mühsam gebändigten Haar schien zu zittern, als wollte es zerbrechen und etwas anderes preisgeben, doch dann sah sie weg, wandte sich einer der Näherinnen zu, zeigte ihr etwas, eine Korrektur. Als sie mich wieder anblickte, war da kein Zittern mehr. »Ich habe ein Haus und eine Menge Geld und einen Mann«, sagte sie. »Wenn sie die Leute fragen, werden sie sagen, dass ich glücklich bin.«

»Sie haben ein Haus und einen Mann«, wiederholte ich und lächelte. »Dann haben Sie auch Kinder, richtig? Sind sie alle erwachsen und fortgegangen?«

»Ja. Fort«, sagte sie leise. »Es … war nur ein Kind.«

Danach sagte sie nichts mehr, nur das Schnurren der Maschinen füllte den Raum, und ich fragte mich, ob ich etwas Falsches gesagt hatte. Vielleicht hatte sie sich mit dem Kind zerstritten.

In diesem Moment roch ich es. Und ich hob den Kopf.

»Was ist das?«, flüsterte ich.

Sie schnupperte mit mir, dankbar für den Themenwechsel.

»Die Hibiskusblüten draußen? Das Feuer des *gardien,* über dem sein Reis kocht? Die heiß gelaufenen Nähmaschinen?« Sie lachte, nur ein wenig.

»Sie riechen eine Menge«, sagte ich. »Mehr als viele Menschen. Aber da ist noch etwas anderes.« Ich nahm ein Stück Stoff, das neben einem Eimer mit einem Stück Seife lag. »Das hier«, flüsterte ich. »Das! Irgendwas daran ist richtig. Es ist sehr dezent.«

»Wir nutzen die Stoffe alter Säcke vom Markt«, sagte sie, und ich fragte mich, ob sie Dirndl aus alten Reissäcken machten.

»Vielleicht war ein Gewürz in dem Sack? Obst? Gemüse? Ich kann es nicht mehr genau sagen, die Frauen waschen die zerschnittenen Säcke mehrfach mit heißem Wasser und Kernseife aus.«

»Recycling«, murmelte ich. »Wir verpacken unser Parfum auch in recycelten Flaschen. Schräg angeschnitten, raues Glas, edel. Recycling ist *in*. Mein Vater hat gesagt, in Madagaskar kann man alles recyceln.« Ich holte tief Luft, und auf einmal formte sich eine Idee in meinem Kopf.

»Nehmen wir an, wir finden meinen Duft. Wir gehen auf den Markt, zu all den Gewürzen und Blumen, und wir finden heraus, was in diesem Sack war. Sie helfen mir. Und dafür helfe ich Ihnen. Sie könnten die Frauen kleine Beutel für das neue Parfum besticken lassen. Jede recycelte Flasche in einem Beutel aus recyceltem Sack, per Hand bestickt. Klingt exklusiv, oder? *Summer, ein junges Start-up-Unternehmen aus Berlin, sponsert eine Fraueninitiative in Madagaskar*. Ich glaube, es würde genau den Zeitgeist treffen.«

Ich hatte schnell gesprochen, atemlos, die Idee war so neu, dass sie mich schwindelig machte, es war *meine* Idee, meine eigene, nicht die von Jan oder der Marketingabteilung.

»Saitgeist«, wiederholte sie mit französischem Akzent. »Ein deutsches Wort, oder? Ich habe es im Englischunterricht gelernt, damals auf der Universität in Tana. Saitgeist, Kindergarten, Rucksack, Angst.«

»Angst?«

»Ja, es ist wie Furcht, nicht wahr? Nur dunkler. Die Deutschen scheinen eine Menge davon zu haben.«

»Aber wir von Summer«, murmelte ich ganz leise, »werden einen Duft dagegen kreieren. Nein. *Ich* werde.« Denn auch das war *meine* Idee.

Was macht dieses Land mit mir?

Als ich ging, war es Nachmittag. Ich hatte an mehreren Dutzend recycelten Reissäcken *die Spur* gefunden, jedoch nur die Spur. Ich war erschöpft, aber glücklich. Wie Terje, wenn er Rikschas mit Segeln baut.

Ich werde morgen wieder zu der gelben Tür fahren, und wir werden gemeinsam losziehen, um Gewürze auf dem Antsena Sabotsy zu testen. Und ich werde mich nicht verlaufen, denn nun habe ich – ja, man könnte sagen, eine Freundin. Alle Frauen winkten mir zum Abschied, sie hatte ihnen meine Idee übersetzt. Eine schenkte mir einen Bund Bananen aus ihrem Garten.

Als ich die Hintertür öffnete, saßen die Kinder davor. Sie hatten gewartet. Und meine Freundin lachte und sagte. »Du hast dein eigenes Gefolge, wie es aussieht.«

»Aber was soll ich tun?«, fragte ich. »Ich kann ihnen nicht helfen.«

Als sich die Tür hinter mir schloss, seufzte ich und verschenkte die Bananen weiter, ehe ich in das bestellte Cyclo-Pousse stieg. Es war schön, etwas zu verschenken.

Im Übrigen weiß ich jetzt endlich, wie meine Freundin heißt. Sie heißt Maribelle Soa. Es klingt wie der Name einer viel jüngeren Person. Aber letztendlich ist sie jung. Auf ihre Art.

7

Weißt du noch, wie wir das Fahrrad gefunden haben?«, fragte Biscuit.

Sie saßen hinter seinem Zaun und sahen über das Land, tranken Wasser und aßen Reis. Es war der vierte Tag der Entstehung des Flaschen-Pousse, ihre Hände waren zerkratzt vom Draht.

»Natürlich«, sagte Terje. »Wir sind über die Mauer geklettert. Du mit dem neu eingegipsten Arm. Der Garten schlief, als würde er auf die Rückkehr der Prinzessin warten.«

Der Garten schlief, als würde er auf die Rückkehr der Prinzessin warten.

Überall waren noch Spuren ihrer Präsenz, Biscuit zeigte sie Terje: die Hängematte zwischen dem Pfirsich- und dem Tempelbaum, in der sie als kleines Kind so wild geschaukelt hatte, dass die weißen Tempelbaumblüten auf sie herabgefallen waren wie Schnee. Vielleicht kam daher die Idee mit dem Schneeland. Oder die bunte Wimpelkette zwischen dem Oleander und dem Mispelbaum: Überrest der Feier ihres vierzehnten Geburtstags. Sie hatte mit Freunden aus der Schule gefeiert, und ihr Vater hatte von der Veranda aus zugesehen und ab und zu die Köchin um Nachschub an Törtchen und frisch gepresstem Saft gebeten. Und die Schaukel unter dem großen Mangobaum, auf der sie so oft in den Himmel geflogen war.

»Du hast mehr als einmal auf dieser Mauer gesessen«, stellte Terje fest und grinste.

»Psst!«, machte Biscuit und zog Terje hinter den dicken Stamm des alten Mangobaums.

Eine kleine, energische Frau ging mit einem Eimer voller Küchenabfällen vorüber, kippte sie aus und verschwand wie-

der im Haus, während eine Schar Hühner sich darauf stürzte.
»Die Nounou«, wisperte Biscuit. »Er braucht sie nicht mehr. Ich frage mich, wann er sie entlässt. Schau, da ist er. Da oben, am Fenster. Aber er sieht uns nicht.«

Terje hob den Kopf.

Es stimmte, was Biscuit gesagt hatte, der Mann am Fenster hatte die traurigsten Augen der Welt. Er war groß, sorgfältig frisiert, trug einen makellosen Anzug, doch er blickte ins Nichts wie ein Kranker.

»Madame le Riz sagt, er sieht seine Frau im Garten«, flüsterte Biscuit. »Er sieht sie im Mangobaum, auf den sie früher manchmal geklettert ist, obwohl es sich für eine Dame nicht gehört.«

»Der arme Mann«, wisperte Terje. Und er wünschte, er hätte sie ebenfalls sehen können. Die schönste Frau der Welt, die er nur so kurz hatte kennenlernen dürfen. Aber er war zu wenig Madagasse, um Geister zu sehen.

Er hätte sie gefragt, ob sie ihn geheiratet hätte, dachte er. Wäre sie am Leben gewesen und hätte sie nicht schon einen Mann gehabt, er hätte sie gefragt. Er war merkwürdig sicher, dass die Liebe des Mannes mit den traurigen Augen einseitig gewesen war. Natürlich hatte sie nichts für Terje empfunden, sie hatte ihn vermutlich fünf Minuten nach ihrem Gespräch vergessen. Und doch …

»Komm«, sagte Biscuit, und sie schlichen weiter, duckten sich durch Büsche und Gestrüpp, suchten im Schuppen, fanden aufgestapeltes Feuerholz und alte Schatten. Kein Fahrrad. Und schließlich blieb nur noch eine Ecke im Garten, die hinterste, zugewuchert mit verwilderten Kletterrosen.

»Da ist nichts«, sagte Biscuit, »da schmeißen sie nur ab und zu Sachen hin, die man nicht verbrennen kann.«

»Warte!«, sagte Terje. Er hob die Rosen an, blutrot blühende Ranken, sie duckten sich zu zweit darunter, stiegen über Schrott und Erdhügel.

Und da stand es, zwischen Blüten und Dornen. Aufrecht und unversehrt. Die Rosen hatten das Rad vor Wind und Wetter geschützt, vierzehn Jahre lang.

»Es ist wunderschön«, wisperte Biscuit.

Terje schob ein paar Blätter fort und klopfte auf den Sattel des Rades. »Damit bin ich durch Afrika gefahren, als ich etwas älter war als du. Die Reifen müssen erneuert werden, ehe du es fährst.«

»Ehe *ich* …?«, Biscuits Stimme war seltsam.

Terje nickte. »Es hat nicht auf mich gewartet. Sondern auf dich. Es gehört seit vierzehn Jahren dir. Du solltest mit dem Radfahren allerdings warten, bis der Arm wieder in Ordnung ist. Es ist ja schon erstaunlich, dass du mit dem Gips über eine Mauer klettern kannst, aber Radfahren mit Gips, das geht nicht.«

»Es geht«, sagte Biscuit. Und dann umarmte er Terje, mit dem gesunden Arm, mitten in den Rosen.

Sie kamen nachts wieder, um das Rad zu befreien. Natürlich hätten sie versuchen können zu fragen. Aber jeder wusste, dass der Mann mit den traurigen Augen nicht mit Fremden sprach.

Der Mond schien hoch und blass und halb am Himmel.

Der *gardien* schlief fest neben seinem Feuer am vorderen Tor.

Hinten trat ein Rad die Reise über die Mauer an, schwebte unter dem Mond durch die Luft, gehalten von drei Armen. Ein Betrunkener in der Straße beobachtete das Geschehen. Später sagte er Madame le Riz, es wäre der Geist der schönen Toten gewesen, der Mutter von Maribelle, sie hatte schon zu Lebzeiten Dinge getan, die sich nicht gehörten, es war kein Wunder, dass sie als Geist nachts auf der Gartenmauer Fahrrad fuhr.

Während Terje Sandholz in Antsirabé Arbeit suchte, befestigte Biscuit die rote Klingel an dem grünen Fahrrad. Es bekam neue gebrauchte Reifen mit neuen gebrauchten Schläuchen, er polierte das Rad, ölte es, pflegte es gesund wie ein Tier.

Terje hatte ihm verboten, vor einem Pousse zu laufen, um den Arm zu schonen. Er zahlte ihm den Verdienstausfall und schrieb die Zahlen in ein kleines schwarzes Buch als »Anleihe«, darauf hatte Biscuit bestanden.

Terje war es auch gewesen, der ihn zurück ins Krankenhaus geschleppt hatte. Sie hatten den Arm ein zweites Mal brechen und eingipsen müssen, weil er schief zusammengewachsen war. Nun hatte Biscuit den Tag über nichts zu tun, als sich um das grüne Rad zu kümmern.

Zum ersten Mal in seinem Leben hätte er morgens ausschlafen können. Aber er stand nach wie vor um fünf Uhr von seinem Lager aus Pappen und Decken auf, um zu laufen, ohne Pousse. Er lief gemeinsam mit Terje jeden Morgen einmal um die Stadt.

Er musste langsam laufen, damit Terje mithielt, obwohl er jeden Morgen durch Berlin gelaufen war.

Und schließlich kam der Tag, an dem Terje Arbeit fand und Biscuit auf das grüne Fahrrad stieg.

Terje fand einen Job in einem norwegischen Projekt in der Schwangerenvorsorge. Er hatte ihnen gesagt, dass er kein Gynäkologe war, es hatte sie nicht geschert. Er würde über die Dörfer fahren und versuchen, gemeinsam mit einem Team aus zweifelnden Madagassen Aufklärung über Hygiene und Geburtshilfe zu leisten.

»Und falls die Ahnengeister nichts dagegen haben«, sagte Biscuit.

Sie stießen mit THB auf den Job an, auf Terjes winzigem Balkon.

»Ich bin gefahren«, sagte Biscuit. »Ich war draußen, in den Bergen. Nicht weit heute, nur ein Stück. Das Rad und ich, wir sind eins. Es war wie fliegen.«

Er stellte die Flasche ab. »Terje, vergiss den Job. Wir finden ein zweites Rad und fahren um die Welt.«

»Später vielleicht«, sagte Terje und lachte. »Jetzt gibt es hier etwas zu tun für mich. Maribelles Mutter … oder ihr Geist … Ich tue das für sie, verstehst du. Sie ist hier, auf dem Balkon.« Er lachte.

»Über Geister macht man keine Witze«, sagte Biscuit und sah in seine Flasche. »Sie hat mein Bier ausgetrunken.«

Und dann fuhr Biscuit. Er fuhr jeden zweiten Tag, es zog ihn fort von der Stadt, fort von den Straßen und Häusern, den bunten, lauten, zu vielen Menschen, ihrem Elend und ihren Liedern.

Draußen in den Bergen gab es andere Ausblicke.

Es waren keine echten Berge vor Antsirabé, es waren Hügel, und sie waren nicht wild, die wenigen Kiefernwäldchen fast völlig abgeholzt. Dennoch waren sie eine Ahnung von etwas, das größer und freier war.

Eines Tages, sagte er sich, würde er die Welt sehen, die wahre, ursprüngliche Welt. Er würde durch Urwälder fahren, durch Wüsten, durch Schnee ohne Spuren. Und auf seinem Gepäckträger würde eine Prinzessin sitzen und ihren Kopf an seinen Rücken legen.

An den ungeraden Tagen zog er ein Pousse, an den geraden Tagen fuhr er. Er verdiente nur noch die Hälfte, aber es war egal. Er aß seinen Reis ohne Sauce. Terje gab Bier aus und brachte ihm Früchte mit. »Vitamine«, sagte er. Es war so ein Arztding. Biscuit fuhr, während Terje sich mit der Landessprache plagte, er fuhr, während Terje mit dem Projektwagen in Schlammlöchern feststeckte, er fuhr, während Terje versuchte, Menschen zu erklären, dass der Vollmond Krankheiten nicht schlimmer machte. Er fuhr, während Terje Briefe an Martina in Deutschland schrieb, in denen er ihr erklärte, warum er blieb.

Biscuit war ein Zebu gewesen und ein Fahrrad, und nun

war er ein Zwischenwesen geworden, ein Zentaur, der statt eines Pferdekörpers den eines grünen Fahrrades besaß, die Leute von Antsirabé nannten ihn jetzt den Radmann, *lehilahy-ciciletа*. Er war der schnellste und der waghalsigste Radfahrer der Stadt, und vielleicht, sagte Madame le Riz, war er nach einer Weile zu bekannt, vielleicht war die Geschichte vom Radmann in andere Orte getragen worden, zu Leuten, die sie nicht hätten hören sollen.

Denn dann kam der Tag, an dem er von den Bergen hinab in die Stadt fuhr und nicht ankam. Terje wartete auf ihn mit zwei Flaschen THB auf dem Balkon.

Und es war THB, das Bier mit den drei Pferdköpfen, das den Radmann tötete.

Es war Abend, die Hügel in rotes Licht getaucht, und er dachte noch, dass es bald dunkel sein würde und er aufpassen musste.

Doch auf dem letzten Stück Straße, das steil abwärtsging, ließ er das grüne Rad rollen, breitete die Arme aus wie ein Artist auf einem Hochseil. Er sah den *poids lourd* nicht, der sich ihm von hinten näherte. Und der Lastwagen hupte nicht. Eher schien er zu beschleunigen.

Er kam einfach näher, massig, riesig, schnell. Das Emblem der drei Pferdeköpfe an seiner Seite strahlte im letzten Licht. Als Biscuit das Röhren des Motors hörte, war es zu spät.

Der Lastwagen fegte ihn von der Straße. Bremsen quietschten, jemand schrie, die drei Pferdeköpfe kamen erst viel weiter unten zum Stehen. Ein Zebukarren blieb stehen, Lastenträger versammelten sich dort, wo der THB-Wagen quer über der Straße stand.

Zwei erschrockene, blasse Männer stiegen aus – und ein dritter, jüngerer. Es war dieser jüngste gewesen, der gefahren war. Sie hatten ihn erst vor Kurzem eingestellt. Die Anweisung, ihm Arbeit zu geben, hieß es, war von irgendwo ganz weit oben gekommen. Man sagte, er wäre auf den Galas des

Präsidenten gesehen worden. Ein armer Verwandter irgendeines hohen Tiers?

»Warum hast du nicht gehupt?«, fragte einer der THB-Männer.

Der junge Mann zuckte die Schultern. »Die Hupe muss kaputt sein. Und ich habe gebremst, ihr seht doch die Bremsspuren!«

Sie sahen die Bremsspuren. Aber die Spur, an der man sah, dass er das Rad mitgeschleift hatte, begann vor den Bremsspuren. Die wenigsten bemerkten das.

Ein roter Fleck leuchtete zwischen den Lastwagenrädern: eine Fahrradklingel.

»Gott sei dem Radfahrer gnädig«, murmelte einer der Umstehenden, und manche bekreuzigten sich.

»Der Radmann«, sagte einer. »Das war der Radmann von Antsirabé.«

Niemand sah, dass sich weiter oben, neben der Straße, zwischen den Agaven, etwas regte. Dass sich dort etwas erhob. Ein Teil des Radmannes, der menschliche Teil. Er war beim Aufprall zur Seite geschleudert worden, war zerkratzt und voller blauer Flecken, aber er lebte.

Als er die Straße entlangwankte, ging ein Raunen durch die Menge.

»Das«, flüsterten die Leute, »ist der Geist des Radmannes!«

Die drei Männer aus dem THB-Laster wichen zur Seite. Sie sahen zu, wie der Geist das zerstörte Rad unter dem Laster hervorzog.

Er probierte als Erstes die Klingel aus. Sie klingelte noch, und die Leute lachten und begriffen, dass sie keinen Geist vor sich hatten.

Doch als der junge THB-Fahrer und der Radfahrer sich ansahen, gefror ihr Lachen. Nie hatten sie so viel Hass gesehen. Manche erinnerten sich vielleicht an einen Hahnenkampf auf einem Riesenrad.

Dann schulterte der Radfahrer die Reste des grünen Metalls und ging an dem Lastwagen vorbei in Richtung Stadt. Madame le Riz erzählte später, die THB-Leute hätten es erst Stunden später geschafft, den Wagen wieder richtig herum auf die Straße zu stellen, sie erzählte es mit einer gewissen Schadenfreude.

In dieser Nacht schlief Terje auf dem Balkon ein, die Bierflasche fiel aus seiner Hand und zersprang auf dem Boden zu tausend Scherben. Er hatte zum ersten Mal draußen in den Bergen eine Frau sterben sehen, die ihr Neugeborenes in den Armen hielt. Er hatte nur wieder einen Vortrag halten sollen, aber man hatte sie zu ihm gebracht, der Dorfheiler hatte sie behandelt, mit seinen Kräutern und der Hilfe der Ahnen, und sie war auf der Untersuchungsliege gestorben, ehe Terje etwas tun konnte.

Sie hätte Antibiotika bekommen sollen. Er versuchte, zu erklären, dass Kindbettfieber nicht notwendig war, man hörte ihm zu und nickte. Und würde doch alles so machen wie bisher. Später, im Wagen, sagte ihm sein Fahrer, welches Glück er gehabt hatte. Wäre die Frau gestorben, *nachdem* er ihr etwas gegeben hatte, hätten sie ihn gelyncht.

Er träumte von dem Baby in den Armen der Frau, im Traum verwandelte sich das Baby in eine Rosenknospe, die aufblühte und ihre blutroten Blätter über ein altes Fahrrad in einem Garten regnen ließ. Da merkte er, dass jemand an die Tür hämmerte.

Es war Biscuit, zerschrammt, blutend, in den Armen die Überreste eines Fahrrades.

Terje wusch und desinfizierte die Kratzer, während Biscuit die ganze Zeit über sagte, es ginge nicht um die Kratzer, es ginge um das Fahrrad. Er weinte. Er weinte und lachte darüber, dass er weinte, und sagte, das sei doch lächerlich, und Terje nahm ihn in die Arme und weinte mit ihm. Um das Rad. Um die gestorbene Frau. Um Maribelles Mutter. Um Madagaskar.

Dann teilten sie sich auf dem Balkon die zweite Flasche Bier, und Biscuit legte aus den Scherben der ersten ein Muster auf dem Tisch, das aussah wie ein Rad.

»Man kann alles wiederverwenden«, sagte er leise. »Kleb das zusammen, und du hast eine Schale für Erdnüsse. Nichts ist verloren.«

Terje sah hinunter in den schmalen Hof, in dem die Ziegen der Vermieterin an den Resten des Fahrrades schnupperten.

»Nichts ist verloren«, murmelte er. Der Lenker des Rades war eigentlich heil. Der hintere Teil des Fahrrades war nicht mehr zu gebrauchen. Aber der vordere?

»Ich weiß, was wir tun«, sagte Terje und grinste.

Am nächsten Wochenende zog Biscuit das Wrack in einem Lauf-Pousse zur Radrikschawerkstatt hinter dem Antsena Sabotsy. Terje und er sprachen lange mit dem kleinen Mann, der in seinem Hof Rikschas zusammenschweißte, die seine Frau bunt anmalte. Zuerst schüttelte er den Kopf. Dann nickte er. Und dann lachte er lange und herzlich.

Drei Wochen später holte Terje hinter dem Markt ein grünes Cyclo-Pousse mit einer roten Klingel ab.

»Da bist du ja«, sagte er. »Die Leute werden sich wundern.«

Er streichelte den braunen Sattel; der Sattel war noch der gleiche, nur das Gestänge, auf dem er saß, war ausgetauscht, ebenso wie die Kette, die Pedale, die Räder. Und hinten ragte jetzt über einem grünen Sitzkasten ein hübsches, sonnengelbes Regendach auf.

Am Abend machte er Biscuit mit dem neuen Pousse bekannt. »Bitte sehr. Es ist deins.«

Biscuit schüttelte den Kopf. »Du hast es bezahlt.«

»Ja«, sagte Terje »und es hat ein Vermögen gekostet, aber mach dir keine Sorgen, wenn du reich bist, komme ich und halte meine Hand auf.« Er nahm die kleine blaue Werkzeugtasche und befestigte sie feierlich unter dem Sattel. »Wenn diesmal etwas kaputtgeht, musst du es selbst reparieren.«

Biscuit lachte. »Ja. Und ich werde nie mehr einen Berg hinunterfahren, ohne mich umzudrehen.«

Er hielt sich an den Satz. Bis zu einem schicksalhaften Tag fünf Jahre später.

An diesem Abend jedoch kletterte er auf das grüne Pousse, das einst ein Fahrrad gewesen war, und fuhr seine erste Runde. Terje probierte es ebenfalls. In der ersten Kurve erschrak er und kämpfte mit dem Gleichgewicht, er hatte sich in die Richtung gelehnt, in die man sich beim Radfahren lehnt, und Biscuit rief: »Umgekehrt! Du musst es umgekehrt machen!« Da ging es. Sie fuhren abwechselnd, die halbe Nacht, und lachten sich halb tot dabei.

»Uns kriegt so schnell keiner klein, was?«, keuchte Terje schließlich und ließ sich neben Biscuit auf den Sitz des Pousse fallen. »Ich werde all diese Mütter und Babys retten, und du wirst fahren.«

Biscuit nickte. »Ich werde fahren.«

Er war der einzige Cyclo-Pousse-Fahrer mit eigenem Pousse, der einzige, der keine Miete zu zahlen brauchte. Jetzt konnte er endlich das tun, was er am liebsten tat, Rad fahren und dabei seinen Lebensunterhalt verdienen. Manchmal sang er beim Fahren, einfach aus Freude.

Er saß hoch oben auf dem Sattel, wie damals als kleiner Junge, und betrachtete von da aus die Welt.

Es gab Tage, an denen er das Pousse steile Steigungen hinaufschieben musste, Tage, an denen er zu viel Gewicht transportierte, Schränke, Türen, Maschinenteile. Nicht immer war alles einfach. Aber es war gut. Er bildete andere Muskeln aus als früher beim Laufen. Und als ein halbes Jahr vergangen war, sagten die Leute von Antsirabé zueinander: Wenn du es eilig hast, nimm das grüne Pousse mit der roten Klingel.

Madame le Riz erzählte später, ein gewisser junger THB-Fahrer hätte geschäumt vor Wut, als er wieder in der Stadt war und davon hörte.

Terje fuhr nur manchmal in den Nächten mit dem grünen Pousse, aus Spaß. Tagsüber baute er ein neues Projekt auf. Er hielt nur noch manchmal Vorträge. Stattdessen packte er an. Er verabreichte Antibiotika. Er half, die Gesundheitsposten auszubauen, Räume zu schaffen, in denen die Frauen ihre Kinder bekommen konnten, ohne dass Hühner und Ziegen und Schlamm eine Rolle spielten. Manchmal hatte er Erfolg.

Er stellte sich vor, wie der Geist von Maribelles Mutter ab und zu nickte. Sie strich dann ihr kurzes Haar zurück, lächelte, probierte eine Liege aus, wippte darauf, strich prüfend über die Flaschen mit Infusionslösung. Manchmal lachte sie über seine Versuche.

»Ja«, sagte Terje, »das hat sie gemacht. Mich ausgelacht. Aber auf freundliche Art.«

Seit dem Beginn ihres Baus am leichtesten Pousse der Welt war eine Woche vergangen, und er befestigte eben die letzte Flasche an dem seltsamen blauen, halb durchscheinenden Gefährt.

Biscuit und er sahen sich an und lächelten.

Sie hatten sich gemeinsam mit jeder Flasche durch Erinnerungen gefädelt und geklebt, und manchmal war es, als wären sie wieder jung. Als wäre der problematische Teil ihrer Geschichte nie passiert.

»Wir sollten es ausprobieren«, sagte Biscuit und stand auf.

Terje nickte. Er setzte sich auf den Sitz aus Flaschen, der leicht unter ihm nachgab, elastisch.

»Morgen. Heute ist es zu spät. Und meine Tochter hat gefragt, ob sie zusehen darf.«

»Ich habe sie immer noch nicht kennengelernt«, sagte Biscuit. »Was tut sie die ganze Zeit über?«

»Sie füttert ein Kaninchen. Und läuft mit einer neuen Freundin auf dem Antsena Sabotsy herum und hat offenbar eine Menge zu tun. Es ist komisch, sie hat früher nie glücklich gewirkt. Aber gestern sah sie aus, als wäre sie glücklich. Da ist etwas Neues an ihr.«

»In Madagaskar gibt es kein neues Glück«, sagte Biscuit und grinste. »Wenn sie irgendeine Sorte von Glück gefunden hat, dann ist es ein gebrauchtes. Eine Wiederentdeckung. Vielleicht hing es auf dem Markt zwischen den Altkleidern und dem kaputten Spielzeug.«

»Das wäre doch ein schöner Buchtitel«, sagte Terje. »Die Wiederentdeckung des Glücks.«

»Zu kitschig«, sagte Biscuit.

***

Mit Maribelle auf den großen Markt zu gehen ist etwas ganz anderes, als allein dort zu sein. Die Gänge sind kein beängstigendes Labyrinth mehr, sie sind ein Ort voller Wunder und Überraschungen. Du solltest es sehen!

Eine Woche lang sind wir jeden Morgen hingefahren, um meiner Spur zu folgen: der Spur des Dufts an jenem Stück Sack. Plötzlich stand ich zwischen Pyramiden aus gelbem Curry und rotem Paprikapulver, weißem Ingwer, rosa Pfeffer.

Maribelle führte mich in eine Gasse mit Bergen von dunkelgrünen Guaven, deren Geruch mich immer an Fichtennadelbadeöl erinnert, einen Wald aus gekrümmten braunen Vanilleschoten, die rochen wie eine Bäckerei zur Weihnachtszeit. Wir durchquerten ein Schloss mit Türmen aus Silberkugeln, die sich als frische Zwiebeln entpuppten, und einen Palast aus winzigen Glasfläschchen, die aus China importiertes Parfum enthielten, vor dem ich floh. Zwischen gepressten Urwaldblättern und zaubermächtiger Baumrinde kaufte ich einem blinden Verkäufer ein Liebesamulett aus Zebuhorn ab. Maribelle erklärte und übersetzte.

Doch meinen Duft fand ich nicht.

Dabei hängt dieser Duft an allen Säcken, die sie weiterverwendet. Er ist da, aber sie haben die Säcke zu gründlich mit der verflixten Kernseife gewaschen.

Sobald ich Maribelles Werkstatt betrete, bin ich von der Ahnung des Dufts umgeben, und er macht mich auf eine unbeschreiblich leichte Art froh. Ich bin einfach da und sehe den Frauen zu, trinke Kaffee mit ihnen, den sie draußen über dem Feuer kochen, helfe, wenn sie mich lassen. Es ist das, was die Menschen brauchen, dieses Gefühl der Leichtigkeit. Ein Mittel gegen die Angst.

»Meinst du denn, dein Jan wird dich nur dann lieben, wenn du ihm den perfekten Duft mitbringst?«, hat Maribelle gefragt.

»Es ist ihm wichtig«, habe ich gesagt. »Er setzt alles auf den neuen Duft. Ich kann nicht mit leeren Händen zurückkommen.«

»Dann werden wir wohl weiter auf den Markt gehen«, sagte Maribelle. »Dein Gefolge wird sich freuen.«

Sie hatte recht: Wo immer ich hingehe, folgen mir die vier Kinder mit dem Baby. Ich habe begonnen, Früchte für sie zu kaufen, Terje sagt, die Leute hier leiden alle an Vitaminmangel, obwohl sie so viel Obst und Gemüse anbauen. Sie verkaufen es an wohlhabendere Menschen, sie leben von nichts als Reis, und Reis enthält weder Vitamine noch Kalzium noch Protein. Eigentlich enthält Reis überhaupt nichts.

»Die Kinder werden dich vermissen, wenn du zu deinem Jan zurückkehrst«, sagte Maribelle. »Weißt du, ich glaube, dass jeder Mensch in seinem Leben *eine* wunderbare Liebesgeschichte erlebt. Ich weiß nicht, ob es Jan ist, in deinem Fall. Aber irgendjemand wird es sein.«

»Und du?«, flüsterte ich. »Du bist nicht glücklich mit deinem Mann und seinem Geld und seinem großen, kalten Haus.«

Sie schüttelte langsam den Kopf. Und ein Schatten huschte über ihr feines Gesicht. Dann lächelte sie. »Ich hatte sogar zwei wunderbare Liebesgeschichten. Mehr, als mir zusteht.«

»Aber sie sind nicht gut ausgegangen?«

»Nein. Der eine, den ich liebte, ist vor der Liebe geflohen. Der andere hat sich in sie eingesperrt wie in einen Käfig.«

»Und der, den du geheiratet hast?«

Da legte sie mir einen Finger auf den Mund. »Bei uns heißt es, das Schicksal wird dir mit dem Tag deiner Geburt vorausbestimmt«, flüsterte sie. »Von den Ahnen. Und, natürlich, von deinen Eltern. Manchmal treffen Väter Entscheidungen, weil sie das Beste für ihre Töchter wollen.«

»Ich würde mir niemals von meinem Vater sagen lassen, wen ich zu heiraten habe.«

»Er würde dir das auch niemals sagen«, sagte Maribelle sanft.

Und das war seltsam, denn sie kennt ihn ja gar nicht. Oder?

Als ich heute die gelbe Tür öffnete, saßen schon wieder die Kinder davor. »Fragst du das Mädchen, ob es ihr Baby ist?«, bat ich Maribelle. »Fragst du sie, wie alt sie ist?«

Maribelle fragte, und das Mädchen stand auf und antwortete, den Blick zu Boden gerichtet.

»Sie ist vierzehn«, sagte Maribelle. »Es ist nicht ihr Kind. Die Mutter des Babys ist tot, es war ihre Tante, der Vater hat das Kind nie als seines anerkannt. Die Kinder haben alle bei der Tante gelebt, ihre eigenen Eltern sind vor ein paar Jahren weggegangen, um Arbeit zu suchen. Sie wissen nicht, wohin. Jemand muss sich um das Baby kümmern. Solche Geschichten gibt es viele.«

»Sie kann es nicht stillen«, sagte ich.

»Nein. Es ist sieben Monate alt. Es isst, was die anderen essen.«

»Mein Gott«, sagte ich und kramte in meiner Tasche nach Geld. »Wird sie damit Milch kaufen?«

Auf einmal war es wichtig. Ich hatte diese Kinderbande loswerden wollen, aber auf einmal war mir wichtig, dass das Baby Milch bekam.

»Sie wird Reis kaufen, damit alle satt werden«, sagte Maribelle. »Ich werde ihr sagen, sie soll auch Milch kaufen, aber sie wird Reis kaufen.«

An diesem Abend telefonierte ich mit Jan. Ich saß ganz oben in einem Flur der Villa auf dem Fußboden neben dem Fenster, an dem einzigen Ort, an dem es mit der Verbindung einigermaßen funktionierte, und hörte seine Stimme aus einer anderen Welt.

»Wie geht es dir?«, fragte er, und seine Höflichkeit erinnerte mich daran, dass er mein Chef war. »Bist du im Urwald? Ich höre im Hintergrund Blätterrauschen. Oder sind das brüllende Affen? Ein Wasserfall?«

»Das ist ein alter Diesellastwagen, der versucht, seinen Motor zu starten«, sagte ich. »Aber ich bin dran. An dem Duft.«

»Lastwagen? Im Wald?«

»Ich bin nicht im Wald. Es gibt eine Menge Nichtwald in diesem Land. Es gibt eine Menge Dinge, die du dir nicht vorstellen kannst. Und eine Menge Gerüche. Und eine Menge Reis.«

»Grüne Reisfelder, so weit das Auge reicht«, sagte er. »Das könnten wir auf deinen Duft schreiben. Was ist es? Eine exotische Blüte?«

»Ich weiß es nicht.«

»Moment. Du hast den Duft gefunden, aber du weißt nicht, *was es ist?*«

»Ja. Er ist an den Reissäcken, die sie recyceln, um sie zu besticken. Sie besticken auch norwegische Trachten und Dirndl.« Ich lachte. »Das hier ist wirklich Recycling Land, Jan! Ich musste an unsere schönen recycelten Flaschen denken. Und ich dachte, wir könnten etwas Ähnliches machen. Wir könnten ein Parfum aus Madagaskar in Gefäße aus Madagaskar füllen. Hier verkaufen sie benutzte Flaschen auf dem Markt, und ich habe eine Fraueninitiative aufgetan, die Beutel für uns besticken könnte.«

»Nora«, sagte er vorsichtig. »Unsere recycelten Fläschchen sind aus eingeschmolzenem und wieder in Form gegossenem Glas. Wir verkaufen kein Parfum in ausgespülten Flaschen zweifelhafter Herkunft.«

»Aber wir könnten etwas finden. Etwas anderes. Wasserflaschen sind zu groß, ich habe noch mehr Ideen. Shampoo, zum Beispiel, niemand verwendet Shampooflaschen weiter. Die Reichen, die Shampoo kaufen, schmeißen sie weg, und sie werden verbrannt, du siehst die Dämpfe aufsteigen.«

»Nora.«

»Nein, warte. Wir könnten Shampooflaschen sammeln und zu Parfumflaschen machen. Ich kenne ein paar Kinder, die sie sammeln würden, ich wollte dir sowieso von den Kindern erzählen.«

»*Nora!*« Seine Stimme war jetzt scharf. »Bitte. *Mach einfach deine Arbeit.* So wie immer. Du warst immer die Beste. Zeig mir, wie gut du bist. Finde den Duft. Um die Gefäße kümmern *wir* uns.«

»Aber Recycling und Fraueninitiative«, sagte ich und hörte, wie lahm es plötzlich klang, »das könnte doch medienwirksam sein.«

»*Wir* kümmern uns um das Marketing. Die Zeit drängt ein bisschen, weißt du? Zum Sommer wollte ich gerne mit den ersten Proben an die Öffentlichkeit gehen, um dann mit dem fertigen Parfum ins Weihnachtsgeschäft einzusteigen. Also finde meinen Duft, ja? Fraueninitiativen sind wunderbar, aber sie gehören in den Eine-Welt-Laden für ältere Damen. Nicht zu einem jungen Start-up wie Summer.«

»Ich verstehe dich so schlecht«, sagte ich, obwohl ich ihn hervorragend verstand. »Die Verbindung ... Ich melde mich.«

Und dann saß ich da und starrte das Telefon an.

Ich fühlte mich, als müsste ich heulen. Aber ich bin niemand, der heult, du weißt das, und so stand ich auf, um weiterzuarbeiten. Für Summer. Keine Flaschen. Keine Frauenitiative. Nur ein Duft. Akkurat und sauber und verführerisch exotisch.

Unten im Garten schob der *gardien* seine kleine Tochter auf seinem mit Schnur geflickten Fahrrad im Kreis herum, gefolgt von dem weißen Kaninchen. Auf der Straße schoben zwei Jungen einen Karren mit Kohlesäcken vorüber.

Und ich dachte daran, wie Maribelle gesagt hatte, sie hätte ein Kind gehabt, aber es sei gestorben.

Maribelles Kind war ein reiches Kind gewesen, es muss behandelt worden sein, und dennoch war es gestorben. Wie viele Kinder sterben in Madagaskar jedes Jahr, weil sie nicht behandelt werden? Kinder, die Kohle schleppen? Die im Müll wühlen? Babys, denen niemand Milch gibt?

»Und ich mache doch mit allem weiter«, sagte ich leise. »Du wirst schon sehen, Jan.«

8

Sie hatten beide Angst, als sie mit dem blauen Cyclo-Pousse zum ersten Mal draußen auf der Straße standen. Nora stand bei ihnen, jung, hübsch, in einem ihrer kurzen, hellen Sommerkleider, das Haar zu kleinen Zöpfen geflochten. Sie sagte, ihre Freundin hätte das getan. Terje fragte sich noch immer, was für eine Freundin das war. Nora hatte als Kind nie Freundinnen gehabt, sie hatte immer gesagt, sie hätte keine Zeit für Freundinnen.

»Hast du dein Parfum schon fertig?«, fragte Terje nervös. »Du hast doch gesagt, es würde helfen. Gegen die Angst, zu versagen. Ich könnte es brauchen.«

Sie wandte sich ihm zu und lächelte, und ihr Lächeln wärmte ihn von innen. Sie legte ihm die schmalen Hände auf die Schultern und sage. »Die Rikscha wird funktionieren. Ich meine, ihr seid *wie viele* Runden im Hof gefahren?«

»Siebenundzwanzig«, sagte Biscuit, und Terje sah, wie auch er schluckte.

»Es ist hoffentlich nicht Fady, eine Frau auf einer Testfahrt mitzunehmen?«, fragte Nora und kletterte auf den Sitz aus blauen Flaschen. »Ich habe eine Menge über Fadys gelesen. Wenn man mit dem Finger auf ein Grab zeigt, fällt der Finger ab. Oder?«

»Nicht alle Madagassen glauben das. Und Frauen auf Testfahrten sind nur *Fady,* wenn es regnet«, sagte Biscuit und lachte unsicher. Noras Anwesenheit schien ihn zusätzlich nervös zu machen. Er hatte ihr höflich die Hand geschüttelt und angestrengt Small Talk auf Französisch gemacht.

Sie waren sich, dachte Terje, definitiv hier und heute zum ersten Mal begegnet. Es war also nicht Biscuit gewesen, mit dem Nora den Vulkansee besucht hatte. Aber wer dann?

Jetzt schwang sich Biscuit auf den Sattel, und Terje lief hinter dem Cyclo-Pousse her, die Kamera in der Hand. Es war ein merkwürdiger und beinahe hoheitsvoller Anblick, wie das blaue Gefährt luftkissenbootartig und halb durchsichtig auf seinen drei großen Fahrradrädern den Sandweg hinunterglitt. Vorn thronte auf einem schlanken Metallgestell der Lenker in einem weißen Hemd, bestickt mit Schwärmen winziger Fische. Die Enden der Lenkstange, recycelte alte Fahrräder, waren in weiten Bögen aufwärtsgeschwungen wie die Hälse der weißen Reiher in den Reisfeldern.

Die Leute kamen aus ihren Hütten und Häusern, von ihren Feldern und Höfen, um dem neuen Pousse zu folgen, und schon ehe es die Stadt erreichte, hatte es seinen Namen: *troso-na manga*. Der blaue Wal.

Wie die Wale, die im madagassischen Winter vor der Insel ihre Kinder gebären, war es ein Symbol der Hoffnung. Es würde die Weltmeisterschaft gewinnen und Madagaskar stolz machen, würde der Welt einmal mehr in Erinnerung rufen, dass es Madagaskar *gab*.

An der Straße half Nora Terje ins Pousse.

Biscuit fuhr durch die Felder, und bei der steilen Straße, die in die Stadt hinaufführte, sprangen Nora und Terje ab, denn kein Cyclo-Pousse kam diese Straße hinauf.

»Wir helfen schieben«, sagte Terje, doch Biscuit winkte ab.

Er fuhr langsam, aber stetig an den anderen Cyclo-Pousses vorüber, deren Fahrer sämtlich abgestiegen waren. Und als sie oben im Gewimmel der Stadtstraßen wieder einstiegen, hatten sie schon ein kleines Gefolge, das mit ihnen fuhr, lief und tanzte: Kinder, andere Pousse-Fahrer, Fahrradfahrer, Straßenverkäufer.

»Der kleine blaue Wal ist die große Welle hinaufgeschwommen!«, riefen sie. »Das ist das erste Cyclo-Pousse, das den Berg geschafft hat. Es kann alles!«

Dann waren sie am Bahnhofsplatz, und Terje und Biscuit

erschraken beide, denn der Platz hatte sich in einen Jahrmarkt verwandelt.

Es musste an den Tagen geschehen sein, in denen sie Biscuits Hof kaum verlassen hatten.

Terje sah, wie sich alles in Biscuit verspannte.

»Guckt mal!«, sagte Nora. »Es ist ein Jahrmarkt aus Holzspielzeug! Wie schön er ist!«

Sie hatte recht, alles leuchtete: die handbetriebenen Karussells mit den Holzpferdchen, die Riesenräder mit ihren bunten Gondeln, die Zuckerwattestände mit den rosa Wolken am Stiel.

Terje sah die Gondeln in den Himmel hinauffahren und fühlte selbst wieder, wie er darin saß. Wie eine schlanke, junge Hand die seine nahm, ganz oben im Himmel.

»Lass uns umdrehen!«, rief Biscuit gegen die Musik an. Doch es war zu spät.

Sie steckten im Gewühl fest, sie mussten im Zeitlupentempo die halbe Prachtstraße hinunterfahren, um irgendwo aus der Menge herauszukommen und abzubiegen, und die Menschen riefen und zeigten und wollten alle das Pousse anfassen. Kleine Jungen versuchten, daraufzuklettern, kleine Mädchen versuchten, Flaschendeckel abzuschrauben – ein Andenken an den schnellsten Fahrer der Stadt. Kameras und Handys wurden gezückt, und als der blaue Wal endlich die Hauptstraße erreicht hatte, folgte ihm der halbe Jahrmarkt. Vor der Kathedrale holte ein Polizeiauto sie ein und zwang sie zum Stehenbleiben. Wollte die *carte grise* sehen, die graue Zulassungskarte für Cyclo-Pousses.

»Sie sind ein Verkehrshindernis«, sagte der Polizist streng.

»Der Verkehr in Antsirabé besteht aus Hindernissen«, murmelte Terje.

»Dies ist ein Privatfahrzeug«, sagte Nora und lächelte den Polizisten an. »Kein Taxi.«

»Von mir aus, ich mache eine Ausnahme », knurrte der Polizist und hielt die Hand auf. »Dreißigtausend Ariary.«

Gleichzeitig kam ihnen ein Pick-up der Presse entgegen, auf der Ladefläche zwei Fotografen, die den blauen Wal in ein Blitzlichtgewitter hüllten.

Biscuit biss die Zähne zusammen, bog ab und nahm die Straße zum See hinunter.

»Wir fahren einmal herum, wie geplant«, erklärte er grimmig. »Um zu sehen, ob die Räder das Kopfsteinpflaster aushalten. Und dann nach Hause. Haltet euch fest, es geht abwärts.«

Unter ihnen leuchtete von ferne, blau und schön, das Oval des Sees.

Und in Terje blitzte eine Erinnerung auf.

Die Prinzessin kehrte an einem warmen Tag im Dezember 1998 zurück nach Antsirabé. Sie war neunzehn Jahre alt, hatte ihr französisches Baccalauréat in der Tasche, ein Extrajahr in der Hauptstadt verbracht, um im Geschäft ihres Onkels zu arbeiten *(Ramanavela Meterware, feinste Polyester-Seide aus China)* und sah Antsirabé mit anderen Augen.

Alles war kleiner geworden, sagte sie dem *gardien* am Tor: die Berge, die Kathedrale, selbst der Bahnhof. Der Mann mit den traurigen Augen umarmte seine Tochter lange. Er hatte sie nur selten besucht in der Hauptstadt, und sein Blick wurde noch dunkler, als er sie jetzt in die Arme schloss, denn sie sah ihrer Mutter inzwischen so ähnlich, dass es fast unheimlich war.

Der *gardien* erzählte Madame le Riz davon, und dort hörte es Biscuit.

»Es ist, als sei der Geist ihrer Mutter zurückgekehrt«, sagte Madame le Riz.

An jenem Abend saßen sie auf Barhockern an einem kleinen Straßenstand und tranken THB, und Biscuit war so nervös, wie Terje ihn nie erlebt hatte.

Fünf Jahre lang hatten sie abends zusammen Bier getrunken, auf Terjes Balkon oder auf den Holzhockern der *hotelys* am Straßenrand, die keine Hotels waren, sondern eine Art winziger Kneipen, selbst in den arbeitsreichsten Zeiten, zumindest am Sonntag. Fünf Jahre lang hatte Terje Frauen im Kindbett sterben und andere überleben sehen, hatte mit Fadys und Ahnengeistern gekämpft. Manchmal hatte er mit Biscuits Hilfe neue erfunden: das Verbot, eine Woche vor und nach einer Geburt im Reisfeld zu arbeiten. Es war auch Fady, in der Klinik eine Infusionsnadel zweimal zu benutzen, da an ihr möglicherweise ein Teil des Geistes eines verstorbenen Patienten lebte – so erklärte Terje es den Leuten.

Fünf Jahre, und Terje kannte jeden Aberglauben, sprach leidlich Malagasy und hatte einer Menge Frauen geholfen. Fünf Jahre, und Biscuit hatte ganz Antsirabé in dem grünen Cyclo-Pousse transportiert.

Fünf Jahre lang hatte der Traum von einer glücklicheren Welt und zwei unerreichbaren Frauen die beiden zusammengehalten: zwei Träumer auf einem Hochseil, die sich aneinander festhielten, um nicht zu fallen.

Hery war nach dem Unfall verschwunden. Manchmal glaubte Biscuit, seinen Blick zu spüren. Irgendwo lauerte er wie ein hungriger Hund, aber man sah ihn nicht.

»Sie ist wirklich zurück«, sagte Biscuit jetzt und legte seine Hände um die Bierflasche. »Ich bin auf die Mauer geklettert, und da war sie. Sie saß auf der alten Schaukel unter dem Mangobaum. In einem weißen Kleid mit bunter Stickerei, sie liebt Stickerei noch immer. Aber es war ein sehr französisches Kleid mit einem modernen Muster. Und es war zu kurz, man konnte ihre Knie sehen. Sogar ihr Haar ist kurz. Sie sieht aus wie eine Europäerin.«

»Sie ist jemand anders geworden.«

»Vielleicht. Oder vielleicht nicht. Sie hatte einen kleinen Spiegel in der Hand und hat sich die Lippen nachgezogen, kirschrot, aber dann hat sie den Spiegel weggesteckt und sich vom Boden abgestoßen, und sie ist so hoch und so wild geschaukelt wie damals.«

»Geh zu ihr«, sagte Terje.

»Wie stellst du dir das vor? Ich klingle am Tor und sage zum *gardien:* Ich war einmal der Pousse-Läufer der Tochter dieses Hauses, und vermutlich braucht sie kein Pousse, aber ich will sie sehen?«

»Geh hin und sag, dass du ein Freund bist. Das reicht.«

»O nein. Dieses Land hat sich in den letzten tausend Jahren nicht verändert. Es gibt Sklaven und Herren.« Zum ersten Mal klang er verzweifelt. »Ich könnte mich mit meinem Pousse in der Straße aufstellen und klingeln, vielleicht wird sie den Ton der Klingel erkennen. Aber was, wenn sie mich vergessen hat? Wenn sie nicht mit mir sprechen will?«

»Dann wird die Welt untergehen«, sagte Terje ernst. »Und dann kommst du zu mir, und wir betrinken uns. Aber das Risiko musst du eingehen.«

Biscuit seufzte. Er seufzte, wie nur ein Neunzehnjähriger seufzen kann, der die ganze Tragik der Liebe in seinem Herzen trägt. Und Terje fühlte sich alt mit seinen neununddreißig Jahren.

Er hatte seinen Teil an Bekanntschaften mit Frauen durchaus gehabt, kurze, nichtssagende Geschichten, und dann war da Martina aus der Inneren 3, aber all das fühlte sich schal an im Vergleich zu dem, was in Biscuits Augen stand. Dort brannte ein Feuer, das nichts und niemand löschen konnte, gefährlich und selbstzerstörerisch.

»Okay«, sagte Terje. »Du fährst mit ihr an irgendeinen romantischen Ort. Wie wäre es mit dem See? Abends ist es ganz schön da. Und dann treffe ich dich dort zufällig und fange an, davon zu reden, dass du eine Berühmtheit bist: der schnellste Cyclo-Pousse-Fahrer von Antsirabé. Und dann verschwinde ich unauffällig wieder.«

Der See.

Abends konnte er tatsächlich schön sein. Wenn das letzte Licht darauf lag. Wenn selbst die zu oft gewaschene, verblichene Wäsche auf dem Gras am Ufer glühte, wenn die verlassenen Ersatzteilstände plötzlich aussahen wie Teile einer malerischen surrealen Kunstausstellung. Wenn niemand mehr da war.

Terje saß auf einem alten Steinpfosten am Seeufer und sah der Sonne zu, wie sie versank.

Biscuit würde kommen. Er spürte es. Heute war der Tag.

Terje hatte eine Woche lang gewartet, jeden Abend, treu wie ein Hund, und schließlich war er jedes Mal nach Hause gegangen. Aber heute Abend würde Biscuit es schaffen. Es war ein guter Tag. Er hatte eine junge Mutter aus den Klauen des Fiebers gerettet. Und der Geist der schönsten Frau der Welt hatte ihrem Neugeborenen über den Kopf gestreichelt und Terje zugelächelt.

Der Mond rückte weiter am Himmel. Im See sprangen Nachtfische nach Nachtmücken. Die vielen winzigen Feuer der Menschen, die auf den Straßen lebten, wirkten wie gelbe Blüten in der lauen Dezembernacht.

Es war eine Woche vor Weihnachten.

Später dachte Terje, dass jene Minuten in jener Nacht die letzten Minuten der Unschuld gewesen waren.

Dann hörte er das Geräusch von Rädern, die sich näherten, hörte ganz leise eine vertraute Klingel.

Er sprang von dem Steinpfosten und schlenderte langsam am Seeufer entlang.

»Hey!«, rief er und winkte. »Biscuit? Bist du das?«

Biscuit hielt an, beugte sich vom Sattel, hielt seine Petroleumlampe hoch. »Terje!«

»Ja. Ich war zufällig gerade hier. Dachte mir doch, dass das die Klingel des schnellsten Cyclo-Pousse-Fahrers von Antsirabé ist.« Im Geiste schalt er sich selbst einen Idioten. Niemand, der zufällig irgendwo ist, sagt, er wäre zufällig dort. »Was tut er nachts hier am See, der schnellste Pousse-Fahrer? Ist das die neue Rennstrecke?«

Sein Lachen klang unsicher. Biscuits Lachen ebenso.

»Nein, ich habe Kundschaft«, sagte er, und dann kletterte er vom Sattel, ging nach hinten und hob die Lampe noch einmal, um das Gesicht der Prinzessin zu beleuchten.

Terje sah sofort, dass es eine Prinzessin war, er hätte es auch gewusst, ohne all die Geschichten zu kennen: die Art, wie sie den Kopf hielt, wie sie dasaß, aufrecht, ein Bein über das andere geschlagen, alles an ihr war hoheitsvoll.

»Kundschaft?«, fragte sie und lachte, hell und perlend wie Sekt in hohen Gläsern. »Und ich dachte, ich sei ein Entführungsopfer! Dieser angeblich schnellste Pousse-Fahrer ist einfach losgefahren mit mir.« Sie sah Biscuit an, lachte wieder. »Ich dachte, mein Vater bekommt morgen einen Brief mit einer Lösegeldforderung.«

»Wie haben Sie es geschafft, Ihren Vater zu überzeugen, Sie um diese Zeit noch ausgehen zu lassen?«, fragte Terje. »Bei Dunkelheit?« Er ballte die Hände in den Taschen zu Fäusten, um das Zittern zu kontrollieren.

»Oh«, sagte die Prinzessin. »Gar nicht. Er glaubt, ich liege im Bett und widme mich der französischen Literatur.« Sie senkte ihre Stimme zu einem Flüstern. »Ich bin über die Mauer geklettert.«

Dann lachte sie zum dritten Mal, offenbar über Terjes Gesicht. »Schau ihn dir an, deinen Freund«, sagte sie zu Biscuit. »Hat er auch einen Namen?«

»Das … das ist Terje«, sagte Biscuit. »Und es ist wahr. Sie ist geklettert. Ich habe geklingelt, und da ist sie aus den Bougainvilleen gefallen wie eine Sternschnuppe.«

Er klang genauso verwirrt, wie Terje sich fühlte, und gleichzeitig genauso selig.

»Sternschnuppen sind große schwere Gesteinsbrocken«, sagte die Prinzessin. »Du könntest dir einen netteren Vergleich ausdenken. Ein Maki, der aus einem Urwaldbaum springt?«

»Sie möchten mit einem Affen verglichen werden?«, fragte Terje verwundert.

»Halbaffe. Warum nicht? Sie sind schnell und schlau. Wenn sie springen, sieht es aus, als flögen sie. Ich habe sie gesehen, in einem der Parks. Sie sind frei.« Sie streckte eine schlanke Hand aus. »Würde mir einer der jungen Herren eventuell aus dem Pousse helfen? Mir scheint, es ist bequemer, um diesen See herumzuspazieren, als über das Pflaster zu holpern.«

Biscuit und Terje griffen gleichzeitig nach ihrer Hand. Da schüttelte sie den Kopf, lachte schon wieder und sprang ganz ohne Hilfe aus dem Pousse.

»Schaut nur«, sagte sie, plötzlich weniger kokett, plötzlich nachdenklich. Als hätte sie alle Pariser Regeln des Flirtens, die sie in der Hauptstadt studiert hatte, mit einem Mal vergessen. »Der Mond ist in den See gefallen. Vielleicht können wir ihn retten.«

Und dann wanderten sie um den See, der vor ihnen lag wie ein Spiegel, und mitten darin schwamm der Mond. Biscuit ging rechts, Terje links, und Maribelle ging in der Mitte.

Sie hatte ihre Schuhe ausgezogen. Manchmal berührte ihr Kleid Terje leicht an der Seite, dann lief wieder ein Zittern durch seinen Körper.

Er spürte den Boden unter den Füßen nicht. Er schwebte.

Denn die Prinzessin, die in dieser Nacht vom Himmel gefallen war, war ein Geist. Sie war der Fleisch und Blut gewordene Geist der schönsten Frau der Welt.

Als Biscuit die Lampe gehoben hatte und das Licht auf ihr Gesicht gefallen war, hatte Terje geglaubt, sein Herz müsste stehen bleiben. Hier war die Frau, an die er fünfundzwanzig Jahre lang jeden einzelnen Tag gedacht, von der er geträumt hatten, die Frau, die ihn in alle Bergdörfer der letzten Jahre begleitet hatte, die auf Untersuchungsliegen gesessen und gutmütig über seine Versuche gelacht hatte, eine Art von Infektionsmanagement an Orten einzuführen, in denen Ziegen durch Behandlungsräume spazierten und der Dorfmagier den Tod eines Kindes beschließt, wenn es am falschen Tag zur Welt kam.

Fast fragte Terje: Weißt du noch, wie wir zusammen auf der Bank saßen, unter der Platane?

Er ging neben der Prinzessin her und hörte zu, wie sie mit Biscuit sprach und lachte, hörte, wie nervös und wie glücklich Biscuit war, und er spürte in sich das gleiche Glück. Sie schwebten beide.

Und er wusste, er durfte es Biscuit niemals sagen.

Er liebte diese Frau, dieses Mädchen, es war wunderbar, einfach neben ihr herzugehen und ihr Lachen zu hören, ihre kindliche Unbeschwertheit, ihre plötzliche Nachdenklichkeit, ihre kleinen Anfälle von Koketterie.

Er war Anfang vierzig. Und dies war Biscuits Mädchen. Es war schon immer Biscuits Mädchen gewesen, er hatte für sie gelitten und geschuftet und sich fast selbst zerstört, und Terje würde seine eigene Liebe tief, tief in sich versiegeln wie ein schmutziges Geheimnis.

Obwohl sie sich nicht schmutzig anfühlte. Sie leuchtete in ihm wie Gold am Grund eines trüben Gewässers. Oder wie der Mond im See.

»Was ist?«, fragte Maribelle. »Fischen wir ihn heraus?« Sie stand direkt neben dem Wasser. Ein rostiges Ölfass ragte heraus, und sie stellte einen Fuß darauf. »Wir brauchen jetzt das Seil.« Sie drehte sich zu Terje um. »Sie sehen so verwundert aus. Fischt man dort, wo Sie herkommen, keine Himmelskörper aus Seen, wenn sie ertrinken?«

»Du weißt, wir verwenden alles wieder«, sagte Biscuit. »Selbst den Mond, wenn er einmal nass geworden ist.«

Terje grinste. »In Europa haben wir Einmalmonde, die halten jeweils nur für eine Nacht. Es gilt als unfein, das gleiche Mondlicht zweimal zu benutzen. Und wer es überlebt, unter einen THB-Lastwagen zu geraten, der kann auch einen Mond aus einem See ziehen«, fügte Terje hinzu, sich plötzlich erinnernd, was er versprochen hatte: ein paar Heldengeschichten über seinen jungen Freund zum Besten zu geben.

Maribelle war vom Ufer fortgehüpft und suchte neben dem Weg in einem Haufen Schrott, ja, da stand sie mit ihrem kurzen Kleid und wühlte zwischen alten Kisten und Tüten, und dann war sie wieder da, einen langen Draht in der Hand.

»Du bist unter einen Lastwagen geraten?«, fragte sie und bog das Ende des Drahts zu einer Schlaufe.

»Nur beinahe«, sagte Biscuit und lächelte.

Sie erwiderte sein Lächeln, und Terje sah in ihren Augen das gleiche Feuer, das gleiche Verlangen wie in denen Biscuits. Auch sie hatte auf ihn gewartet. Und dennoch flirtete sie mit ihnen beiden. Vielleicht nur um sich auszuprobieren.

»Zweimal in seinem Leben ist er unter einen Lastwagen geraten«, sagte Terje. »Das erste Mal war er fünf oder sechs Jahre alt. Er hat die anderen gerettet, aber sie haben ihm nie gedankt. Die Jungs sind mit einem Lastkarren auf der Straße ins Rutschen geraten, und der THB-Lastwagen konnte nicht bremsen. Das zweite Mal ist nicht so lange her. Zu der Zeit war das Pousse noch ein Fahrrad.«

»Halten Sie mich fest«, bat Maribelle, »damit ich nicht hineinfalle.«

Ihm blieb nichts anderes übrig, als ihren Arm zu nehmen, während sie sich nach vorn übers Wasser beugte, auf der Kante des halb versunkenen Ölfasses balancierend, die Hand mit der Drahtangel weit ausgestreckt.

Tu das nicht, Mädchen, dachte er, du spielst nur, und du angelst keinen Mond, sondern Männer, hilflose Geschöpfe.

»Der Lastwagen kam aus den Bergen. Er hat zu spät gebremst«, sagte Terje in dem angestrengten Versuch, die Heldengeschichte zu Ende zu bringen, obwohl sie nicht zuhörte. Die Haut ihres Armes unter seinen Fingern schien zu glühen.

»Gleich«, sagte sie. »Gleich hab ich ihn. Den Mond.«

Terje sah sich kurz um, Biscuit stand einen Schritt hinter ihnen, er sah aus, als hätte er Schmerzen.

Terje zuckte die Schultern, um ihm zu signalisieren, dass er sein Mädchen nicht festhalten *wollte,* er war gezwungen worden, und er sagte zu ihr: »Erinnern Sie sich an Hery? Ich glaube, es gab eine Geschichte mit einem Riesenrad. Er hat Sie zum Fallen gebracht, um Sie zu retten, aber ich weiß nicht, ob Sie das wissen. Hery saß auch in dem THB-Lastwagen. Er hat tatsächlich versucht, Biscuit auf dem Fahrrad … sagen wir, auszuschalten. Aber er hat nur das Rad erwischt.«

»Na bitte«, sagte Maribelle und hob die Drahtschlaufe aus dem Wasser.

Und darin hing, rund und silbern, der Mond.

Biscuit klatschte, ganz langsam.

Und Maribelle hob die Schlaufe höher, höher und höher – Terje sah nicht genau, was es war, das darin hing, vielleicht ein Stück Plastik, silbern angeleuchtet, oder ein durchweichter Pappteller oder wirklich der Mond – und jetzt flüsterte sie: »Ich hänge ihn wieder an den Himmel. Wir werden ihn noch brauchen.«

Terje sah auf, sah den Mond dort oben stehen, sah die Metallschlaufe leer in der Luft zittern, fragte sich, ob er träumte, und dann verlor Maribelle das Gleichgewicht und fiel in den See.

Biscuit sprang ihr nach, ehe Terje einen klaren Gedanken fassen konnte. Einen Moment lang stand er nur da, sah Wasser aufspritzen, sah Hände nach Luft greifen, nach Halt suchen, sah, wie zwei Körper gegen das Wasser kämpften. Dann erwachte er aus seiner Erstarrung, streifte die Schuhe ab und sprang ebenfalls. Die meisten Madagassen, dachte er, können nicht schwimmen.

Das Wasser war schockierend kalt, Müll oder Wasserpflanzen streiften ihn, er bekam einen panisch um sich schlagenden Körper zu fassen und hielt seinen Fang über Wasser. Es war Biscuit.

»Ruhig!«, keuchte Terje. »Verflucht, halt still!«

»Mari… Maribelle«, keuchte Biscuit. »Du musst …«

Terje sah sich um. Und da schwamm sie, neben ihm im Wasser, nicht mehr kämpfend, sondern elegant. Das kurze dunkle Haar lag an ihrem Kopf wie eine Badekappe. »Wenn du mich nicht erwürgst«, sagte sie freundlich zu Biscuit, »kann ich ganz gut schwimmen«

Sie schwamm eine Ehrenrunde, geschmeidig wie ein Seehund, während Terje Biscuit ans Ufer schleifte und herauszog.

Dort kniete er eine Weile, hustete und spuckte Wasser, während Terje ihm auf den Rücken klopfte, und dann entstieg auch die Prinzessin dem See, eine Nymphe, ein Mondzaubermädchen.

»Danke«, sagte sie leise, »dass du ihn gerettet hast. Den schwimmunfähigen Helden.«

Und in ihrer Stimme schwang so viel mit. Sie liebt ihn, dachte Terje, auch wenn sie so tut, als interessierte sie seine Geschichte nicht. Alles, was mich betrifft, ist nur Show.

Sie kniete sich neben Biscuit und sagte leise: »Weißt du, warum ich den Mond wieder aufgehängt habe? Er muss den Schnee bescheinen, wenn wir hindurchfahren, in dem Land weit weg, in dem alles anders ist.« Und sie nahm seine Hand und zog ihn auf die Beine. »Lass dich nicht unter einem dritten Lastwagen zerquetschen, ja? Hör auf damit, dauernd beinahe zu sterben. Ich werde dich brauchen, im Schnee.« Dann umarmte sie ihn, und er umarmte sie zurück, und Terje hörte sie flüstern: »Natürlich weiß ich, dass Hery das Rad gedreht hat, damit ich falle.«

Terje stand neben den beiden und sah sie an wie ein Bild. Sie waren so jung.

Er räusperte sich. »Wir sollten die Prinzessin nach Hause bringen. Sie wird sich erkälten. Und du auch.«

Dann ging er voraus, zurück zum Pousse, wandte ihnen absichtlich den Rücken zu, damit sie sich küssen konnten, ohne dass er zusah.

Später, in Terjes kleiner Wohnung, als Biscuit trockene Kleider trug – Terjes Kleider –, sagte er ihm, dass der Kuss nicht stattgefunden hatte. Er konnte nicht erklären, wieso.

»Wird ihr Vater merken, dass sie weg war?«, fragte Terje.

»Nicht, wenn der *gardien* den Mund hält«, sagte Biscuit. »Es war gut, dass er uns geöffnet hat, ehe sie versuchen konnte, wieder über die Mauer zu klettern. Sie hätte es nicht geschafft mit dem nassen Zeug. Es ist derselbe *gardien* wie damals. Wir haben Glück gehabt, dass er heute Nacht Dienst hatte.«

Er trank einen Schluck aus der Bierflasche, die Terje ihm gab. »Was denkst du?«, fragte er. »Über meine Chancen?«

»Sie ist eine Prinzessin. Es wird nicht leicht werden. Sie liebt dich, das ist sicher.«

»Meinst du?«, wisperte Biscuit. »Alles kann wiederverwendet werden. Zerquetschte Fahrräder. Der Mond. Aber eine erste Liebe?«

»Es wird schwimmen!«

Terje war mit einem Ruck zurück in der Gegenwart. Das Blau des Sees, an dessen Rand sie entlangfuhren, war so hell, dass es in den Augen wehtat.

»Hilomano ny trozona kely manga!« Lasst den kleinen blauen Wal schwimmen!

Ein Raunen lief durch die Menge.

Biscuit drehte sich um und sah Terje an. Er wusste, wer gerufen hatte, sie wussten es beide. Die Stimme war gealtert und doch dieselbe.

Und dann sah er ihn. Er stand oben auf dem Balkon eines der alten Häuser über dem Ufer. Er sah anders aus als damals. Gepflegt, in Hemd und teurer Sportjacke, eine goldene Uhr am Handgelenk: ein Herr, der zum Volk spricht. Sie sahen alle zu ihm auf und wiederholten den Ruf.

»Der kleine blaue Wald wird schwimmen!«

»Dieses Pousse!«, keuchte Biscuit. »Wir haben nie darauf geachtet, es dicht zu machen!«

Aber die Menge umringte den Wal jetzt, sie blockierte die Straße, ihr Ruf einte sie: *»Lasst den Wal schwimmen!«*

Sie sind wahnsinnig, dachte Terje, sie sind alle wahnsinnig. Wie dieses Land, das ich liebe.

***

Es war ein Meer aus Händen, sie waren auf einmal überall und griffen nach dem Pousse.

Du kannst dir das nicht vorstellen, all diese Menschen, es war wie am Vulkansee, als die Kinder mit ihren Halbedelsteinen mich fast zerrissen hätten. Begeisterung kann tödlich sein.

Ich schrie. Ich dachte, sie werfen das Pousse um, ich griff nach Terjes Hand.

Und ich hörte, was ich schrie, es erstaunte mich selbst. Ich schrie »Papa!«.

Ich habe ihn nicht Papa genannt, seit er damals ausgezogen ist. Ich habe immer die Distanz gewahrt, aber jetzt, in diesem Augenblick der Angst, gab es keine Distanz mehr.

»Sie wollen, dass das Pousse schwimmt!«, rief er, und ich war froh, dass er die Rufe für mich übersetzte, aber nicht froh darüber, was sie bedeuteten.

Biscuit schrie die Leute an, doch sie hörten nicht auf ihn, die Hände änderten die Richtung der Rikscha, wir holperten über schlammiges Ufergras, und als der Mann, der zuerst gerufen hatte, wieder rief, da kam mir seine Stimme bekannt vor.

Dann flog das Pousse durch die Luft. Auf den See zu.

Das Letzte, was ich sah, waren vier Gesichter in der Menge, die ich kannte: meine Bettelkinder. Ihre Augen leuchteten, begeistert wie die der anderen Menschen, sie glaubten, dass das

Pousse alles konnte. Bergauf fahren und fliegen und schwimmen. Wir waren ihre Helden.

Zehn Sekunden lang glaubte ich, es würde ein Wunder geschehen.

Der kleine blaue Wal trieb aufs Wasser hinaus. Die Menschen am Ufer jubelten. Die Presseleute fotografierten.

Dann sank das metallene Fahrgestell nach unten, ich sah Biscuit auf dem Sattel ins Wasser tauchen, er hielt den Lenker bis zuletzt fest – und dann folgte der Rest des Pousse.

Einen Moment lang schien der kleine Wal noch zu kämpfen, doch der See drang mit tausend Armen in die Flaschen ein und zog sie hinab an sein Herz.

Und einen Moment lang war auch ich unter Wasser, wurde mit in die Tiefe gezogen, ich öffnete die Augen, wie im Schwimmbad. Und ich musste an früher denken. Weißt du noch, wie ich als Kind trainiert habe? Wie ich Medaillen gewonnen haben? Es kam nie infrage, nicht zu gewinnen. Ich glaube, ich hatte zu viel Angst davor.

Genauso, wie ich zu viel Angst davor hatte, eines Tages meine perfekte Figur zu verlieren. Eine halbe Stunde Joggen oder Schwimmen in kaltem Wasser, frühmorgens vor der Arbeit, waren immer wichtig gewesen.

Aber all das schien auf einmal sehr weit weg.

Und das Wasser des Sees, in dem ich die Augen öffnete, war aus der Nähe nicht blau, es war trübe, grünlich braun, ich sah winzige Partikel, Algen und Dreck. Neben mir schwamm eine Plastiktüte, ein Stück zerfetzter Stoff, und anderes, das ich nicht zu genau ansah. Irgendwo unter mir bewegte sich etwas. Fische, die in all diesem Müll lebten. Ich versuchte, die Oberfläche zu erreichen, und hatte für Sekunden Angst, ich könnte es nicht schaffen, der See würde mich einsaugen wie ein riesiges Tier.

Da spürte ich, wie jemand mich packte und hochriss, und dann brach ich durch die Oberfläche und rang nach Luft. Ich sah in Biscuits besorgtes Gesicht.

»Danke«, keuchte ich. »Ich kann eigentlich … schwimmen.«

»Gut«, sagte er höflich, auch mitten in einem See. »Ich bin einmal in diesen See gefallen und konnte nicht schwimmen. Lange her.«

Er schwamm voraus in Richtung Ufer, Terje war neben uns, und jemand streckte mir eine Hand entgegen und zog mich aus dem Wasser. Die Menge umringte mich, irgendwer reichte mir ein grellbuntes Tuch zum Abtrocknen, sie redeten alle durcheinander, lachten, klopften mir auf die Schulter, und natürlich verstand ich kein Wort.

Aber als ich mich umdrehte, sah ich, wie die beiden Männer zurückschwammen. Dorthin, wo der kleine blaue Wal versunken war, vielleicht für immer. Ich sah Biscuits Gesicht, sah seine Verzweiflung. Sah ihn tauchen. Zugleich mit Terje.

Und ich dachte, ich sollte wieder ins Wasser gehen, ihnen helfen; ich bin fünfundzwanzig und war einmal Leistungsschwimmerin, mein Vater ist fast siebzig.

Aber ich konnte nicht. Ich konnte nicht zurück in diesen See voller Müll. Auch wenn ich mich dafür schämte. Die Männer tauchten wieder auf, mit leeren Händen.

All die Arbeit, die sie in diese Rikscha gesteckt hatten! All die Flaschen, die sie zusammengefügt hatten! In meinem Kopf tauchte ein Bild von anderen Flaschen auf. Shampooflaschen.

Wir hatten die Kinder sammeln geschickt, für Geld, und ich hatte zusammen mit Maribelles Frauen versucht, die Flaschen auszuwaschen, doch keine Bürste reichte in die Ecken, und wenn man sie auskochte, schmolz das Plastik. Wir hatten versucht, sie in Hälften zu zerschneiden, das Ergebnis war unbrauchbar gewesen. Unbrauchbar wie der blaue Wal im See.

Dieses Land besteht aus Katastrophen.

Ich merkte, wie Tränen in meinen Augen standen. Ich habe nicht geweint, als damals mein Kaninchen gestorben ist, und nicht, als ich mir beim Schulturnen ein Bein gebrochen habe, aber jetzt war ich nahe daran, um eine Rikscha aus alten Flaschen zu weinen.

Da drängte sich jemand durch die Menge, schlüpfte nach vorn: die Kinder.

Sie redeten alle gleichzeitig, und das älteste Mädchen drückte mir das Baby in den Arm, das fest in ein schmutziges Tuch gewickelt schlief, und sprang in den See. Der ältere der beiden Jungen sprang hinterher.

Ich schnappte nach Luft, gemeinsam mit der Menge. Die beiden Köpfe tauchten unter – und kamen wieder hoch, strampelten, blieben oben. Ich atmete auf. Ich hatte Angst, das Baby falsch zu halten, ich weiß nicht, wie man Babys hält, und es war so unglaublich dreckig.

Die beiden Kinder waren jetzt bei Terje und Biscuit. Und das Mädchen hielt etwas in der Hand: ein aufgerolltes Seil. Das, das sie als Gürtel benutzte. Sie schüttelte es aus, holte tief Luft und tauchte, ihr Bruder folgte ihr.

In meinen Armen schlief das Baby. Sein kleines Gesicht war gar nicht so dreckig. Es war ein hübsches Gesicht.

Ich sah wieder zum See. Wo waren die Kinder? Hätten sie nicht längst wieder auftauchen müssen? Mein Herz raste. Terje und Biscuit sahen sich an, draußen auf dem See, dann nickten sie und tauchten ebenfalls noch einmal.

Zwei Menschen mehr, die der See verschluckte.

Noch immer war die Menge um mich herum still, geeint in einem gemeinsamen Gebet: Lass sie wieder auftauchen!

Beteten sie zu ihren Ahnen oder zum Gott der Europäer?

Da! Da war ein Kopf! Es war das Mädchen. Sie streckte triumphierend einen Arm hoch, und in ihrer Hand befand sich das Ende des Seils. Neben ihr kam der Junge hoch, keuchend und prustend, und dann Biscuit, und dann, als ich es kaum mehr aushielt, Terje.

»Mein Gott, Terje, verdammt«, hörte ich mich murmeln, ich hatte wirklich Angst um ihn gehabt.

Die Menge jubelte.

Terje strich sich die Tropfen aus dem Gesicht und sah das Mädchen an und nickte anerkennend. Wie schön dieses Mädchen war, wenn das verfilzte Haar ihr nicht ins Gesicht fiel.

Sie schwammen mit dem einen Ende des Seils zum Ufer. Das zweite mussten sie an der Rikscha befestigt haben, unter Wasser.

Und da hielten es die beiden kleineren Kinder nicht mehr aus, sie sprangen ebenfalls in den See, um ihren Geschwistern entgegenzuschwimmen. Aber diese beiden konnten es nicht. Offenbar hatten sie das vergessen.

Sie gingen sofort unter. Ich sah das Wasser, den Dreck, den Müll. Ich sah die vier Schwimmer, die zu weit weg waren.

Und dann drückte ich das Baby einer alten Frau in die Arme, überwand meine Furcht, meinen Ekel und sprang in den nur von Weitem blauen See.

Ich bekam ein Kind zu fassen, ein zweites, zog die kleinen Körper an die Oberfläche. Sie schlugen um sich, und ich schleifte sie den kurzen Weg zurück zum Ufer und kassierte jede Menge blauer Flecken. Und endlich, endlich waren wir wieder an Land.

Die Kinder husteten und spuckten, das kleinere heulte, und ich nahm es in die Arme, wir waren alle gleich nass und gleich dreckig. Mein Gott, dachte ich, mein Gott, das sind dieselben Kinder, vor denen ich vor einer Woche weggelaufen bin.

In diesem Moment kletterte das älteste Mädchen aus dem See und überreichte mir das Ende des Seils. »Cyclo«, sagte sie.

Dann waren auch Biscuit und Terje am Ufer. Sie nahmen mir das Seilende ab und zogen, und alle Umstehenden zogen mit, es war wie Tauziehen bei den Geburtstagsfesten, auf die ich als Kind manchmal eingeladen war und bei denen ich nie mitspielen wollte, weil ich Angst hatte, zu verlieren.

Ich griff ebenfalls ins Seil und zog.

Und so gab der See den kleinen blauen Wal frei, er kam

langsam an die Oberfläche, bedeckt mit Algen und Plastikfetzen. Ein alter Schuh hing am Lenker.

Die Presse machte noch immer Fotos.

Als der kleine blaue Wal an Land war, klatschten alle. Biscuit bedankte sich bei dem Mädchen, das sein Seil wieder um sich wickelte und strahlte.

Der Wal war ein Wrack, die Flaschen mit Wasser gefüllt und nicht länger durchsichtig blau, sondern grünlich braun. Die Drähte hatten sich gelöst, nur die rote Klingel glänzte hell und schön durch den Nachmittag.

Ich legte Terje eine Hand auf den Arm. »Es tut mir leid«, flüsterte ich.

»Danke«, sagte Terje. Er sah Biscuit an. »Was machen wir jetzt?«

Biscuit erwiderte seinen Blick, ernst, nachdenklich. Dann zerbrach sein Ernst zu einem Grinsen.

»Wir werden es recyceln. Wir haben noch eine Woche bis zur Weltmeisterschaft.«

9

Und dann saßen sie vor den Resten des leichtesten Pousse der Welt.

Drinnen in den Schatten, auf der Kommode, zwischen Erinnerungen, lag die aufgeschlagene Zeitung. *NEUES LEICHTPOUSSE VERSINKT IM SEE. KANN MADAGASKAR DIE WELTMEISTERSCHAFT NOCH GEWINNEN?*

Terje und Biscuit saßen auf dem Fußbrett des uralten grünen Pousse und kippten Flasche um Flasche aus, und das Wasser des Sees rann durch den Staub und versickerte.

»Sie sagen, der kleine blaue Wal wollte wohl ausprobieren, ob er den ganzen Weg nach Europa tauchen kann«, murmelte Biscuit, und Terje dachte, er würde lachen, doch diesmal lachte er nicht.

»Wir schaffen es nicht«, sagte er leise. »Nicht in einer Woche.«

»Der verfluchte Hundesohn Hery«, knurrte Terje. »Wie er da auf dem Balkon stand und die Leute anstachelte. Es war so typisch. Wir hätten uns denken können, dass er auftaucht.«

»Ich habe daran gedacht«, sagte Biscuit. »Was hätte ich tun sollen?«

»Wenn ich du wäre, hätte ich ihn in den letzten vierzig Jahren vermutlich irgendwann umgebracht.«

»Ein Glück, dass du nicht ich bist.« Biscuit lächelte und kippte eine weitere Flasche aus. »Du möchtest ein madagassisches Gefängnis nicht von innen sehen. Hery hat Kontakte nach ganz oben. Dieses ganze Land ist voller Kontaktfäden, klebrig wie Spinnweben.« Jetzt lachte er doch. »Aber ich habe mehr als einmal darüber nachgedacht, glaub mir. Wie es wäre, ihn umzubringen. Ich bin auch kein Heiliger.«

Er sah die Reihe der Flaschen an.

»Sie haben Löcher für die verdammten Drähte. Natürlich kommt da Wasser rein.«

»Es war nie dazu gedacht, in den See …«, begann Terje.

Biscuit war vom Fußbrett des alten Cyclo-Pousse gesprungen und schlug mit der Faust gegen seine Seite. »Diese Flaschen sind zu nichts mehr gut. Es ist sinnlos. Es war immer sinnlos. Sinnlos, eine Seifenkiste zu schieben, ein Pousse zu ziehen, zu fahren. Schau dich um. Eine sinnlose Hütte voller sinnloser Pokale! Wer bin ich denn? Niemand!«

»Du bist der bekannteste Cyclo-Pousse-Fahrer von Madagaskar«, sagte Terje. »Alle bewundern dich. Denk an die Kinder, die für dich getaucht sind. Du bist ihr Idol. Du warst wie sie, und du hast es geschafft. Du bist … ein Symbol dafür, was Madagaskar werden kann.«

Doch Biscuit hörte nicht zu. »Sie hat mich nie wirklich gesehen«, murmelte er. »Und sie wird mich auch jetzt nicht sehen. Ich war nicht mehr als ein Spielzeug, das man irgendwann in eine Truhe mit Kindheitserinnerungen legt und vergisst. Welch irrsinniger Gedanke, ich könnte eine Weltmeisterschaft gewinnen, um mehr zu werden als das.« Er gab den Flaschen einen Tritt, und sie fielen um, eine nach der anderen wie Dominosteine. »Madagaskar ist wie ich. Ein Spielzeug, das keiner ernst nimmt. Nichts hier funktioniert, wir tun nur so. Manche Dinge sind zu kaputt zum Recyceln. Ich bin ein Symbol, du hast recht. Ein Symbol der Sinnlosigkeit.«

»Es ist nicht sinnlos«, sagte da jemand hinter ihnen, und sie fuhren beide herum.

Auf dem Bretterzaun saß jemand. Ganz oben.

Eine kleine, zierliche, hübsch angezogene Frau Mitte vierzig, die eine winzige rote Handtasche auf den Knien balancierte. Alles an ihr war perfekt, das am Kragen bestickte blassblaue Kleid, die weißen Lederschuhe, die dezent geschminkten Lippen. Nur ihr dunkles Haar, das sie mit Dutzenden von perlenbesetzten Haarnadeln am Kopf festgesteckt hatte, war hier und da entkommen: Haar, das sich nach Wind sehnte, nach Abenteuer. Zyklonlocken.

»Ihr braucht neue Flaschen«, sagte sie. »Man kann sie aneinanderfügen, ohne Löcher hineinzubohren. Ihr werdet ein Pousse bauen, das schwimmen kann.«

Und sie sprang vom Zaun, so geschmeidig, als wäre sie noch immer neunzehn Jahre alt.

»Maribelle«, flüsterte Terje. »Was …?«

Vielleicht war sie nur ein Traumbild. Sie kam mit drei leichten Schritten herüber, nahm eine Flasche, die noch halb voll mit Seewasser war, und drückte sie mit beiden Händen ein, sodass das Wasser aus den Drahtlöchern spritzte. »Die hier kann man zum Blumengießen verwenden. Ihr könnt sie an die Gärtnerei draußen vor der Stadt verkaufen.« Sie sah von der Flasche auf, sah Biscuit an und dann Terje, und ihre karamellfarbenen Augen waren so warm wie damals. Eine Welle der Erleichterung durchflutete Terje. Sie erinnerte sich an ihn. Es war wie Nachhausekommen. Er spürte, dass er errötete wie ein kleiner Junge.

»Wozu brauchen wir ein Pousse, das schwimmen kann?«

»Ihr braucht ein Pousse, dass *alles* kann«, sagte sie. »Wenn es siegen soll, muss es vorher Hery überleben. Und dazu muss es alles können. Fahren, schwimmen. Fliegen.«

Dann kam sie zu Terje hinüber und berührte ihn leicht am Arm. »Du bist also wieder da.«

»Ja«, sagte er und sah zu ihr hinab, er war so viel größer als sie.

Sie streckte die Hand aus und fuhr mit dem Zeigefinger über seine Wange, las die Falten.

»Ich bin alt geworden«, murmelte er.

Sie sagte nichts dazu, ging hinüber zu Biscuit und nahm seine großen, kräftigen Hände in ihre schmalen. »Nichts ist zu kaputt, um es zu recyceln«, sagte sie sanft. »Wir brauchen Flaschen. Jede Menge neue Flaschen.«

»Wir?«, fragte Biscuit. Sie ließ seine Hände los und sah zu ihm auf, und Terje spürte, wie die Luft zwischen den beiden knisterte. Da war ein unerklärlicher Magnetismus zwischen ihnen, der sie zueinander hinzog. Aber der gleiche Magnetismus existierte noch immer zwischen Maribelle und ihm. Er hätte nicht gedacht, dass es nach all diesen Jahren immer noch so war.

Aber er spürte auch, dass es Dinge zwischen Maribelle und Biscuit gab, von denen er nichts wusste. Dass Dinge geschehen waren. Dinge, die es ihnen unmöglich machten, sich einfach zu umarmen.

»Ich habe zwei Stunden Zeit«, sagte sie. »Wir müssen zum Antsena Sabotsy. Fährst du?«

»Natürlich«, sagte Biscuit und war schon dabei, die Rikscha aus dem Hof zu schieben, aber nicht das moderne Leichtmodell, sondern die alte, grüne, die einmal ein Fahrrad gewesen war.

Maribelle hob die rote Klingel aus dem Staub und befestigte sie an dem alten Lenker.

»Aber wenn man uns zusammen sieht«, sagte Biscuit. »Auf dem Markt.«

Maribelle lächelte, zog etwas Zusammengerolltes aus ihrer Tasche, und als sie es ausschüttelte, wurde es zu einem Raphiahut mit breiter Krempe, der ihr Gesicht verbarg. Dann schnappte sie sich ein großes bunt bedrucktes Tuch, das über einer der Rikschas hing, und schlang es um ihre Schultern, sodass von dem blassblauen Kleid nichts mehr zu sehen war. »Voilà. Niemand wird wissen, dass ich bei euch bin.«

Fünf Minuten später kletterte Terje auf den Sitz der alten Rikscha und saß neben Maribelle, so dicht, dass ihre Oberschenkel sich berührten. Ihm war heiß. Er fühlte sich, als sei er wieder fünfundzwanzig Jahre alt. Kreise schließen sich, dachte er. Was kommt, wenn die letzte Lücke geschlossen ist?

Der Tod?

Als sie in die Gasse der Flaschen auf dem Antsena Sabotsy kamen, warteten die Verkäufer bereits.

»Madame«, sagte der erste ernst. »Es gibt keine Flaschen.«

Maribelle blieb stehen und ließ den Blick über die Waren gleiten: große Glasflaschen, Bierflaschen, winzige Fläschchen, in denen noch Reste von Arzneimitteln klebten.

Doch Terje sah, was die Verkäufer meinten. Es gab keine Wasserflaschen. Nicht eine einzige.

»*Azafady, tompoko,* verzeihen Sie, mein Herr, Sie haben letzte Woche alle Flaschen aufgekauft«, sagte eine kleine magere Frau, deren Baby auf ihrem Rücken friedlich schlief.

Terje schüttelte den Kopf. »Das ist eine Woche her. Sie bekommen jeden Tag neue.«

»Nein, nein, alle aufgekauft.« Es war wie ein eingeübter Singsang, den die ganze Reihe der Verkäufer sang. »In der ganzen Stadt werden Sie keine leere Wasserflasche mehr finden.«

Maribelle beugte sich zu einem Jungen hinab, der neben seiner Mutter stand und sie anstarrte, und fragte auf ihre sanfte Art: »*Wer* hat die Wasserflaschen aufgekauft?«

»Ein Mann in einem schicken Anzug, heute früh«, antwortete der Junge, geschmeichelt, dass die fremde Dame mit ihm sprach. »Aber wir dürfen das nicht sagen.« Dann schnellte seine Hand vor. »*Cadeau?*« Geschenk?

Maribelle legte einen Apfel in seine Hand.

»Hery«, sagte Biscuit. Maribelle nickte. »Verrückt«, sagte Terje.

»Er *ist* verrückt«, sagte sie. »Aber er ist nicht dumm. Er ist ein kluger, trauriger, einsamer, verrückter Mensch. Nehmt euch in Acht vor ihm.«

Und dann kletterten sie wieder in die grüne Rikscha, und Maribelle sagte: »Fahr zu mir nach Hause.«

Biscuit lachte auf, kopfschüttelnd. »Das ist der letzte Ort, an den wir …«

»Fahr«, sagte sie. »Bitte. Ich möchte euch etwas zeigen. Fahr zu Hintertür.«

Die Hintertür war gelb, und Terje wollte fragen: Warum nehmen wir die Hintertür?

Er fragte nicht. Als das Pousse in der schmalen Gasse hielt, umgab sie eine seltsame Stille. Kletterrosen streckten ihre duftenden Köpfe über die Mauer, und Terje dachte an die Rosen, die das Fahrrad überwuchert hatten, im Garten des Mannes mit den traurigen Augen.

Maribelle öffnete die Tür.

Dahinter lag am Ende eines Weges ein kleiner Schuppen, umrahmt von blühenden Büschen. Radiomusik drang heraus, leise Stimmen, Lachen. Sie betraten einen Raum voller Nähmaschinen, voller Frauen: Sie saßen auf dem Boden, auf kleinen Hockern, auf Bänken, an den Maschinen, hielten Stoffe in den Händen, Nadeln und Faden.

»Voilà, meine Stickerinnen und Näherinnen«, sagte Maribelle. »Das ist Terje.«

Und die Frauen sahen auf und nickten und lächelten.

»Ich habe ein kleines Unternehmen«, sagte Maribelle. »Aber deshalb sind wir nicht hier.«

Sie winkte sie in einen zweiten Raum, in dem es mehrere große gemauerte Waschbecken gab. »Hier waschen wir die Farbe des Vordrucks aus der Stickerei«, sagte sie.

Und dann zeigte sie auf einen Tisch neben den Becken. Darauf stand eine ganze Reihe Flaschen. Bunte Flaschen in allen Farben und Größen und Formen.

»Shampoo«, sagte Biscuit.

»Das sind die einzigen Flaschen, die man zu nichts weiterverwenden kann. Im Moment kommt eine erstaunliche junge Frau zu mir, die mit den Flaschen experimentiert. Aber selbst sie ist gescheitert. Es ist möglicherweise wie mit Herzen.« Sie sah die Shampooflasche an. »Sie lassen sich nicht wieder befüllen, ohne dass man sie dabei zerstört. Aber vielleicht kann man ihre tote Hülle noch verwenden. Für etwas Größeres. Sie sind so hübsch bunt, nicht wahr? Kein kleiner blauer Wal mehr. Ein fliegender Regenbogen. Vielleicht kann ein Regenbogen etwas ändern.«

Biscuit nickte. »Vielleicht kann ein Regenbogen etwas ändern.«

Er nahm eine Flasche. »*Grüner Apfel – Vanille, Export aus Frankreich*«, las er laut. Und auf einer anderen: *Frischer Rosenduft. Abgefüllt für Edeka, Deutschland.* Er grinste. »Wir reimportieren den Regenbogen nach Europa. So wie wir Terje reimportieren werden. Er fliegt am selben Tag zurück wie das Pousse und ich.«

Terje sah, wie Maribelle ihm einen Blick zuwarf, nur einen kurzen. Die Luft war voller ungestellter Fragen. Maribelles Fragen: Was hast du getan, dreißig Jahre lang, in deinem Europa? Weshalb bist du zurückgekehrt?

Terjes Fragen: Was ist geschehen, in den Jahren, in denen ich fort war? Wer oder was ist schuld daran, dass du nur die Hintertür deines eigenen Hauses benutzt?

»Was …«, begann Terje. »Was tun wir, um so viele Shampooflaschen zusammenzubekommen?«

»Wir suchen auf dem Müll«, antwortete Maribelle. »Ein Ort, an dem Hery bestimmt nicht sucht.« Sie legt den hübschen Kopf schief und sagte: »Ich höre ein Pousse. Sie kommt.« Dann ging sie zurück zur gelben Tür in der Mauer und öffnete sie.

Davor stand Nora.

Terje schnappte nach Luft. Es war eine ganz andere Nora als die, die er kannte. Ihr feines Haar war windzerzaust, ihre Wangen gerötet, ihr helles Sommerkleid staubig. Hinter ihr drückten sich vier rußschwarze Bettelkinder in Lumpen an die Mauer. Er erkannte sie. Es waren die, die ihnen geholfen hatten.

Sie sahen Nora an wie eine Heldin, und sie verkündete strahlend: »Ich hab's. Nein. *Wir* haben es.«

In der erhobenen Hand hielt sie einen Strauß Filzstifte. »Sie sind leer«, sagte sie. »Aus dem Müll.«

Maribelle nickte und trat zur Seite, und erst jetzt schien Nora die beiden Männer hinter ihr zu bemerken. Sie ließ die Hand mit den Stiften sinken. »Terje.«

»Nora«, sagte Terje.

»Wir brauchen deine Shampooflaschen«, sagte Maribelle sanft. »Und deine Kinder. Kommt herein. Alle. Auf den Müllhalden dieser Stadt schlafen eine Million leerer bunter Shampooflaschen. Wir brauchen an die tausend. Wir brauchen einen Plan.«

Eine halbe Stunde später saßen sie gemeinsam auf dem Boden des Schuppens vor Blechtellern mit Bergen von Reis und Bohnen. Die Nähmaschinen schwiegen.

Terje spürte die Gegenwart der Prinzessin mit jedem Atemzug. Er sah sie an, heimlich, wie ein verliebter Grundschüler. Sie war ganz anders als vor dreißig Jahren, und doch dieselbe, sie war das Mädchen von damals, gehüllt in einen weichen Mantel aus Melancholie, der sie noch schöner machte.

Biscuit saß neben ihr, ein paar Mal berührten sich ihre Hände beinahe, aber nur beinahe.

Was war bloß geschehen zwischen ihnen? Wollte er es wirklich wissen?

Sie aßen schweigend, wie Madagassen immer schweigend essen, konzentriert auf die Aufnahme wertvoller Kalorien. Die Kinder schaufelten den Reis in sich hinein, als könnte er weglaufen.

»Also«, sagte Maribelle schließlich, »ihr sagt den anderen da draußen im Müll Bescheid. Die Annahmestelle ist Biscuits Haus. Für je zwanzig heile Shampooflaschen gibt es einen Teller mit Reis und Fleisch. Meine Frauen waschen die Flaschen aus.«

Die Kinder nickten. Das Baby lutschte an einem Stück Banane. Sein Kopf wirkte lächerlich groß, weil die Gliedmaßen zu dünn waren. Es hatte kaum eine Chance.

Aber die Leute nehmen es hin, wenn ein Baby stirbt, dachte

Terje. Es lag immer am Willen der Ahnen, nie am Mangel von Milch oder Hygiene. Er schüttelte den Kopf. Sein Kampf gegen die tödlichen Traditionen war vorüber, er war zu alt. Oder nicht?

Da sah Maribelle plötzlich auf die große Uhr, die an der Wand hing, und stand auf. »Ich muss gehen«, sagte sie hastig. »Wir sehen uns morgen.«

Sie lächelte den Kindern noch einmal zu und schlang sich ein blaues Seidentuch mit aufgestickten Mustern um die Schultern, als würde es kalt sein dort, wo sie hinging, obwohl es ein warmer Tag war.

Dann schloss sich die Tür hinter ihr. Zurück blieb ein schweres, tintiges Schweigen.

»Wohin geht sie?«, fragte Terje.

Die Frauen zuckten die Schultern. »Sie trifft sich mit ihrem Mann zum Mittagessen«, sagte eine, und Terje fiel auf, dass Maribelle keinen Reis gegessen hatte.

Die Frauen sahen jetzt alle Biscuit an, und Terje merkte, wie Biscuit sich unter ihren Blicken wand wie unter stummen Vorwürfen.

»Gehen wir«, sagte er und stand ebenfalls auf, um die bereits vorhandenen Flaschen einzusammeln. »Wir haben nur noch eine Woche, um einen Regenbogen zu bauen, der die Gesetze von Raum und Zeit widerlegt, damit Madagaskar die Weltmeisterschaft gewinnt.«

Das kleinste Kind, ein Mädchen von vielleicht fünf Jahren, fragte Terje auf Malagasy: »Ist es okay, wenn wir länger weg sind? Braucht *sie* uns nicht?« Sie nickte zu Nora hinüber. »Es ist so, wir beschützen sie.«

»Wovor?«, fragte Terje und bemühte sich, nicht zu lachen.

»Vor den Ahnengeistern«, erklärte ein etwas älterer Junge. »Sie verletzt so viele Fadys! Sie ist bei Zyklon Pousse gefahren. Und sie hat mit dem Finger auf ein Grab gezeigt, der Finger wäre abgefallen, wenn wir nicht für sie gebetet hätten.«

Terje lächelte und wandte sich an Nora, wechselte ins Deutsche. »Deine Bodyguards fragen, ob du sie im Moment brauchst. Sie passen offenbar auf dich auf.«

»Auf mich?« Nora lachte. »Tatsächlich? Und ich dachte, sie wollen, dass ich auf sie aufpasse! Nein, im Moment brauche ich sie nicht, sag ihnen das, ja? Auf mich warten drei Dutzend leere Filzstifte. Ich werde mich nicht vor die Tür bewegen, sie brauchen sich keine Sorgen zu machen. Und nachmittags bin ich verabredet.« Sie kicherte, wie ein Schulmädchen. Nur dass sie als Schulmädchen nie gekichert hatte. »Zum Riesenradfahren«, flüsterte sie. »Aber sag das meinen Bodyguards nicht, ja? Ich möchte *einmal* etwas ohne sie tun.«

Draußen in Biscuits Pousse fragte sich Terje, mit wem sie verabredet war. Und was sie mit den Filzstiften vorhatte.

Und dann versank er in eine Erinnerung daran, wie er selbst Riesenrad gefahren war, vor dreißig Jahren. Hoch hinauf in den Himmel.

Es war ein halbes Jahr nachdem er Maribelle am See gesehen und das Gefühl gehabt hatte, sie seit Jahrzehnten zu kennen. Er war ein paar Mal mit ihr und Biscuit unterwegs gewesen, aber nie alleine mit ihr. Und doch hatte er jede Nacht von ihr geträumt.

Am Tag des Riesenrades trug sie ein blaues Kleid mit silberner Stickerei, und sie saßen gemeinsam in einer blauen Gondel mit einem aufgemalten silbernen Jesus. Der Jesus hatte allerdings einen seltsam rot geschminkten Mund. »Er passt auf, dass wir uns benehmen«, sagte Maribelle und lachte. »Aber er sieht aus, als hätte er selber heute noch eine Menge zwielichtiger Dinge vor.«

Das Rad drehte sich, schwang die Gondel höher und höher hinauf, und Maribelle glättete ihren sehr kurzen Rock mit einer Hand.

Sie hatten sich zufällig in der Stadt getroffen, als Terje auf dem Heimweg gewesen war. Er war von einer mehrtätigen Exkursion durch die Dörfer gekommen, war gerade aus dem Jeep gefallen und hatte zu Fuß nach Hause gehen wollen, um die Tode zu vergessen, die hinter ihm lagen, die Diskussionen.

Aber dann war sie aufgetaucht, und sie hatte ihre Augen groß und flehend gemacht und gesagt: »Fahr mit mir Riesenrad. *Bitte.*«

Wie hätte er Nein sagen können.

Jetzt waren sie auf dem höchsten Punkt des Rades.

»Erzähl mir von Europa«, bat Maribelle.

Sie strich ein paar Haarsträhnen hinter ein Ohr, gewollt kokett, wie sie manchmal war.

»Was möchtest du wissen?«

»Alles«, sagt sie. »Ich habe so viel davon gehört, als ich in Tana war. Erzähl mir von den jungen Leuten in Europa! Davon, wie sie Abenteuer erleben. Wie sie feiern. Wie sie leben.«

Terje lachte. »Sie feiern nicht die ganze Zeit über. Die meisten Leute in Europa arbeiten eine Menge. Sie leben in einem Gefängnis aus Uhrzeiten und Terminen. Die Studenten tanzen natürlich, tanzen und trinken die Nächte durch …« Und er erzählte ihr, was sie hören wollte: von den Kneipen und den Discos, von den Bands, den Festivals, vom Schwimmen an den Seen im Sommer, von der Freiheit, vom Zelten und von Lagerfeuern am Strand.

»Wie wunderbar«, sagte sie. »Und es gibt keine armen Menschen, richtig? Niemand schläft auf der Straße. Und jeder hat ein Auto.«

Er seufzte. »Es gibt überall arme Menschen. Und ein Auto löst nicht die Probleme der Welt.«

»Sei doch nicht so ernst!«, sagte sie und nahm seine Hände. »Schau, da unten, die Lichter der Stadt! Gleich ist es dunkel.« Die Gondel baumelte leise, wieder am höchsten Punkt, unten stieg irgendwer ein, und Maribelle rückte ein wenig näher zu Terje und flüsterte: »Ich habe geträumt. Von dir.«

Sein Gesicht brannte. Ihre Hände in seinen glühten, glühten vor Jugend und Leben, vor Neugier, vor unerfüllten Versprechen. »Ich habe geträumt, dass ich aus einem Zug stieg, in Europa, auf einem unendlich langen, leeren Bahnsteig. Ich hatte kein Gepäck, nur eine kleine rote Handtasche. Und dann sah ich dich, am Ende des Bahnsteigs, und ich rannte auf dich zu, und du hast mich in die Arme genommen. Als wären wir ein Paar. Ist das nicht seltsam?«

»Sehr«, sagte Terje, drückte ihre Hände kurz und ließ sie dann los. »Du bist Biscuits Mädchen«, sagte er steif.

»Geh mit mir tanzen. Nur tanzen. Es gibt auch hier Discos. Winzig, aber mit guter Musik.«

»Maribelle, mach das nicht mit mir!«, flüsterte Terje. »Ich könnte dein Vater sein. Ich mag dich sehr, aber … es ist Biscuit, mit dem du in ein Land aus Schnee willst, in einem fliegenden Pousse. Ich kenne all seine Tagträume.«

»Er würde niemals mit mir tanzen«, sagte sie. »Und vielleicht kann er auch nicht fliegen. Er ist immer ernst, noch viel ernster als du. Ich kann diesen Ernst nicht ständig ertragen.«

»Und trotzdem kletterst du über eine Mauer voller Dornen, um ihn heimlich zu treffen.«

Sie seufzte. »Es ist so schwierig. Manchmal will ich nicht über all die Schwierigkeiten nachdenken, die Unmöglichkeiten, sondern nur tanzen. In Tana habe ich mit den Europäern getanzt, ohne dass mein Onkel es wusste, bei dem ich gewohnt habe. Ein paar Mal habe ich Hery getroffen. Er tanzt wie ein Teufel. Er *ist* ein Teufel. Ein Wahnsinniger. Aber er hat etwas.« Sie sah Terje von der Seite an, steckte eine Erdnuss aus einer Papiertüte in den Mund und leckte langsam das Salz von ihren Fingern. »Sag es Biscuit nicht«, flüsterte sie. »Sag ihm nichts von Hery. Ich bin erst neunzehn. Ab und zu brauche ich Abenteuer.«

Sie lehnte sich an Terje, und die Gondeln sausten abwärts, aufwärts, im Kreis herum. »Er ist in der Stadt«, sagte Maribelle. »Hery. Ich habe Angst, dass er Biscuit noch einmal etwas antut. Und gleichzeitig …« Sie schüttelte den Kopf. »Gleichzeitig habe ich auch Angst vor mir selbst. Davor, dass ich etwas Dummes tue. Terje. Es ist besser, ein Abenteuer mit *dir* zu erleben, besser als mit Hery, meinst du nicht?«

Wieder der Scheitelpunkt des Rades.

Wieder seine Hände in ihren.

Sie war so winzig und versprühte eine solche Energie, sie war so schön, sie war so jung.

Ihre Lippen, blassrosa geschminkt, näherten sich seinen. Sie hatte die Augen geschlossen. Wie sie glaubte, dass die Leute in Hollywoodfilmen die Augen beim Küssen schlossen. Sie war nur ein Kind, das spielte, jemand anderer zu sein. Sie war ein Kind und sie war die Frau, die er unter den Platanen getroffen hatte, vor so langer Zeit.

Er schloss die Augen ebenfalls,näherte sein Gesicht dem ihren. Sein Herz klopfte wie im Fieber. Er berührte ihre Lippen – und öffnete die Augen.

»Nein«, sagte er.

Und in diesem Moment hatte er plötzlich das Gefühl, dass jemand sie beobachtete. Von dort unten, aus der Menge heraus. Die Gondel senkte sich wieder, und Maribelle sah ihn an, die Augen weit geöffnet, erstaunt, enttäuscht. »Du magst mich nicht.«.

»Doch«, sagte Terje und schluckte. »Mehr, als du denkst. Das ist das Problem.«

Dann stiegen sie aus der Gondel, und er machte, dass er nach Hause kam, in seine winzige Wohnung mit dem Balkon, auf dem er ein lauwarmes Bier trank. Er hatte es wieder gespürt, in der Menge, am Fuß des Riesenrades. Das Beobachtetwerden. Biscuit, dachte er, was, wenn es Biscuit war?

Am nächsten Morgen fand er den Zettel unter seiner Tür.

Ein kleines, weißes Stück Papier, beschrieben in steiler, französischer, schulmädchenhafter Schönschrift.

TRIFF MICH AM BERG, NÄCHSTEN FREITAG UM 23 UHR. BITTE.

DIE PRINZESSIN.

Der Berg.

Man sah ihn von jedem Punkt der Stadt.

Und eine Woche lang sah Terje ihn jeden Tag an, und es war, als wüsste er schon, was zwischen den grünen Kiefern geschehen würde, Freitagnacht.

Einst war der Berg ein Vulkan gewesen, gewaltig und Furcht einflößend. Jetzt picknickten in der leeren, grasbewachsenen Mulde des Kraters am Sonntag singende Kirchengruppen.

Und dann kam der Freitag und dann ging der Freitag und es wurde Nacht.

Terje hatte in dieser Woche dreimal mit Biscuit zusammen Reis gegessen und THB getrunken, sie hatten darüber gesprochen, wie es wäre, doch noch mit dem Rad um die Welt zu fahren, zusammen.

Aber da war eine seltsame Spannung in der Luft gewesen. Sie hatten das Thema Maribelle vermieden. Sonst hatte Biscuit oft von seinen Treffen mit der Prinzessin erzählt, die für ihn über Mauern kletterte, ihn aber niemals berührte.

Jetzt sprach er nur über Reparaturen am Cyclo-Pousse.

Und Terje dachte: Er muss uns gesehen haben.

Er dachte an Biscuit, als er nachts auf sein Rad stieg und durch die Stadt fuhr, die holprige Straße neben dem schlafenden Markt entlang, hinaus zum alten Berg. Es war, als folgte Biscuits Schatten ihm.

Was tust du da?, fragte der Schatten. Warum verrätst du mich?

Es tut mir leid, antwortete Terje.

Sein Herz tat weh. Aber seine Beine trieben das Fahrrad voran. Er versteckte es in einem Wandelröschengebüsch am Fuß des Berges, dann stieg er den schmalen Pfad zwischen den Kiefern empor. Ein halber Mond goss sein Licht auf die Bäume, er sah die seltsamen gestreiften Stämme, aus denen die Frauen Späne zum Feuermachen schnitten. Die Bäume bluteten, sie litten, und an einen von ihnen legte er seine Hand und seine Stirn, dort, wo die raue Rinde noch heil war.

»Ich werde ein Mädchen küssen«, erklärte er dem Baum. »Das mir nicht gehört. Ich werde etwas tun, das ich nicht tun darf. Es ist falsch. Aber ich liebe sie. Ich liebe sie, seitdem ich das erste Mal in diese Stadt gekommen bin.«

Der Wind ließ die hohen Kiefern ächzen, als antworteten sie. *Geh nicht.*

Und plötzlich hatte Terje wieder das Gefühl, beobachtet zu werden. Er drehte sich um, doch er konnte nichts sehen, es war zu dunkel zwischen den Bäumen. »Ahnengeister«, flüsterte er und versuchte, zu lachen. Jeder wusste, dass sie hier wohnten, die *matoto,* sie kamen nachts heraus und machten Feuer zwischen den Bäumen und sprachen darüber, wen sie verfluchen würden.

Vermutlich war es Fady, nachts diesen Wald zu betreten.

Sie hatte nicht geschrieben, wo sie ihn treffen wollte, aber er nahm an, bei der großen grasbewachsenen Mulde. Sie war von außen uneinsehbar, umrahmt vom ehemaligen Kraterrand, auf dem jetzt Bäume wuchsen.

Dann stand er auf dem Kraterrand, im Schatten von ein paar Kiefern. Gleich, gleich würde sie den Pfad heraufkommen, das Haar vom Nachtwind zerzaust. Und sie würde ihn an der Hand nehmen und mit ihm hinab in die Mulde rennen, lachend, sie würden sich in das weiche Gras fallen lassen, und dort unten, wo nur die Geister es sahen, würde er sie küssen.

Er schmeckte ihre Lippen auf seinen, die Wärme ihres Mundes, ihr Sehnen, ihr Verlangen, ihren Drang, zu leben. Nimm mich mit, sagte sie wortlos, irgendwohin, wo es keine Nachtwächter und keine Mauern gibt, wo ich wild und frei sein kann. Und dann schlang sie ihre Arme um ihn und zog ihn zu sich herab.

Er fuhr hoch und lauschte. Natürlich war sie nicht da, noch nicht. Aber jetzt waren da Schritte auf der anderen Seite des Kraters. Und oben zwischen den Bäumen fand er einen Schatten. Doch als der Schatten sich in die Mulde hinabbewegte, sah Terje, dass es nicht Maribelle war. Noch jemand war hier. Zuerst dachte er: Verdammt, muss dieser Mensch gerade heute Nacht hier draußen spazieren gehen? Doch dann erkannte er ihn, erkannte seine Art, sich zu bewegen.

Es war Biscuit.

Terje schüttelte den Kopf und begriff nichts.

Hatte Biscuit von dem Zettel erfahren? Oder hatte die Prinzessin sie beide hierherbestellt? Nein, so grausam war sie nicht.

Terje sah Biscuit an, seinen Freund, der so viel jünger war, sah, wie er auf und ab ging, unsicher, wartend. Er dachte an den kleinen Jungen, den er damals auf sein Fahrrad gesetzt und der so lange auf ihn gewartet und so tapfer gegen alle Widrigkeiten gekämpft hatte. Und tief in ihm schmerzte etwas, so sehr, dass er glaubte, er müsste sich zusammenkrümmen und sterben. Er fragte sich, ob das die Vorboten eines Herzinfarkts waren.

Was würde geschehen, wenn die Prinzessin käme? Würde er mit seinem einzigen wahren Freund auf der Welt um sie kämpfen?

Später hörte er die Geschichte von einer anderen Seite aus, als er in einem Hof im Staub hockte und Drähte um Shampooflaschen bog. Als Biscuit sie erzählte.

Biscuit stand in der Mulde auf dem ehemaligen Vulkan, in seiner schwitzenden Hand einen Zettel, sah sich um und spürte, dass er beobachtet wurde. Er fragte sich, ob es die *matoto* waren, die Geister, sie stöhnten und heulten in den Bäumen. Natürlich konnte man sagen, es wäre nur der auffrischende Nachtwind.

Die ordentliche Mädchenschrift auf dem Zettel glühte in seiner Hand.

TRIFF MICH AM BERG, NÄCHSTEN FREITAG, UM 23 UHR. BITTE. DIE PRINZESSIN.

Er lächelte, als er die Worte leise vor sich hin flüsterte, trotz seiner Angst. Dann drehte er sich langsam um die eigene Achse. War sie es, die ihn beobachtete? Gleich, dachte er, gleich würde sie den Hang hinabgelaufen kommen, zu ihm in die Grasmulde, die so weich war wie ein Bett, und er würde sie küssen, endlich, nach so langer Zeit.

Er schmeckte ihre Lippen auf seinen, die Wärme ihres Mundes, ihr Sehnen, ihr Verlangen, ihren Drang, zu leben.

Es tut mir leid, sagte er ihr wortlos, dass ich dir so wenig bieten kann, ich bin ein Niemand, aber lass uns zusammen fortgehen. Nimm mich mit, irgendwohin, wo es keine Nachtwächter und keine Mauern gibt, wo wir wild und frei sein können.

Sie schlang ihre Arme um ihn und zog ihn näher zu sich.

Er fuhr hoch und lauschte. Natürlich war sie nicht da, noch nicht. Aber da war ein Rascheln. Von der anderen Seite des Kraters.

Dort stand jemand, oben zwischen den Kiefern. Nicht Maribelle. Ein Mann. Und jetzt kam der andere in die Mulde hinab, bewegte sich auf ihn zu. Er war älter als Biscuit, gedrungener, breitschultriger.

Hatte ihr Vater den Brief abgefangen? Hatte er jemanden geschickt, der Biscuit fertigmachen sollte?

Nein, sagte er sich, er hatte den Brief am Pousse gefunden, um den Lenker gewickelt, wie sollte ihr Vater …

Und dann sah er Maribelle. Sie stand ebenfalls oben auf dem Kraterrand, gegenüber, sie musste einen anderen Pfad nach oben genommen haben. Er erkannte sie sofort, trotz des wenigen Lichts. Der andere Mann kam jetzt mit raschen Schritten auf ihn zu, begann zu rennen, und Biscuit begriff instinktiv, dass dies jemand war, der mit ihm kämpfen würde. Nicht weil er geschickt worden war, um ihn fertigzumachen. Sondern weil er das Mädchen dort auf dem Kraterrand für sich selbst wollte.

Er stellte sich aufrecht hin.

Nur einer konnte gewinnen, nur einer konnte überleben, nur mit einem würde die Prinzessin dieses Lager aus weichem Nachtgras teilen.

Und dann war der andere da, warf sich mit seinem ganzen Schwung auf ihn und riss ihn zu Boden, ehe Biscuit ihn erkannte, er war schwerer, Biscuit spürte seine Fäuste, hart wie Stein, spürte seine Wut.

Das Blut rann ihm über die Lippe und übers Kinn, er schlug zurück – und dann ergoss sich das Mondlicht zwischen den Wolken herab, und er sah seinen Gegner.

»Du?«, keuchte er. »Was machst du hier?« Die Schmerzen hüllten ihn ein, er kam hoch wie ein Ertrinkender, schnappte nach Luft und wurde direkt wieder zu Boden gedrückt. Und dann spürte Biscuit einen neuen Schmerz, schärfer, einen Schmerz in seinem Arm, und er verstand, dass der andere ein Messer hatte. Dass er diesen Kampf nicht gewinnen konnte.

Maribelle!, dachte er. Es war alles für dich, Maribelle. Mein ganzes Leben. Vergiss mich nicht.

Er schickte den Gedanken zu ihr wie einen Abschiedsgruß.

Maribelle schrie. Sie schrie lange und laut und gellend.

Terje hörte sie schreien. Und er drehte sich um.

Er war auf dem Weg den Berg hinab gewesen, fort vom Krater, zurück zu seinem Rad.

Aber etwas stimmte nicht, und er stieg den Weg wieder hinauf und sah zwei Kämpfer in der Mulde, ineinander verbissen wie Hunde. Sah im Mondlicht ein Messer blitzen. Einer der beiden dort unten war Biscuit, und es war nicht sein Messer.

Terje rannte, stürzte sich hinab in den ehemaligen Krater, in dem uralte Kräfte entfesselt waren. Sein Herz tat nicht mehr weh, die Enge in seiner Brust war verschwunden. Er spürte, dass er das Richtige tat.

Und er stürzte sich mit einem Aufschrei auf die Kämpfenden, kurz bevor Maribelle sie erreichte, teilte Schläge aus, kassierte selbst welche, hörte das Keuchen der anderen und sein eigenes. Wie lange war es her, seit er sich mit jemandem geprügelt hatte? Es war befreiend. Die ganze Verzweiflung und Zerrissenheit seines Herzens wurden zur Kraft in seinen Fäusten. Und dann war Biscuits Gegner am Boden, Terje nagelte ihn mit den Knien fest und entwand ihm das Messer. Er spürte, dass ihm aus einem Schnitt an der Schläfe Blut übers Gesicht lief.

Und er starrte den Menschen unter sich an.

»Hery«, sagte Terje. Er hörte selbst, wie kalt seine Stimme klang.

»Verdammt«, keuchte Biscuit, der neben ihm auf dem Rücken lag und nach Luft rang.

»Ich hatte gehört, dass es ein kleines amouröses Treffen hier oben gibt«, presste Hery zwischen zusammengebissenen Zähnen hervor. »Und ich dachte, ich gucke mir das mal an. Kein Grund, mich umzubringen.«

Terje sah das Messer an. Sah Hery an. Sah Biscuit an, dessen Lippen aufgeplatzt und blutverschmiert waren.

»Maribelle!«, keuchte Hery. »Lass nicht zu, dass er mich umbringt.«

»Moment«, sagte Maribelle. »Wenn ich eins und eins zusammenzähle … Hery? *Du* hast den Brief geschrieben? *Du* hast mir geschrieben, dass ich hierherkommen soll?«

»Dann hat er zwei Briefe geschrieben«, murmelte Biscuit.

»Drei«, knurrte Terje.

Maribelle reichte Biscuit eine schmale Hand und zog ihn auf die Beine.

Terje ließ die Messerschneide einen Moment locker auf Herys Wange liegen.

»Warum?«, flüsterte er.

»Weil ich gewisse Leute nicht leiden kann«, wisperte Hery und sah zu Biscuit.

»Ich war immer der Böse und er der Gute. Es sind unsere vorgeschriebenen Rollen. Schon damals haben alle Biscuit gemocht. Auch ich. Aber mein Vater hat mir von Anfang an eingebläut, dass du nur leben kannst, wenn du die ausstichst, die besser sind. Mein Vater! Biscuit hat ihn bloßgestellt. Damals vor dem Lastwagen. Seinetwegen hat er seinen Job verloren. Seinetwegen ist meine Familie zerbrochen.«

Da nahm Terje das Messer von Herys Wange. »Hau ab!«, zischte er. »Los.«

Hery taumelte ein paar Schritte rückwärts, sein Hemd war zerrissen, aber etwas wie Triumph glühte in seinen Augen. »Ich dachte nur«, sagte er, rückwärtsgehend, »es ist Zeit, dass ihr das unter euch ausmacht, wer mit wem und so. Dieser Kampf war für euch bestimmt, nicht für mich. Aber ihr seid zu feige, gegeneinander zu kämpfen.«

Damit drehte er sich um und kletterte den Hang hinauf, verschwand in der Nacht. Das Letzte, was sie von ihm hörten, war sein Lachen.

In der langen Stille danach stöhnten nur die Ahnengeister in den Bäumen.

In der Kratermulde standen drei Menschen beisammen und wussten nicht, was sie sagen sollten.

»Ich weiß nicht, wie er darauf kommt, dass wir kämpfen sollten«, sagte Terje schließlich heiser. »Ich bin hierhergekommen, weil ich dachte, ihr beide braucht meine Hilfe.« Lügner, schalt er sich selbst. »Dabei, zusammen abzuhauen vielleicht. Wenn ihr das jemals wollt, könnt ihr auf mich zählen.«

Maribelle nickte, und plötzlich hielt sie sich an Biscuit fest und legte ihren Kopf erschöpft an seine Schulter. »Danke, Terje«, flüsterte sie. »Danke.«

Biscuit räusperte sich. »Ja. Danke.«

»Hery versucht, uns gegeneinander auszuspielen«, sagte Terje mit einem etwas gewollten Lachen. »Er scheint zu glauben, dass Maribelle und ich … Mein Gott, ich könnte ihr Vater sein, das ist lächerlich.«

»Lächerlich«, wiederholte Maribelle leise.

Und dann gingen sie zusammen zurück durch den Wald, Biscuit hatte einen Arm um Maribelles Taille gelegt und sie um seine, zum ersten Mal. Die Enge in Terjes Brust war zurückgekehrt.

Nachdem sie Maribelle nach Hause gebracht hatten und sie über die Mauer geklettert war, warfen sie Herys Messer in den See.

»Terje«, sagte Biscuit leise und wischte sich über die Lippen, die wieder begonnen hatten zu bluten. »Wir werden immer Freunde sein. Oder?«

»Natürlich«, sagte Terje. »Der Mond im See ist mein Zeuge.«

Doch der Mond war untergegangen. Das Licht im See war nur der Widerschein eines kleinen Feuers, an dem sich jemand wärmte in der kühlen Nacht. Vielleicht die Ahnen.

* * *

»Das ist aber ein niedliches Riesenrad«, habe ich zu ihm gesagt. »Noch nie habe ich so ein winziges Riesenrad gesehen. Und es wird komplett mit Hand betrieben.« Ich sah den beiden jungen Männern zu, die abwechselnd die seitliche Leiter hochkletterten und sich mit dem Rad in die Tiefe schwangen, ihre bloßen Oberkörper schweißglänzend.

»Als ich jung war, habe ich das auch gemacht«, sagte mein Begleiter und lächelte.

Ich musterte ihn. Der Körper, der sich unter dem Poloshirt abzeichnete, war noch immer durchtrainiert. Er ist durchaus anziehend, dieser Mann.

Ich fragte mich, wie er ohne Hemd aussah. Ich fragte mich andere Dinge, die zu beantworten ich mir verbot. Ich dachte an Jan, mit dem ich noch einmal telefoniert hatte. Daran, wie er über meine Idee mit den Stiften gelacht hatte. »Stifte? Für ein Parfum?«

»Ja. Ein Stift in einer bestickten Hülle. Ein Duftstift. Leicht einzustecken, praktisch, hundert Prozent Recycling.«

»Nora«, hat Jan gesagt, »ich sage es dir noch einmal: Du wirst nicht dafür bezahlt, eine Vermarktungsstrategie zu produzieren, sondern dafür, einen Duft zu finden. Geh hin und finde ihn. Bitte.«

Ich habe ihm nicht von den Kindern auf dem Müll erzählt, nicht von den Frauen, denen Maribelle Arbeit gibt, nichts. Ich spürte, dass er das nicht hören wollte.

Und jetzt saß ich also neben diesem Mann, der so viel älter war als ich und so ganz anders als Jan. Jan, der in engen Designerjeans in seinem Berliner Büro mit der modernen Kunst an den Wänden saß, vor seinem Laptop. Jan mit seinem schmalen, schönen Gesicht und dem fast androgynen Haarschnitt. Dieser Mann war ursprünglicher. Und es wunderte mich nicht, als er sagte: »Einmal habe ich jemanden gerettet, aus einem Riesenrad. Ein junges Mädchen. Die Gondel war ausgehakt. Sie ist gefallen, aber ich habe sie aufgefangen.«

Ich seufzte.

Eine moderne, aufgeklärte Frau hätte bei dieser Bemerkung höchstens die Augen verdreht. Aber ich fühlte mich in diesem Moment von der modernen, aufgeklärten Welt verraten, in Person von Jan, und ich kann verdammt noch mal seufzen, wann ich will.

»Sie sind beinahe in einem Cyclo-Pousse im See ertrunken«, sagte Hery. »Sie hätten auch einen Retter brauchen können.« Die Gondel – rosa mit Mickymäusen darauf – blieb am höchsten Punkt des Rades stehen. Ich sah hinunter, und Hery war auf einmal näher als zuvor. Ich roch sein Rasierwasser. Ein angenehmer Duft. Je dezenter, desto teurer. Der Duft, den dieser Mann trägt, ist verflixt teuer.

»Haben Sie das gesehen oder in der Zeitung gelesen?«

Er antwortete nicht, legte stattdessen einen Arm um mich. »Sie sollten sich nicht zu weit hinauslehnen. Es ist gefährlich.«

Die Gondel hing jetzt schief durch das zu große Gewicht auf einer Seite, und es war höher, als ich gedacht hatte. »Was ihr Vater tut, ist auch gefährlich«, sagte er ganz leise. »Er mischt sich in Dinge ein, die ihn nichts angehen. Vielleicht wäre es besser, Sie sagen ihm, dass er das lassen soll.«

In diesem Moment knackte etwas über uns, und ich zuckte zusammen und sah auf. Einer der Haken, an denen die Gondel hing, hatte sich gelöst.

Auch Hery sah hoch, und ich hörte ihn leise fluchen. »Keine Panik jetzt«, sagte er dann. »Ich kann hochklettern und das wieder festmachen. Bleiben Sie einfach ganz ruhig sitzen.«

Mir war schwindelig. Von unten war mir das Riesenrad winzig vorgekommen, doch jetzt war die Tiefe schier unendlich. Wenn ich fiel, dachte ich, war das mein Ende.

Hery rutschte langsam zurück zur anderen Seite der Gondel und zog mich mit sich, Zentimeter für Zentimeter, und die Gondel schaukelte, hing an einem seidenen Faden dort oben an der Welt wie das Leben an sich.

»Warum ist Ihr Vater zurückgekommen?«

»Um einen Freund wiederzusehen«, sagte ich. »Aber das ist doch jetzt egal, können Sie bitte den Haken …«

»Es ist gefährlich, gewisse Freunde wiederzusehen. Gewisse Freunde sind Feinde. Ihr Vater schwebt in ebenso großer Gefahr wie diese Gondel. Ich würde Sie ungerne seinetwegen weinen sehen.«

Damit ließ Hery mich los und schwang sich auf den Sitz neben mir, sodass die Gondel an ihrem einen Haken hin und her schaukelte, und ich schrie auf vor Schreck. Ich sah, wie er sich streckte, sah seine Muskeln unter dem Hemd spielen. Da war etwas Dunkles an ihm, und ich spürte wieder die Angst, die ihn umgab. Die Angst vor sich selbst. Er streckte die Hand nach dem falschen Haken aus, dem, der noch hielt. Einen Moment lang war ich sicher, dass er ihn lösen würde, dass wir hinabstürzen würden in die Tiefe.

Dann hielt er inne, streckte die Hand nach dem richtigen Haken und hakte die Gondel wieder ein. Im selben Moment ruckte das Rad an, und er verlor das Gleichgewicht. Er wäre gefallen, nach außen. Doch ich packte sein Polohemd und riss ihn in die Gondel, und er landete auf mir, unsere Gesichter Zentimeter voneinander entfernt.

»Danke!«, keuchte er. »Sie haben …«

»… Ihnen dramatisch das Leben gerettet«, flüsterte ich, während die Gondel sich weiter in die Tiefe bewegte. Ich fühlte mich zitterig. Sein Mund war ganz nah an meinem.

Dann waren wir unten.

Zwei besorgte Jungen prüften die Haken, ergingen sich in Entschuldigungen, aber Hery wischte alle ihre Worte weg, reichte mir die Hand und half mir aus der Gondel. In der bunten Menge blieb er einen Moment stehen, hielt meine Hand fest und sah mich an. »Es ist seltsam«, sagte er. »Die Tiefe ruft mich. Es war schon damals so, als ich auf dem Rad gearbeitet habe, als Junge. Sagen Sie Ihrem Vater, dass er sich in Acht nehmen soll vor seinen Freunden.«

Dann zog er mich an sich und küsste mich auf die Wange, ehe er in der Menge verschwand.

10

Vier Tage später war der Regenbogen geboren.

Sie hatten Tag und Nacht daran gearbeitet, nachts im Schein von Petroleumlampen, da der Strom im Moment oft ausfiel. Es war dunkel, als sie fertig waren, und sie vereinten ihre Hände zu einem Highfive, *omeo-dimy,* wie kleine Jungen, die mit ihrem selbst gewickelten Ball ein Tor zwischen zwei Steinen geschossen haben.

Sie hatten die beiden Chaostage des Flaschensammelns überlebt, in denen die halbe Stadt an Biscuits Tor zu kommen schien, die untere Hälfte. Terje hatte sie fotografisch festgehalten: den alten leprakranken Bettler, der zwischen seinen fingerlosen Händen eine violette Flasche hielt mit dem Aufdruck *Brombeere-Champagner – Ihre Entspannung nach einem langen Tag.* Der Halbverrückte, dessen wildes Haar steif war vor Dreck und Staub und der mit einem triumphierenden Lächeln eine grüne Flasche hochhielt: *Kiwi-Zimt-Spülung – special Wohlfühlfeeling.* Das Mädchen mit dem untergewichtigen Baby auf dem Rücken, das mit seinen kleinen Händen ein blaues Fläschchen umklammerte: *Reizfreies Shampoo – Das Einzige, was ihr Kind zu seinem Glück noch braucht.*

Inzwischen hatte Nora für Milchpulver gesorgt, aber Terje war dennoch nicht sicher, ob das Kind durchkommen würde.

Maribelles Näherinnen hatten an diesen beiden Tagen in Biscuits Hof zwischen den Rikschas für sie alle gekocht. Sie selbst war ab und zu vorbeigekommen, flüchtig wie ein Windhauch, hatte vom Rand dem Geschehen zugesehen, ihre Blicke zu Terje und auch zu Biscuit waren kurz gewesen, ängstlich fast, und sie sah zu oft auf die schmale goldene Armbanduhr an ihrem Handgelenk. Er hätte sie zu gerne gefragt, warum, wagte es aber nicht. Da war etwas, was ihm keiner sagte, etwas stimmte nicht.

Noras Kinder hatten geholfen, die Flaschen zu waschen, abends verschwanden sie zu ihrer Müllhalde.

Und jetzt, zu Beginn einer Nacht, in der der Mond nicht schien und ein später Zyklon sich in der Ferne ankündigte, in einer Nacht zwischen Sternenlicht und Windrauschen, war das Pousse also fertig.

Es war leichter als das alte, stromlinienförmiger, es war tatsächlich regenbogenfarben, und es war komplett wasserdicht.

Es gab keine Drähte mehr. Biscuit hatte um die Flaschen ein dünnes, fast unsichtbares Netz aus Raphiafasern geknüpft: Raphia, die Fasern jener meist irgendwie struppigen Palme, die manchmal die Straßenränder bevölkerte. Sonst knüpften die Madagassen Taschen und Matten und Hüte daraus.

»Seit wann kannst du knüpfen?«, fragte Terje und öffnete, zum ersten Mal seit drei Tagen, eine Flasche THB.

Er ließ sich auf den Sitz der Regenbogenrikscha fallen, und Biscuit fiel neben ihn.

»Es gibt fünf Dinge, die jeder Madagasse kann«, sagte er. »Hüte machen, hungern, lachen, warten, tanzen. Was können die Leute bei euch?«

Terje überlegte. »Termine einhalten. Sich beschweren. Sich Sorgen machen.« Er strich über die Flaschen. »Noch drei Tage. Dann fliegt es nach Europa. Ich habe darüber nachgedacht, wie Maribelle mit neunzehn wollte, dass ich ihr alles über Europa erzähle. Ist sie je dort gewesen?«

Biscuit schüttelte den Kopf.

»Maribelle«, begann Terje zögernd. »Sie ist … verheiratet.«

Jetzt, im Dunkeln, wo er Biscuit nicht wirklich sah, konnte er darüber sprechen, endlich.

»Ja.«

»Sie betritt ihren Garten durch die Hintertür.«

»Manchmal.«

»Und es wäre gelogen, zu sagen, dass ihr euch die letzten dreißig Jahre lang nicht gesehen habt.«

»Oh, niemand hat das behauptet.« Biscuit lachte kurz auf. »Ich bin einer ihrer Stammkunden, ich unterstütze ihre Frauen. Sie tut das alles für diese Frauen. Und weil sie schöne Dinge liebt. Sie selbst verdient nichts daran. Ab und zu gehe ich durch die gelbe Tür, um ein Hemd zu kaufen. Und wir reden, was man so redet. Über die Zyklone, die Trockenheit, Politik.« Er sprang auf. »Lass uns eine Runde drehen. Jetzt. Ohne Zuschauer.«

Terje nickte. Nora hatte ohnehin längst ohne ihn zu Abend gegessen, wahrscheinlich lag sie im Bett und schrieb Nachrichten an ihren Jan in Berlin.

Er hatte sie in den letzten Tagen nur ab und zu gesehen, aber sie schien beschäftigt, sie tat in Maribelles Werkstatt mit ein paar der Frauen etwas, was mit ihrem Parfum zu tun hatte, aber mehr verriet sie nicht.

Einmal war Terje zwischendurch ins Hotel gekommen, um etwas zu holen, da hatte sie mit dem weißen Kaninchen im Garten gesessen und Kaffee ohne Milch getrunken und ausgesehen wie fünfzehn und verliebt. Mit einem leicht geheimnisvollen Lächeln um die Mundwinkel. »Ich mache nur eine Pause«, hatte sie gesagt.

Er war einen Moment lang stehen geblieben und hatte sie angesehen. Nora. Seine Tochter. Und er hatte gelächelt.

»Komm«, sagte Biscuit.

Und dann schoben sie den Regenbogen hinaus auf die dunkle Straße, das Pousse besaß keine Lichter, aber Biscuit hatte eine Stirnlampe um die rote Klingel gebunden.

Sie holperten unbemerkt den Weg hinunter, der Regenbogen hatte seine Farben ausgeknipst und war nur ein Schatten der Nacht.

Der Wind strich ruhelos über die Reisfelder. »Zu viele Zyklone dieses Jahr«, sagte Biscuit. »An der Küste schwimmen wieder Hütten davon.«

Jetzt hatten sie die große Straße erreicht, von der aus man die Stadt auf ihrer Anhöhe liegen sah, nachts war sie ein schwarzer Klumpen, ein lauerndes Tier mit einem Bauch voller Geschichten.

Aber an der Straße stand jemand. Eine kleine Person in einem langen Mantel.

Biscuit hielt den unsichtbaren Regenbogen an.

»Maribelle. Was tust du hier? Nachts?«

»Ich steige in ein Pousse«, sagte Maribelle.

Terje sah ihr Gesicht nicht, es war zu dunkel, aber er spürte, dass sie zu Biscuit hinauflächelte. Er dachte an damals, wie sie geflirtet hatte, mit allen Tricks, wie sie hatte tanzen wollen, leben, alles auf einmal und vielleicht um jeden Preis. Jetzt war sie anders. In ihrem Lächeln schwang eine Traurigkeit mit, die Terje nicht begriff. Wenn er nur gewusst hätte, was geschehen war.

Er rückte ein Stück, half ihr hoch.

Biscuit schüttelte den Kopf. »In der Stadt heißt es, du fährst nicht mehr Cyclo-Pousse.«

»Dinge ändern sich«, sagte Maribelle. »Kreise schließen sich. Und ich fahre mit *diesem* Cyclo-Pousse.«

»Es ist Fady, bei Zyklon Pousse zu fahren«, sagte Terje.

»Der Zyklon ist noch nicht da«, sagte Maribelle sanft. »Und wir werden auch nicht fahren. Wir werden segeln. Voilà, das Segel.«

Damit zog sie ihren Mantel aus und reichte ihn Biscuit. Es war ein leichter, weicher Mantel, bestickt wie alles, was Maribelle besaß. Ein Zaubermantel wie aus einem Märchen.

Biscuit stieg ab und schüttelte ihn aus, er war größer, als Terje gedacht hatte. Er sah zu, wie Maribelle in ihre runde rote Handtasche griff und eine Rolle Seil aus Raphia herausholte.

»Du wolltest mit dem Papier-Pousse segeln. Versuch es noch einmal.«

Biscuit befestigte das Seil am Mantel und am Dach, dann drückte er Terje das Ende in die Hand. »Du hast gesagt, du kannst segeln?«

Dann wendete er das Pousse, und der Wind blähte das Segel, sie glitten von der Stadt weg, die Straße zwischen den Feldern entlang, sie glitten auf den Schwingen des Windes. Terje hielt den Atem an. Sie waren schneller, als je ein Pousse gewesen war, die Reifen schienen den Boden kaum noch zu berühren, Biscuits Kraft und die Kraft des langsam wachsenden Sturms verschmolzen.

»Ich habe es euch gesagt«, flüsterte Maribelle. »Wir fliegen. Es wurde Zeit.«

Und dann stand sie im Pousse auf, hielt ihr Gesicht in den Wind, ließ ihn ihr Haar zerwühlen, schloss die Augen und schrie. Es war ein Freudenschrei in der Nacht, der Jubelschrei eines Kindes, das in einer Seifenkiste sitzt, und die Melancholie war fort. Terje stimmte mit ein, sie rasten die Straße entlang und schrien, und dann ließ sie sich wieder neben ihn auf die Bank fallen und nahm seine Hand.

»Die dreißig Jahre sind nie vergangen«, sagte sie leise. »Wir sind immer noch jung.«

Er nickte.

»Sag mir nur eins. Warum hast du meine Briefe nie beantwortet?«

Er schnappte nach Luft. »Du hast mir geschrieben?«

»Ja. Aber irgendwann habe ich es aufgegeben.«

»Ich habe keinen einzigen Brief bekommen«, sagte Terje. »Vielleicht stimmte die Adresse nicht?«

Sie zuckte die Schultern. »Ich habe dir nicht sofort geschrieben, es war ungefähr drei Jahre nachdem du weggegangen warst.« Sie zögerte. Die Melancholie war zurück. »Damals«, flüsterte sie, »als alles am schlimmsten war.«

»Ich bin umgezogen, mit … meiner Frau. Aber die Post hätte nachgesendet werden müssen.«

»Vielleicht haben die Briefe Madagaskar nie verlassen«, wisperte Maribelle. »Vielleicht hat jemand dafür gesorgt.«

»Was war am schlimmsten?«, fragte Tejre. »Was ist passiert?«

Sie sah über das nächtliche Meer der Reisfelder. »Ich habe jemanden verloren. Ich wollte weg, weg von allem. Lange her. Wer einmal verloren ist, kann immerhin kein zweites Mal verloren gehen. Und vielleicht ist er hier. Wer weiß.«

Wer?, dachte Terje. Wer ist hier?

»Biscuit?«, rief Maribelle. »Geht es noch schneller?«

Und Biscuit jagte den unsichtbaren Regenbogen durch die Nacht.

Er würde die Weltmeisterschaft gewinnen, dachte Terje. Er würde im Triumph auf dem Regenbogen über deutsche Straßen fahren, Madagaskar wäre für Sekunden groß. Und die Prinzessin würde für ihn klatschen.

Aber dann hielt er außer Atem an. »Wir müssen umkehren. Wir müssen gegen den Wind zurück.«

»Müssen wir?«, fragte Maribelle. »Können wir nicht einfach immer weiterfahren, mit dem Wind im Rücken? Und irgendwann fallen wir von der Weltkugel und landen im All.«

Biscuit lächelte. »Das hättest du gesagt, als du fünf warst.«

»Die Zeit läuft heute Nacht rückwärts«, flüsterte Maribelle. »Vorhin kam ich mir vor wie neunzehn, jetzt bin ich fünf.«

»Dann sollten wir zusehen, dass wir Antsirabé erreichen, ehe du dich wieder im Bauch deiner Mutter befindest«, sagte Biscuit ernst.

Er wendete das Pousse, und der Sturm ließ das Segel knattern. Terje holte es dicht.

»Kreuzen!«, rief er. »Wir müssen kreuzen! Hin und her, Biscuit, nicht geradeaus gegen den Wind!«

So wurden sie das erste Cyclo-Pousse, das kreuzte wie eine Jacht, bei jeder Wende schlug das Segel über ihren Köpfen um, und sie duckten sich, und Maribelles Haar war nie so durcheinander gewesen. Das Pousse schwankte, legte sich auf die Seite, als sei es zum Boot geworden, balancierte auf einem Rad. Biscuit hatte Mühe, es zu lenken.

Der Zyklon war da. Sie sausten in langen Diagonalen von Straßenseite zu Straßenseite, und dann setzte der Regen ein, peitschte ihnen ins Gesicht, und Maribelle lachte. Terje versuchte, keine Angst zu haben. Sie würden stürzen, dachte er.

Doch sie stürzten nicht. Und endlich erhob sich der Stadthügel steil vor ihnen, und Biscuit hielt an. Plastikplanen, Tüten, Pappe, Äste flogen an ihnen vorbei, Wäsche segelte durch die Luft. Es war, als wollte die ganze Stadt sich erheben und fortfliegen.

»Ich würde dich nach Hause bringen, aber ich komme diesen Berg nicht rauf, nicht gegen den Sturm!«, rief Biscuit.

»Ich laufe!«, rief Maribelle zurück.

Sie kletterte aus dem Regenbogen, und er sprang vom Sattel. Einen Moment lang standen sie sich gegenüber, mitten im Chaos, Biscuit nahm ihre Hände in seine, und da war ein Leuchten um sie.

»Noch etwas!«, rief Maribelle. »Jemand hat das Grab meiner Mutter aufgebrochen! Sie muss neu beerdigt werden. Es ist nicht die Jahreszeit für eine *famadihana,* aber wir haben eine Sondererlaubnis. Kommt ihr?«

Terje schluckte. *Famadihana,* die Totenumbettung. Warum erzählte sie ausgerechnet das jetzt, mitten im Sturm?

»Es ist vielleicht ganz gut, dass wir das tun müssen!«, rief sie. »Es geht meinem Vater schlecht, und der *ombiasy* sagt, einer der Familie hat ein Fady übertreten und die Ahnen rächen sich. Ich kann mir nicht vorstellen, dass sich meine Mutter an irgendwem rächt. Aber durch die *famadihana* hat mein Vater eine Chance, mit ihr zu sprechen. Und ich glaube, sie freut sich, mal wieder unter Leute zu kommen!« Maribelle lachte.

»Vielleicht will sie uns ja etwas sagen, ehe dieser Regenbogen nach Europa fliegt!«

Damit löste sie sich von Biscuit und ging den Hügel hinauf, durch den Regen, den Sturm, die Wirbel aus Müll und Staub, hinein ins Durcheinander der sich auflösenden Stadt.

Alles kommt zu einem Ende, dachte Terje.

Nur noch ein paar Tage, dann war er siebzig.

11

F*amadihana*, die Umbettung der Toten.
Streng verboten zur Regenzeit.

Die Familie musste wahnsinnig gute Beziehungen nach oben haben.

Wer hatte das Grab geöffnet? Hatte jemand versucht, Knochen zu stehlen? Es kam immer wieder vor: Knochen für magische Rituale, für Heilpulver, Beschwörungen und Verwünschungen.

Aber dann sah Terje den Mann mit den traurigen Augen, er ging der Prozession voran, gebückt, auf einen Stock gestützt. Das Alter hatte sein Rückgrat gebrochen wie vor langer Zeit sein Herz.

Und Terje dachte: Er war es. Er hat das Grab selbst aufgebrochen. Er brauchte einen Grund, um die Frau, die er so geliebt hat, noch einmal zu sehen.

»Mariella«, hörte Terje ihn flüstern, er stand ganz nah bei ihm in der dichten Menge am Familiengrab: einem kleinen tempelartigen Haus, einem Mausoleum. »Mariella.«

Mit einem Ruck erinnerte Terje sich daran, dass sie einen eigenen Namen besessen hatte. Fast denselben wie ihre Tochter.

Biscuit legte einen Arm auf Terjes Arm. Sie öffneten jetzt das Grab, schoben eine Steinplatte beiseite. Die Menge wich zurück, raunte, flüsterte, der *ombiasy*, der Priester, hob die Hand. *»Mangina!«* Still! Dann betrat er das Grab, zusammen mit dem Mann mit den traurigen Augen, und als sie wieder ans Licht traten, trugen sie ein längliches Paket, umwickelt mit weißen Tüchern, vergilbt, zerfallend. Sie legten es auf die Erde, schlugen den brüchigen Stoff beiseite – und Terje, eingekeilt in der Menschenmenge der aus der ganzen Region eingeladenen Verwandten, reckte sich und sah – *sie*.

Zum ersten Mal seit fünfundfünfzig Jahren.

Er hatte nicht kommen wollen. Er hatte zu Biscuit gesagt, es sei Irrsinn, sie gehörten nicht zur Familie, man würde sie gar nicht hereinlassen. Aber Biscuit hatte gesagt: »Sie müssen uns nicht reinlassen, es findet draußen statt«, und: »Sie werden uns auch gar nicht bemerken, in der Menge. Maribelles Familie ist reich, es werden Hunderte von Verwandten und Bekannten da sein.« Dann hatte er Terje ernst angesehen. »Du hast Angst.«

Und Terje hatte genickt. Er hatte Angst gehabt, Angst davor, was geschehen würde, wenn er sie wiedersah. Die Frau, mit der alles begonnen hatte.

Er hätte wegsehen können, aber er reckte sich und sah hin.

Im Gegensatz zu den normalen *famadihanas,* bei denen nur neue um alte Tücher geschlungen wurden, hatten sie den Stoff zurückgeschlagen, um zu prüfen, ob Knochen fehlten.

Da lag sie, ausgestreckt auf dem Boden, zu Füßen all dieser Menschen, auf den Tüchern. *Mariella.*

Er hatte nie gedacht, dass sie so schön sein könnte.

Sie war reinweiß und ganz sauber, wie aus Porzellan, ihre geschwungenen Schlüsselbeine in vollendeter Form, ihre Wirbel kleine Kunstwerke, ihre schlanken Fingerknochen anmutig, als streckte sie sie im Schlaf nach ihm aus, mit einem leisen Lächeln: Da bist du ja. Ich habe so lange auf dich gewartet.

Der *ombiasy,* Maribelle und ein paar junge Männer knieten neben ihr und ordneten die Knochen. Keiner fehlte.

Terje schluckte. Dann drängte er sich durch die Menge nach vorn und kniete sich ebenfalls vor die Tücher. Auf einmal war es egal, was die Leute dachten.

Mariella.

Er berührte sie nicht, sah sie nur an, nahm alles in sich auf, jeden Zentimeter. Dies war die Hüfte, die ein Kind geboren hatte. Dies waren die Rippen, unter denen ein Herz gesessen hatte, das jetzt frei war, aus dem Knochenkäfig entschlüpft. Dies war der Schädel, in dem sich Gedanken voller Leichtigkeit befunden hatten. Waren darin Gedanken an ihn gewesen?

»Terje«, sagte Maribelle, und er sah auf: Da stand sie und hielt ein neues, frisches Tuch bereit. »Hilf mir, ja?«

Terje dachte, dass die Verwandten ihn dann doch bemerken würden, in der Menge, dass er nicht aktiv werden sollte, aber wie konnte er nicht helfen?

Sie legte das neue Tuch neben den Körper ihrer Mutter, und er nahm das Ende und zog es glatt. Maribelles Vater stand auf seinen Stock gestützt, sah zu ihnen herab, seine Augen trauriger denn je.

Maribelle nahm den Schädel ihrer Mutter vorsichtig in die Hände und platzierte ihn auf dem neuen Tuch, nahm dann die Schlüsselbeine, legte sie darunter und nickte Terje zu. Und er tat, was sie wollte. Berührte die Frau, auf die er so lange gewartet und die so lange auf ihn gewartet hatte.

Er nahm die Röhrenknochen ihrer Oberschenkel und bettete sie um, dann die Unterschenkelknochen, die Fußknochen, winzig, alle einzeln, er wusste, wie sie zusammengehörten, erinnerte sich an die Anatomiestunden seines Studiums. Nach und nach setzten sie das Puzzle zusammen auf dem neuen Stoff, sie arbeiteten schweigend, und alles, was Terje hörte, war sein Herz.

Als sie fertig waren, stand er auf und sah hinab.

Da lag Mariella auf dem großen weißen Tuch wie auf einem frisch bezogenen Doppelbett. Allein. Sie sah ein wenig einsam aus, aber auch ein wenig kokett, eine Hand angewinkelt, als wollte sie ihm bedeuten, sich zu ihr zu legen.

»Lange dauert es nicht mehr«, flüsterte er so leise, dass nur sie es hörte.

Maribelle schlug das Tuch wieder über die Knochen, wickelte ihre Mutter neu ein wie in einen Kokon. Wenn sie das nächste Mal hinausschlüpft, dachte Terje, wird sie etwas anderes sein. Ein neues Wesen, bunt und fröhlich, das die Flügel ausbreitet und davonfliegt.

Der *ombiasy* sprach Zauberworte, verspritzte Zauberwasser oder Zauberschnaps, und Terje musste sich ein Lachen verkneifen, denn er war sich sicher, dass all diese Rituale Mariella nicht im Geringsten interessierten. Und als der *ombiasy* die Hände ausbreitete und zu allen Ahnen der Familie sprach, um sie zu besänftigen, da fragte er sich, ob sie überhaupt zuhörte.

Er schloss die Augen und sah vor sich die lebende Mariella, die mit übergeschlagenen Beinen auf einer Mauer hinter der Menge saß und ihre Fingernägel lackierte, ein amüsiertes Lächeln auf dem Gesicht, und sie sah auf und fragte: »Können wir jetzt zum lustigen Teil der Feier kommen?«

Maribelle sagte seinen Namen wieder, und er öffnete die Augen und sah, dass Biscuit neben ihm stand. »Sie möchte, dass wir sie tragen«, sagte er ernst.

Terje sah, wie Maribelle ihrem Vater etwas ins Ohr flüsterte. Er wirkte nicht, als sei er einverstanden. Doch als seine Tochter ihm einen Kuss auf die Wange hauchte, nickte er ergeben. Und so hoben Terje und Biscuit das Tuch auf.

Dann setzte die ganze Prozession sich wieder in Gang. Terje sah nicht, wohin sie gingen, da waren zu viele Menschen um sie herum, er hielt beide Arme über den Kopf erhoben wie Biscuit.

»Sie soll alles sehen«, erklärte Maribelle neben ihm. »Die Menschen, die Stadt, die Berge. Schicksalsberge.«

Terje fragte sich, was sie meinte. Etwas war in diesen Bergen geschehen, wovon er nichts wusste.

Das Familiengrab befand sich außerhalb der Stadt auf einer Anhöhe. Der Untergrund wurde uneben, sie gingen nur noch auf einem schmalen Pfad. Terjes Arme schmerzten.

Dann sah er etwas in der Menge, das ihn überraschte. Er sah Hery. Hery im Anzug, ein offensichtlich geladener Gast.

Was tat er hier? Terje wollte Maribelle fragen, aber sie war nicht mehr neben ihm, sie stützte weiter hinten ihren Vater, und es war zu laut, um Biscuit etwas zuzurufen.

Dann sah Terje, wie der *ombiasy* Hery einen Arm auf die Schulter legte und mit ihm sprach, und beide verschwanden in der Menge, irgendwo an der Spitze der Prozession.

Der Schweiß stand Terje auf der Stirn und rann sein Gesicht hinab, seine Arme brachten ihn um. Er brauchte jemanden, der ihn ablöste. Er dachte an Nora, die irgendwo mit leeren Filzstiften experimentierte.

»*Azafady*, Entschuldigung«, sagte er zu einem Mann, der neben ihm ging, »könnten Sie …?«

Doch in diesem Moment wurde der Pfad noch schmaler, er führte an einem Hang hinab, links ging es in die Tiefe und rechts in die Höhe, und die Prozession verwandelte sich in einen Gänsemarsch. Der Mann war jetzt hinter Terje und hatte ihn nicht gehört.

Die Prozession schlängelte sich in Mäandern den Hang hinab, unten winkten grüne Reisfelder, ein Vorortdorf zwischen Bäumen. Irgendwo dort kochte der Reis für das Festmahl zu Ehren der Toten, warteten Tische unter blühenden Ästen. Davor, am Fuß des Hügels, schwelte eine Müllkippe, aber was machte das schon.

Und dann traf etwas Terjes Arm, ganz plötzlich. Ein scharfer Schmerz jagte durch seinen Körper wie ein Stromschlag: Jemand hatte etwas nach ihm geworfen. Er sah den Hang hinauf. Tatsächlich, dort hockte ein kleines dreckiges Kind und hob gerade den nächsten Stein auf, ein paar andere Kinder standen um es herum und feixten. Niemand sonst schien sie bemerkt zu haben. Terje öffnete den Mund, um das Kind anzuschreien, da flog bereits der nächste Stein, diesmal ein größerer. Er traf Biscuit an der Stirn.

Er zuckte zusammen, taumelte auf dem schmalen Weg – und dann passierte das, was nicht passieren durfte.

Biscuit verlor das Gleichgewicht, und er ließ los. Ließ das Tuch los, den Kokon, und heraus rollten Teile des Inhalts, den steilen Hang hinunter: der Schädel, die Schlüsselbeine, ein Oberarmknochen. Ein paar Rippen.

Ein Aufschrei lief durch die Menge. Sie starrten den Knochen nach, die dort abwärtsfielen und sich überschlugen … Unten führte der nächste Mäander des Pfades entlang, aber der Pfad war zu schmal, würde die Knochen nicht aufhalten, sie würden unten im schwelenden Müll landen.

Es war eine Katastrophe.

Und dann hechtete jemand dort unten auf dem Pfad vorwärts, warf sich den Knochen in den Weg, fing den weißen Schädel, die Schlüsselbeine, die Rippen der schönsten Frau der Welt. Sah zum Rest der Prozession auf dem Hügel auf und lächelte.

Die Menschen klatschten, und Terje drehte sich um. Sah Maribelle und ihren Vater. Auch ihr Vater klatschte, er hatte ihr den Stock gegeben, ließ sich von ihr stützen und klatschte langsam mit zittrigen, erhobenen Händen.

Maribelle jedoch sah nicht den Retter an. Sie sah Biscuit an, der auf dem Weg kniete, erstarrt, und Biscuit sah sie an, eine Bitte um Entschuldigung in seinen Augen, die schmerzte.

Der dort unten, der Retter, war niemand anderer als Hery.

Und irgendwie bezweifelte Terje, dass es ein Zufall gewesen war, dass die Kinder aufgetaucht waren, um Steine zu werfen. Schmutzige, hungrige Kinder tun alles, wenn man sie bezahlt.

Der *ombiasy* legte Hery eine Hand auf die Schulter.

Terje war so wütend, dass es in ihm kochte. Dieser Mann hatte kein Recht, Mariella zu berühren. Aber es war, als lachte sie leise.

Endlich ist mal was los, hörte er sie in seinem Kopf flüstern, »eine Achterbahnfahrt den Hang hinunter, nur mit dem Kopf, das musst du mal ausprobieren«.

Sie begriff nicht, wie ernst die Situation war.

Denn jetzt drängte sich der Mann mit den traurigen Augen nach vorn, auf dem schmalen Pfad an den anderen vorbei, zu Terje und Biscuit und den Überresten seiner verstorbenen Frau hindurch.

»Es tut mir leid«, sagte Biscuit. »Es tut mir unendlich leid.«

»Jemand hat Steine geworfen«, sagte Terje. »Jemand …

»Ich will nichts hören«, sagte der Mann mit den traurigen Augen. Er hob den verzierten Gehstock und stieß den vor ihm knienden Biscuit damit in die Rippen. »Geh!«, zischte er. »Geh und lass dich nie wieder in meiner Nähe blicken. Meine Tochter hat dich eingeladen, und ich wollte ihr einen Gefallen tun. Es war ein Fehler. Du hast das Andenken meiner Frau geschändet. Es liegt nicht an uns, dich zu strafen, die Ahnen werden das erledigen. Geh.«

Biscuit nickte, kam auf die Beine, und Terje legte seinen Teil des Kokons vorsichtig auf den Boden. »Sie!«, sagte der Mann mit den traurigen Augen. »Ich weiß nicht, wer Sie sind, aber am besten gehen Sie auch. Wir brauchen hier keine Fremden. Gehen Sie zurück in die Welt, in die Sie gehören.«

»Papa«, sagte Maribelle. »Bitte!« Doch dann verstummte sie.

Terje nahm Biscuit am Arm und zog ihn mit sich fort. Oben auf dem Hügel blieben sie stehen und sahen hinab. Die Prozession hatte sich wieder in Gang gesetzt. Maribelle sah hinauf zu ihnen. Er konnte ihren Blick nicht deuten.

»Ich wollte das nicht«, sagte Biscuit leise. »Ich wollte sie nicht fallen lassen.« Er klang wie ein kleiner Junge, der Seifenkisten zieht und sich von den größeren verprügeln lässt. »Maribelles Vater und ich haben keine gute Geschichte miteinander.«

»Warum?«

Biscuit seufzte. »Weil ich beinahe seine einzige Tochter umgebracht hätte.«

»Was? Wieso? Und was tut Hery überhaupt hier?«

»Lass uns nicht darüber sprechen«, bat Biscuit. »Nicht jetzt.«

Und diesmal war er es, der Terje wegzog, zurück zur Stadt, die ihre Wunden vom Kampf mit dem Zyklon der letzten Nacht leckte. Vor dem Bahnhof waren zwei Platanen umgestürzt, Schindeln vom Dach des alten Hôtel des Thermes und Teile von zerstörten Bretterbuden lagen überall auf der Straße.

»Lass uns eine Runde mit dem Regenbogen fahren«, sagte Biscuit. »Ich frage mich, ob es einen Unterschied macht, wenn ich diese Weltmeisterschaft gewinne. Für Maribelle. Für ihren Vater.« Er lachte bitter. »Nichts, was ich tue, hat je einen Unterschied gemacht.«

Als Terje an diesem Nachmittag in Biscuits Regenbogen saß, in seiner Funktion als Trainingsgewicht, lag hinter ihnen auf dem Hügel eine Stadt, in der die Gerüchte schwelten: Der schnellste Pousse-Fahrer von Madagaskar hatte den Zorn der Ahnen auf sich geladen, und es war nicht absehbar, was das für Konsequenzen haben würde.

Terje griff in seine Tasche und holte einen kleinen Gegenstand heraus. Etwas Winziges, das er vom Boden aufgehoben hatte inmitten der Menge.

Es war weiß.

Ein kleiner Knochen. Der erste Halswirbel, der, auf dem der Schädel sitzt, Träger aller Gedanken, Träger der Welt: Atlas. Terje barg den Wirbel in der hohlen Hand, und es war, als hielte er eine ganze Person.

»Du wirst endlich wieder in einer Seifenkiste fahren«, flüsterte er ihr zu. »Die Menschen sind so ernst, viel zu ernst, auch Biscuit, du hast es selbst gesagt. Auch ich. Ich verspreche dir: Das wird die wildeste, rasanteste, unernsteste Seifenkistenfahrt aller Zeiten.«

Dann fiel ihm ein, dass nicht sie gesagt hatte, Biscuit sei zu ernst. Es war Maribelle gewesen.

Aber gab es überhaupt einen Unterschied zwischen ihnen?

Eine von ihnen hatte das Leben verlassen, als die andere damit begonnen hatte, vielleicht teilten sie eine Seele, hatten einander ersetzt.

Und er schloss die Augen und fiel in eine Erinnerung, vor der er sich dreißig Jahre lang gefürchtet hatte. Der Regenbogen flog die Straße entlang. Noch zwei Tage, bis er das Land verließ, und es war Zeit, sich zu erinnern. An jene Nacht.

Jene Nacht: eine Nacht mit einem Sichelmond hoch oben am schwarzen Himmel, eine Woche nach Weihnachten. Er hatte Heiligabend zusammen mit Biscuit in einem *hotely* am Straßenrand gefeiert, zwischen madagassischem Disco-Pop und THB, doch in jener Sichelmondnacht war er allein.

Silvester.

Aber Feuerwerk war für den Nationalfeiertag reserviert.

Irgendwo tanzten die Leute sich durch die Nacht, und um zwölf Uhr würden sie jubeln, tanzen, und jubeln kostet nichts. Er ging hinein, fand kein Bier mehr im Kühlschrank und holte zwei Gläser aus dem Schrank – die einzigen, die er besaß –, um mit Wasser und sich selbst anzustoßen. Vielleicht traf Biscuit sich mit der Prinzessin. Das Lächeln auf Terjes Gesicht spannte und schmerzte ein wenig.

Die Sache auf dem Berg lag ein paar Monate zurück, er hatte Maribelle danach nie mehr alleine getroffen, nur noch wenn Biscuit dabei war. Aber manchmal, ganz flüchtig, berührten sich ihre Hände, berührten sich ihre Blicke, und er sah die Sehnsucht in ihren Augen.

Erzähl mir von Europa.

»Terje?« Er fuhr zusammen und sah hinunter in die Gasse. Und da stand sie, als hätten seine Gedanken sie gerufen. »Kann ich raufkommen?«

Und dann war sie oben, außer Atem vom Treppensteigen, stand vor ihm, und er schloss rasch die Tür hinter ihr, die Nachbarn hatten hervorragende Ohren.

»Woher weißt du, wo ich wohne?«

»Soll ich wieder gehen?«

»Nein, nein«, sagte er. »Verdammt, ich hoffe, niemand hat dich gesehen, das gibt eine Menge Gerüchte. Weiß dein Vater, dass du hier bist?«

»Mein Vater? Was hast du getrunken?«, fragte sie und lachte.

»Wasser«, antwortete er. »Ich habe Wasser getrunken. Hier. Lass uns anstoßen. *Tratry ny taona.* Frohes neues Jahr.« Und er reichte ihr das zweite Glas.

Sie lachte wieder, ließ ihr Glas gegen seines klirren, trank. »Ein guter Jahrgang.«

Eine Weile standen sie nur da, ans Balkongeländer gelehnt, und er wusste nicht, sah sie ihn an oder sah sie hinaus zu den Bergen vor der Stadt.

»In deinem Deutschland schießen sie jetzt Raketen in den Himmel«, sagte sie.

Er seufzte. »Es ist nicht mein Deutschland. Keiner fragt dich, wo du geboren werden willst.«

»Es ist auch nicht mein Madagaskar. Wenn ich es mir hätte aussuchen können … Ich weiß nicht, was hältst du von Paris?«

»Oh, auf keinen Fall.« Er lachte. »Eine fürchterlich hektische Stadt. Alle arbeiten dauernd, und in den Vierteln, wo sie nicht alle dauernd nur arbeiten, sondern auch leben, zünden sie dir dein Auto auf dem Parkplatz an, wenn du Pech hast.«

»New York?«

»Um Gottes willen. Wolkenkratzer und Plastikessen. Gescheiterte amerikanische Träume.«

»Ach komm. Tokio? Heidelberg? Venedig? Amsterdam?«

»Tokio ist zu teuer, Heidelberg ist kitschig, Venedig ist vollgestopft mit Touristen und Amsterdam voller Jugendlicher, die so tun, als wären sie auf Droge.«

Sie lachte und hob ihr Glas. »*Santé.* Auf den schlimmsten Misanthropen aller Zeiten.« Und dann leerte sie ihr Glas in einem Zug, als wäre das Wasser Schnaps, und beugte sich zu ihm, ganz nah. »Wir könnten hinfahren«, flüsterte sie. »An all diese Orte. In den Filmen sind sie romantisch. Ich habe so viele Filme gesehen! So viele Bilder! So viele Bücher gelesen! Wir packen einen kleinen Koffer und fahren los. Wir könnten unter dem Eiffelturm spazieren gehen. Wir können in Venedig in einer Gondel sitzen, und der Gondoliere singt, oder ich singe. Alle Madagassen können singen. Bloß schade, dass die meisten trotzdem verhungern. Das hier ist doch kein Land, in dem man bleiben kann! Ich möchte das alles da draußen sehen, ich möchte mit dem Fahrstuhl auf den höchsten Wolkenkratzer von New York fahren, ich möchte in Japan das Kirschblütenfest feiern, ich möchte in einem deutschen Kaffee waldschwarze Kirschtote essen. Das alles.«

Er musste lachen. »Schwarzwälder Kirschtorte.«

»Von mir aus.« Sie tastete nach seiner Hand, hielt sie fest, und er erwiderte den Druck.

»Du hast recht«, wisperte er. »Man sollte die Welt sehen, wenn man jung ist. Pack deinen Koffer. Fahrt los. Zu zweit. Biscuit und du.«

»Biscuit?« Sie verschränkte ihre schlanken Finger in seine, und alles in ihm kribbelte.

»Er würde niemals mitkommen«, sagte Maribelle. »Biscuit unter dem Eiffelturm … an der Seine … in einem Restaurant … Kannst du dir das vorstellen? Er hat sein Leben lang andere Leute herumkutschiert, er ist hineingeboren in dieses *Dienen*. Ich will nicht, dass er es tut, aber er tut es, er könnte nie auf der Terrasse eines Restaurants Champagner bestellen oder tanzen, während andere Menschen irgendwo auf der Welt arbeiten. Besonders nicht, wenn ich es bezahlen würde. Er hat sich festgefressen in der Idee, ein Sklave zu sein. Eine sehr madagassische Krankheit.«

»Er würde tanzen«, sagte Terje fest. »Wenn du ihn ließest. Er würde mitkommen. Ich bin sicher.«

Er schluckte. Schluckte das Verlangen hinunter, das Gespräch einfach sein zu lassen, zu nehmen, was er geschenkt bekam. Endlich nicht mehr zu denken. »Er hat mich gefragt, ob ich mit ihm um die Welt fahre. Mit dem Rad. So wie ich damals um die Welt gefahren bin, als ich ihn kennengelernt habe. Damals, als du noch im Bauch deiner Mutter auf deine erste Seifenkistenfahrt gewartet hast.«

»Ja.« Er hörte ihr Lächeln. »Ich erinnere mich. An das Gefühl. Und, lach nicht, an deine Stimme. Als du mit ihr gesprochen hast. Ich habe gleich gedacht, dass ich deine Stimme kenne, als ich dich zum ersten Mal gesehen habe. Später, als Biscuit mir erzählt hat, wie du mit meiner Mutter gesprochen hast, war es klar.«

»Das ist unmöglich«, flüsterte Terje. »Niemand erinnert sich an Dinge von vor seiner Geburt.«

»Im Gegensatz zu Paris und Tokio und New York«, antwortete sie, »geschehen in diesem Land unmögliche Dinge.«

Sie goss im Dunkeln mehr Wasser in ihre Gläser, hob das ihre und ließ es abermals gegen seines stoßen. »*Cin cin!* Genau jetzt ist Mitternacht. Ein neues Jahr beginnt. Alles wird sich ändern.«

»Woher weißt du das? Dass Mitternacht ist? Dass sich etwas ändern wird?«

»Ich spüre es«, flüsterte sie. »Jemand wird in diesem neuen Jahr nach Europa fahren. Meine Mutter hat solche Dinge auch gespürt. So wie sie es gespürt hat, als ich auf die Welt kommen wollte, noch ehe ich gezeugt war.«

»Sie hat es mir erzählt, damals«, sagte er leise. »Sie hat es mir erzählt, als würde sie mich schon seit Ewigkeiten kennen.«

»Vielleicht wart ihr füreinander bestimmt. Ich denke, es war ein Versehen, dass sie gestorben ist. Sie hätte leben sollen. Und du hättest früher zurückkommen sollen. Irgendwer muss ein Fady übertreten haben, sodass die Dinge aus dem Gleichgewicht geraten sind. Es wäre eine wirklich große Liebesgeschichte geworden. Wie in den Filmen. Aber …« Sie zögerte.

Flüsterte, so nah, dass ihre Lippen sein Ohr streiften: »Wir sind in Madagaskar. Auch Liebesgeschichten lassen sich recyceln. Sie ist ich, und ich bin sie.«

Er widersprach nicht. Es hatte keinen Zweck. Er saß nur da, rührte sich nicht. Versuchte, seinen Körper davon zu überzeugen, dass er zu alt für sie war. Und dass sie zu jemand anderem gehörte.

Der Körper ließ sich nichts befehlen.

»Ich habe meine alte Nounou wiedergetroffen«, sagte Maribelles warmer Mund an seinem Ohr. »Sie hat gesagt, ich wäre alt genug, zu erfahren, woher ich komme. Als meine Mutter spürte, dass ich geboren werden wollte, als sie spürte, dass die Eizelle, die ich war, sich auf der Reise zu ihrem Uterus befand, zerplatzten über dem Bahnhofsvorplatz von Antsirabé Raketen zu tausend bunten Sternen. Es war der Nationalfeiertag, der Tag der Unabhängigkeit von den Franzosen. Oder, wie böse Zungen sagen: der Tag des Niedergangs unserer Wirtschaft. Meine Mutter stand im Garten zwischen blühenden Bäumen und spürte das Ziehen und Zerren in ihrem Bauch, den Aufruhr der Hormone, so hat sie es der Nounou später erzählt. Mariella wusste viel über all diese inneren Vorgänge, sie hatte einmal Ärztin werden wollen, sie hatte eine Menge Bücher gelesen, aber damals wurden Frauen in diesem Land keine Ärztinnen. An jenem Tag begriff sie, was diese Eizelle wollte, sie wollte befruchtet werden, sie brauchte das Sperma eines Mannes, und sie ist zu meinem Vater gegangen, der an seinem Schreibtisch saß und Listen schrieb für seinen wichtigen leitenden Posten in der Star-Brauerei. Sie stand hinter seinem Stuhl und legte die Arme um ihn, und er sagte ›Nicht jetzt‹ und schob sie weg, sanft, jedoch bestimmt. ›Später.‹ Sie war nicht traurig darum, denn sie hat ihn nie geliebt. Verstehst du, er war ein guter, verantwortungsvoller Mann, der bei ihrem Vater um ihre Hand angehalten hatte; ein Mann mit Geld, aber ohne Fantasie.

Also ging meine Mutter zurück in den Garten. Sie dachte an mich und daran, dass ich die Abenteurerin werden konnte, die sie nie hatte sein dürfen. Sie wusste, sie musste mir helfen. Da ist sie zum gardien gegangen, der in dieser Nacht Wache hatte, einem freundlichen jungen Mann, ungefähr genauso alt wie sie selbst, kräftig, still, mit sanften Augen. Er hatte nie etwas zu ihr gesagt, weil ihr Mann es nicht gerne sah, wenn die *gardiens* mit seiner Frau sprachen.

Er sprach auch jetzt nicht mit ihr. Sie fragte ihn, und er erschrak, doch er nickte. Wortlos. Und sie führte ihn zwischen der Dunkelheit und den Lichtblüten des Feuerwerks auf den Balkon, der weit weg lag vom Arbeitszimmer ihres Mannes. Und dort, auf dem Balkon im ersten Stock, zog sie ihren Rock aus und zeigte dem *gardien,* was er zu tun hatte. Er war ein sehr gewissenhafter Mensch. Er ist es immer noch, gießt jede Blume, vergisst keine. Genauso gewissenhaft hat er mich gezeugt. Über der Stadt donnerten die Feuerwerkskörper wie Kanonenschläge, und niemand hörte die beiden auf dem Balkon bei all dem Lärm. Niemand sah sie, und niemand hat je erfahren, dass ich nicht das Kind des Mannes mit den traurigen Augen bin, niemand bis auf die Nounou. Meine Mutter war klug genug, bei nächster Gelegenheit die Bettszene mit meinem Vater nachzuholen, um ihn in dem Glauben zu lassen, er wäre mein Erzeuger. In jener Nacht, hat sie der Nounou erzählt, war sie sehr glücklich. Denn sie spürte, dass ich glücklich war. Darüber, dass ich leben würde. Noch lange nachdem der *gardien* gegangen war, saß sie auf dem Balkon und sah in den Sternenhimmel, in dem es kein Feuerwerk mehr gab, und lächelte, während mein Vater noch immer Listen schrieb.«

Sie fuhr mit den Händen über Terjes Gesicht, als versuchte sie, es im Dunkeln zu sehen, wie Blinde es tun.

»Und dann traf sie dich und wünschte, du wärst neun Monate vorher in ihrem Garten gewesen. Sie hat der Nounou das alles erzählt, als sie an ihrem Bett saß, im Krankenhaus, in den

Tagen nach meiner Geburt. Sie hatte hohes Fieber und wusste, dass es nicht besser werden würde. Deshalb hat sie mich der Nounou anvertraut. Sorge dafür, dass sie auf den Namen Maribelle getauft wird, hat sie zu ihr gesagt. Ich werde meinen Namen bald nicht mehr brauchen, man kann also seine Teile recyceln. Sie wird die Liebesgeschichte erleben, die ich hätte erleben sollen. Am Morgen darauf haben sie sie tot gefunden, der Tropf war eingetrocknet in ihrem Arm, es war ohnehin nur noch Wasser durchgelaufen, weil die Medikamente nicht geliefert worden waren in dieser Woche, und ich lag auf ihrer Brust und schlief.«

Terje spürte Maribelles Finger, die seine Lippen entlangstrichen, seine Augenbrauen, die das Haar aus seiner Stirn strichen.

»Als ich das gehört habe, habe ich beschlossen, heute Nacht zu dir zu kommen«, flüsterte sie. »Weil man Dinge tun muss, wenn man sie tun muss. Weil sich manches nicht aufschieben lässt.«

»Moment«, sagte Terje. »Du willst nicht … wie deine Mutter …?«

»O nein.« Sie lachte hell auf. »Ich bin alt genug, zwanzig, aber ich brauche kein Kind, und ich habe etwas dagegen in meiner Tasche, ich bin ein sehr vernünftiges, modernes Mädchen. Das ist es nicht. Es ist die Liebesgeschichte, die erlebt werden muss.«

»Du hast bereits eine Liebesgeschichte. Du hast Biscuit.«

Sie war so nah, dass er glaubte, ersticken zu müssen vor Anstrengung, seinen Körper zurückzuhalten. Sie nicht zu küssen. Sie nicht anzufassen. Ihr nicht zu sagen, was er fühlte.

Da sagte sie etwas Erstaunliches. Sie sagte: »Biscuit. Ja. Ich liebe ihn. Ich habe ihn immer geliebt. Seit meiner ersten Seifenkistenfahrt. Aber ich will nicht mit ihm nach Paris oder Tokio oder New York fahren. Für uns ist es … ein kälterer, kärgerer Ort. Vielleicht Nowosibirsk. Eines Tages werden wir dort die Spuren von Fahrradreifen im Schnee hinterlassen. Das Problem ist …«, sie flüsterte jetzt, kaum hörbar, »das Problem ist: Es kommt vor, dass jemand zwei Menschen liebt. Niemand fragt uns, in welchem Land wir geboren werden wollen, und niemand fragt uns, wen oder wie viele Menschen wir lieben wollen.«

Und dann brachen alle Dämme, oder Maribelle brach sie, mit ihren Händen, mit ihren Lippen, sie küsste ihn, sie öffnete seinen Mund mit ihrer Zunge, sie zog ihn von seinem Stuhl hoch, die Wassergläser fielen zu Boden und zerbrachen, sie zog Terje nach drinnen, ins stockfinstere Zimmer, fand tastend das schmale Bett, öffnete Knöpfe und Reißverschlüsse; sie war geschickt, sie war sich sicher, was sie wollte. Und er gab auf.

Es tut mir leid, Biscuit, war sein letzter zusammenhängender Gedanke. Es tut mir leid.

Und während in Deutschland die letzten Feuerwerkskörper in den Himmel stiegen, dieses klischeebelastete Symbol für Sex in Hollywoodfilmen, vergaß Terje sein Alter und seinen einzigen Freund und wer die Frau war, die ihn an sich zog, in sich hineinzog, er hatte kein Gewissen mehr, er war kein Mensch mehr, nur noch eine Idee.

Die Idee einer Liebe unter einem Platanenbaum, im flirrenden Sonnenlicht auf einer Bank, vor der kleine Jungen Seifenkisten hin und her schoben.

* * *

Stell dir vor, Terje war auf einer Totenumbettung. Einer *famadihana*.

Er ist eben zurückgekommen. Sie holen die Knochen aus dem Grab und wickeln sie in neue Tücher, sie tragen sie durch die Straßen und schlachten dann ein paar Zebus für ein Festessen. Ich war froh, dass ich nicht dabei sein musste. Ich bin besser darin geworden, Dinge auszuhalten wie Dreck und Gestank und Müllhalden, aber ich glaube, ich hätte Angst vor den Knochen gehabt.

Terje hat mir eben nur kurz Gute Nacht gesagt. Er sah erschöpft aus, und ich fragte ihn, ob er zu viel getrunken hätte. Er sagte, nur Wasser, und dass die Gläser kaputtgegangen und das vielleicht die Ahnen gewesen wären, und dann lachte er plötzlich und meinte, das sei nur eine Erinnerung, er wäre durcheinander, und es wäre Silvester, alles wäre kurz davor, sich zu verändern, und er wünschte mir ein frohes neues Jahr und ging zu Bett.

Ich mache mir Sorgen. Ist dies der Beginn einer Demenz? Das sagt man doch: dass die Leute dann nur noch in der Erinnerung leben.

Oder vielleicht ist es dieses seltsame, abschreckende, liebenswerte Land.

Recycling Land, hat Papa gesagt, sie recyceln hier alles, und es ist wahr, sie haben auch mich recycelt, ich bin etwas anderes, gemacht aus den Teilen meines alten Ichs. Glücklicher. Und trauriger.

Der Duft, den ich suche, scheint mit mir in Maribelles Garten Verstecken zu spielen, er lässt sich nicht finden, aber ich habe etwas *er*funden. Du wirst lachen: den Parfumstift.

Leere alte Filzstifte – auch so ein Zeug, das niemand zu irgendetwas gebrauchen kann, Milliarden von Filzstiften werden täglich weggeworfen. Die Stifte auszukochen dauert, aber es lohnt sich. Maribelle und die Näherinnen sind begeistert von meiner Idee: Du drückst hinten auf den Stift, und es kommt genau ein Tropfen Parfum heraus. Du steckst den Stift in die Hemdtasche oder die Handtasche, klemmst ihn wie einen Kugelschreiber an deinen Kragen. Jetzt arbeiten wir an Stoffhüllen mit Miniaturstickereien. Die vier Kinder, die mir folgen, warten nicht länger vor der Tür. Ich nehme sie mit hinein, und sie helfen uns.

Ich habe Jan Bilder geschickt, aber er hat nicht geantwortet. Und ich rede mir ein, dass es mir egal ist.

Denn da ist ein anderer Mann.

Du weißt, wer. Mein Retter, mein Held – und meine Bedrohung. Ein spannender Mensch, ein Mensch wie ein Vulkan, jederzeit bereit, auszubrechen. Unheil anzurichten. Manchmal wirkt er traurig, und er sagt, ich bin die Einzige, die diese Traurigkeit fortzaubern kann.

Vorgestern hat er mich zum ersten Mal geküsst. In seinem Auto.

Der Chauffeur hat weggesehen.

Aber Beziehungen sind eine komische Sache.

Heute, ehe ich ins Hotel kam, bin ich Zeuge einer seltsamen Szene geworden.

Ich war die Letzte in der Werkstatt, und ich wollte Maribelle noch etwas fragen, also bin ich durch den dunklen Garten zur Villa gegangen. In einem Zimmer unten brannte noch Licht, das Fenster stand offen, ein moskitovergittertes Fenster, und ich dachte, ich spreche rasch durch das Fenster mit ihr.

Ich sah hinein, und sie saß an einem Schreibtisch und las im warmen Schein einer keinen Lampe in einem Buch. Sie trug ein weißes Nachthemd und sah so hübsch aus. Das ganze Zimmer war behaglich, voller Bücher, voller kleiner gerahmter Landschaftsbilder, nicht so kalt wie das Haus. An der Wand stand ein schmales Einzelbett.

Ich wollte Maribelles Namen rufen, doch da hörte ich Schritte vom Flur her. Maribelle sah von ihrem Buch auf und löschte das Licht. Einen Moment saß sie im Stockdunklen, ich sah sie nur schemenhaft im Licht der Laternen, die draußen im Garten in den Beeten stecken.

Dann hatten sich meine Augen an die Dunkelheit gewöhnt, und ich sah, wie jemand das Zimmer betrat. Er war mit zwei Schritten bei ihr am Schreibtisch, ihr Mann, dachte ich. Die Nacht verschluckte sein Gesicht. Keiner der beiden sprach.

Und die Behaglichkeit des Raums war fort, er wirkte jetzt dunkel und kalt.

Der Mann beugte sich über Maribelle, zog ihr Nachthemd von hinten hoch, und dann presste er sie an sich, hielt sie fest, er war wie ein Tier und gleichzeitig wie jemand, der rasch und effizient etwas tut, das getan werden muss. Ich hörte ihn schwer atmen, nur ihn, von ihr hörte ich nichts, als sei sie überhaupt nicht da. Ich wagte nicht wegzulaufen, weil sie mich vielleicht gehört hätten, und so stand ich da wie ein Voyeur, grub meine Fingernägel in die Handflächen, bis es wehtat.

Dann war alles vorbei. Der Mann ließ Maribelle los und ging rückwärts, beinahe vorsichtig, als fürchtete er, dass sie aus ihrer Stille erwachen und ihn umbringen würde. Dann drehte er sich um, riss die Tür wieder auf und war fort. Und Maribelle ging im Dunkeln hinüber in ein anderes Zimmer. Ich hörte Wasser laufen. Schließlich kam sie zurück und legte sich ins Bett. Sie tat das alles sehr sachlich, der ganze Akt hatte Routine. Ich verließ den Garten. Ich hatte vergessen, was ich hatte fragen wollen.

Ich werde nie mehr zu der grauen Villa gehen. Das Leben dort ist nichts, wovon ich mehr wissen möchte; eine Mischung aus Routine und Gewalt, und ich wünschte, ich könnte Maribelle da rausholen. Aber ich habe Angst. Seit Langem zum ersten Mal wieder. Ich muss endlich den Duft finden, der dagegen hilft.

12

Terje lag lange wach in jener Nacht, die nicht mehr Silvester war, sondern eine Mainacht im Jahr 2019, und dachte an damals.

Daran, wie er in seinem schmalen Bett aufgewacht und Maribelle nicht mehr da gewesen war. Er war mit ihr im Arm eingeschlafen, und es war schöner gewesen als irgendetwas je zuvor.

Sie musste gegangen sein, während er geschlafen hatte, musste zu Hause wieder über die Mauer geklettert sein. Eine Weile lag er noch so da, atmete ihren Duft ein. Dann zwang er sich, aufzustehen. Er wusch sich im Hof am Wassereimer, putzte seine Zähne, rasierte sich.

Und ging in die Stadt, um ein Flugticket zu kaufen.

Am Nachmittag telefonierte er mit allen Teilnehmern seines Projekts in den Bergen. Er sagte ihnen, er hätte persönliche Gründe. Sie glaubten, jemand in Europa wäre gestorben.

Er machte letzte Besorgungen. Er war sehr glücklich, den ganzen Tag über; das, wonach er sich gesehnt hatte, hatte sich endlich erfüllt, nach so vielen Jahren, und zugleich fraß ein unbeschreiblicher Schmerz ihn von innen auf.

Er traf Biscuit und trank ein Bier mit ihm. Ein letztes.

»Ich werde eine Weile nicht da sein können«, sagte er. »Aber wir sehen uns.«

»Wir sehen uns«, sagte Biscuit, und vermutlich glaubte er, Terje würde länger in die Berge fahren für das Projekt.

Terje löste sein Bankkonto auf, kündigte die Wohnung und stellte die wenigen Einrichtungsgegenstände, die er besessen hatte, auf die Straße. Zwei Tage später stieg er in ein Flugzeug, das ihn nach Frankfurt brachte.

»Fahren Sie nach Hause?«, fragte der Mann, der im Flieger neben ihm saß.

Terje wusste nicht, ob die Antwort Ja oder Nein lautet. »Ich fliehe«, sagte er.

Der Mann lachte. Er war ein Madagasse, natürlich lachte er. »Wovor?«

»Vor einer Frau«, sagte Terje. *Vor der Liebe meines Lebens.* Das sagte er nicht. Solche Dinge stehen nur in Groschenromanen.

Er sah aus dem Fenster, sah die trockenen, entwaldeten Hügel des Landes unter sich verschwinden, den noch grünen Küstenstreifen, und dann war da nichts mehr als der Ozean.

Er würde nicht wiederkommen. Es gab nur diesen einen Weg, dachte er, den einzigen Freund, den er hatte, zu retten. Er musste von der Bildfläche verschwinden.

Einen Monat später heiratete Terje Martina Schulze aus der Inneren 3. Sie hatte fünf Jahre lang auf ihn gewartet. Sie war glücklich. Und er sagte sich, dass er lernen würde, auch glücklich zu sein. Sie zu lieben. Neun Monate später wurde ihre Tochter geboren, Nora, unter sehr hygienischen Umständen in einer Klinik in Berlin. Niemand dachte daran, einen *ombiasy* nach dem günstigsten Tag für die Geburt zu fragen oder die Ahnen zu beschwören, und Terje musste keine Fadys erfinden, damit der Arzt die Einmalhandschuhe nur einmal benutzte.

Er stand mit seiner Tochter im Arm am Krankenhausfenster und sah hinaus und merkte, dass er versuchte, hinter den Horizont zu sehen, um die Erdkugel herum, bis in ein Land weit weg.

Und spürte ein Ziehen in sich, ein Sehnen.

Dann kehrte er dem Fenster den Rücken und beschloss, das Land zu vergessen.

»Noch zwei Tage«, sagte Terje am nächsten Morgen beim Frühstück. Nora fütterte das weiße Kaninchen, das etwas rundlich geworden war. »Hast du deinen Duft gefunden?«

Sie schüttelte den Kopf und trank einen Schluck schwarzen Kaffee. »Hast du alle Stücke der Vergangenheit gefunden?« Ihr Blick war forschend. »Die suchst du doch, oder nicht?«

Terje lächelte. »Weißt du, früher hättest du das nicht einmal gemerkt. Und wenn, hätte es dich nicht interessiert. Du hast dich verändert.«

»Möglich«, sagte Nora.

Terje seufzte. »Und du hast recht mit der Vergangenheit. Ich fürchte, heute ist der Tag, an dem ich das letzte fehlende Stück finden muss.«

»Dann ist es wohl auch der Tag, an dem ich das Parfum finden muss«, sagte Nora. »Ich meine, ich habe ein perfektes Gefäß, aber keinen Duft.«

»Du fängst an, zu sein wie die Madagassen.« Terje lachte. »Damals im Sozialismus haben sie eine Menge perfekte Schulen gebaut, nur gab es keine Lehrer. Sie haben die perfekte Demokratie – ohne Demokraten. Sie haben die perfekte Unabhängigkeit von Frankreich, nur ohne unabhängige Menschen. Sie haben einen perfekten Urwald ohne Bäume.«

»Warum bist du heute Morgen so melancholisch?«

»Ich weiß nicht.« Er schob seinen Stuhl zurück und stand auf. »Wenn Liebe recycelbar ist, vielleicht bist du es, die die perfekte Liebesgeschichte erleben muss, nicht ich. Finde deinen Duft. Und alles andere.«

Dann ging er, und als er sich noch einmal umdrehte, sah sie ihm mit einem Kopfschütteln nach. Selbst das Kaninchen auf ihrem Schoß schien den Kopf zu schütteln.

Biscuit war dabei, das Pousse für den Flug zu zerlegen.

Er stand mitten im Hof und hüllte die Einzelteile des Regenbogens in Luftpolsterfolie, Reifen, Sitze, Lenker.

»Terje«, sagte er und wischte sich den Schweiß von der Stirn. »Ich wünschte, der Regenbogen hätte ganz bleiben und Schiff fahren können, aber das dauert fünf Monate. Ich werde es in Deutschland wieder zusammenbauen.«

»Wer zahlt den Flug?«, fragte Terje und setzte sich neben ihn. »Die Sondergenehmigungen? All das?«

»Der Verein«, antwortete Biscuit. »Es stehen mächtige Leute dahinter. Leute, die wollen, dass Madagaskar gewinnt. Leute, denen ich ein- oder zweimal die Hand geschüttelt habe und die ich nicht kennen möchte.« Er wickelte noch ein Stück Klebeband um eines der Pakete. »Aber wir haben es nach all den Jahren geschafft, Cyclo-Pousse-Fahren zu einer ernst zu nehmenden Sportart zu machen. Die sozialen Medien sind voll von Berichten über die Weltmeisterschaft. Der Verein hat eine eigene Facebook-Seite. Und selbst die Deutschen sind ganz offenbar aufgeregt, sie fiebern dem Event entgegen. Etwas so Exotisches wie eine Radrikscha-Weltmeisterschaft haben sie selten. Die Inder sind gut, glaube ich, vor den Indern muss man sich in Acht nehmen, auch die Indonesier sind nicht ohne. Kannst du hier mal halten? Da muss mehr Klebeband drum.«

»Aber wetten«, sagte Terje, »ein zu hundert Prozent recyceltes Pousse hat keiner von ihnen.«

»Nein.« Biscuit lächelte und klopfte auf das andere, das alte grüne Pousse, dessen Vorderteil Terjes Rad gewesen war. »Sieh mich nicht so an, du bleibst schön hier.«

»Es hat eine leichte Acht, hinten links«, meinte Terje.

Biscuit nickte. »Ich weiß. Das Rad lässt sich nicht mehr ganz gerade biegen seit dem Unfall.« Er fuhr sich mit der flachen Hand über den Kopf, über die lange Narbe dort.

»Dem Unfall«, wiederholte Terje und setzte sich auf einen Stapel Ersatzreifen. »Biscuit, was ist geschehen, nachdem ich weg war? Zwischen Maribelle und dir? Ich bin gegangen, damit ihr zusammen sein könnt. Warum hast du sie nicht geheiratet?«

»Du bist deshalb …?«

»Natürlich. Dummkopf. Es war nicht leicht.«

Biscuit schwieg lange. Schließlich sagte er: »Sie hat das gesagt, aber ich habe es nicht geglaubt. Ich habe damals so sehr gehofft, du würdest zurückkommen … bald. Ich fühlte mich leer und sehr allein, und wenn ich mit deiner roten Klingel meine Kunden herbeiklingelte, wurde mein Herz schwer. Da saß ich, der schnellste Cyclo-Pousse-Fahrer von Antsirabé, und was hatte ich davon? Ich hatte meinen einzigen Freund verloren und verstand nicht, wieso.« Er holte tief Luft. »Dann kam Maribelle zu mir.«

Sie tauchte einfach auf, setzte sich in sein Pousse und sagte: »Fahr mit mir raus in die Berge«, und Biscuit nickte.

Er sehnte sich danach, nicht länger allein zu sein. Er hatte Maribelle seit drei Wochen nicht gesehen.

»Weißt du, wo Terje ist?«, fragte er, als sie die Stadt verließen.

»Ich nehme an, in Deutschland«, erwiderte Maribelle und schlang eines ihrer bestickten Tücher um ihren Kopf. »Es muss nicht gleich jeder wissen, dass ich hier bin. Offiziell kaufe ich mit einer Freundin Schuhe auf dem Antsena Kely. Ich habe meinem Vater gesagt, wir sind bei Sonnenuntergang zurück.«

»Aber wenn wir in die Berge fahren, das dauert!«, sagte Biscuit besorgt. »Wir werden erst lange nach Sonnenuntergang zurück sein, es ist jetzt schon Nachmittag.«

»Ich weiß«, sagte Maribelle. »Er wird nicht sofort die Polizei rufen, er mag die Polizei nicht. Das gibt uns ein wenig Zeit.«

Biscuit nickte, er konnte nichts mehr sagen, weil die Straße zu steil war, er keuchte und trat in die Pedale, und schließlich, endlich, waren sie oben auf dem ersten Hügel und sahen über das Land: grüne Reisfelder und roter Staub.

Maribelle hielt eine Hand in die Luft. »Der Wind dreht«, sagte sie, »und er wird stärker. Wir bekommen schon wieder einen Zyklon. Es sind ungewöhnlich viele in der Nachsaison dieses Jahr.« Sie sah ihm in die Augen. »Die Welt gerät aus den Fugen«, wisperte sie. »Fahr weiter.«

Und er fuhr, bog ab, als sie ihn darum bat, auf schmalere Wege, die nicht für ein Pousse gemacht waren.

»Was meinst du«, fragte die Prinzessin, »wann wir in dem Land sind, in dem es nur Schnee gibt?«

»Wir müssten fliegen«, sagte Biscuit. »Sonst wird es schwer.«

»Noch ein Stück nach da drüben, über das Gras. Halt hier an«, bat sie.

Und er hielt.

Vor ihnen fiel der Berg ab, sie sahen die Stadt in der Ferne, sahen den Himmel in Abendfarben zerlaufen. Der nahende Zyklon zerriss sie zu Bändern, malte Regenstreifen über den Horizont.

»Komm zu mir«, flüsterte sie. Er hakte die Bremse ein, stieg vom Sattel und kletterte zu der Prinzessin ins Pousse. Erste Windstöße fegten über das Gras und die vereinzelten Kiefern, warfen mit Plastiktüten und Papierfetzen.

»Terje ist meinetwegen gegangen«, sagte Maribelle leise. »Ich bin ihm zu nahe gekommen. Oder Madagaskar ist ihm zu nahe gekommen.«

»Und ich?«, murmelte Biscuit. »Bedeutet unsere Freundschaft ihm nichts?«

»Sie bedeutet ihm alles. Er hat gesagt, wenn ich um die Welt reisen will, soll ich es mit dir tun. Stell dir vor. Champagner in Paris. Eine Gondel in Venedig. Würdest du mit mir in Amsterdam an einer Gracht spazieren gehen und Haschisch rauchen?«

»Ich kenne keinen dieser Orte«, sagte Biscuit ehrlich. »Aber wenn du willst, tue ich es.«

Sie lachte. Traurig. »Mein Gott, du tust immer alles, was ich will. Willst du nicht *einmal* auch etwas Eigenes?«

»Doch«, sagte er und holte tief Luft. »Dich.«

Er spürte, wie seine Wangen glühten, als läge er im Malariafieber, spürte, wie das Herz gegen seinen Brustkorb hämmerte. Sie sah ihn an, mit einem kleinen amüsierten Lächeln, und nahm sein Gesicht zwischen ihre Hände, um ihn anzusehen. Windstöße fuhren durch ihr Haar, verwirbelten die kurzen Locken.

»Wenn wir uns küssen würden«, wisperte sie, »würde die Welt untergehen?«

»Natürlich«, erwiderte er. »Ein Sklave und eine Prinzessin. Das ist Fady, das geht nicht. Es ging vor tausend Jahren nicht, und es geht heute nicht.«

Die Luft knisterte, sie spürten es beide. Was sich so lange nicht erfüllt hatte, musste erfüllt werden. Endlich.

Maribelle lachte. »Es gibt eine Oper, da verliebt sich der Prinz in eine Sklavin. Aida. Die Oper wurde in Europa geschrieben, aber dreimal darfst du raten: *Sie* ist Afrikanerin.«

»Wie geht es aus?«

»Oh, sie werden lebendig begraben«, sagte sie leichthin. »Vergiss es. Lass die Welt untergehen. Lass uns alle Fadys brechen, die es gibt. Küss mich so lange, bis die Ahnengeister der ganzen Stadt in den Bergen auftauchen und vor Wut platzen. Terje wäre dafür.«

Der Wind zerrte an ihrem Schal.

»Der Zyklon«, flüsterte Biscuit »er ist schon ganz nah. Sollten wir nicht …?«

Aber da küsste er sie bereits.

Das Unmögliche war möglich.

Der Zyklon trieb Regenbänder von der Küste ins Land, am Strand weit fort knickten Bäume um, wurden Hütten abgedeckt, Land fortgespült, Fischerboote vom Meer verschluckt.

Dann war der Zyklon in den Bergen vor Antsirabé, und er riss und zog an dem grünen Cyclo-Pousse, das vor dem Abhang stand, schaukelte es hin und her, in einem seltsamen schneller werdenden Rhythmus, und Maribelle flüsterte: »Es ist in Ordnung, wenn ich nicht rechtzeitig nach Hause komme. Ich werde gar nicht nach Hause gehen. Ich verlasse die Stadt, Biscuit. Ich gehe weg. Heute Nacht. Nach Paris, Tokio, New York. Und irgendwann zu unserem Schneeland. Du kommst doch mit?«

»Überallhin«, wisperte er.

Dann küsste er sie wieder, sie waren so eng in einer so lange aufgeschobenen Umarmung versunken, dass er nicht mehr wusste, wo sein Körper aufhörte und wo der ihre begann, ihr Herzschlag war eins – und dann fauchte der Zyklon lauter und musste die Bremse der Rikscha gelöst haben, denn sie setzte sich in Bewegung. Fahrerlos. Zuerst, unbemerkt von den beiden, rollte sie nur langsam und leise abwärts, doch nach ein paar Metern wurde es steil, und sie gewann an Fahrt, raste in wilder Jagd den Hang hinab – Maribelle schrie, sie klammerten sich aneinander fest, und dann rasten sie über die Kante eines Abgrundes. Das Pousse überschlug sich mehrfach. Wir fliegen, dachte Biscuit. Sie hat recht: Man *kann* mit einem Cyclo Pousse fliegen.

Das war sein letzter Gedanke.

Danach war alles schwarz.

Biscuit erwachte in einer Halle voller Betten, ein Baby schrie, Schritte eilten vorbei, jemand klagte, jemand rief nach einem Arzt, ein Radio spielte. Es roch nach Desinfektionsmittel und Erbrochenem.

Er versuchte, den Kopf zu bewegen, aber ein dumpfer Schmerz brachte ihn von dem Vorhaben ab. Er hob einen Arm und tastete: Sein ganzer Kopf war in einen Verband gewickelt, nur Teile seines Gesichts hatten sie frei gelassen. Sein linkes Bein hing in einem Gips in einer über dem Bett befestigten Schlaufe. Er versuchte, sich wenigstens halb aufzusetzen, doch das war unmöglich, und er stöhnte und sank zurück aufs Bett.

»*Mora, mora*«, sagte jemand aus dem Nachbarbett. »Langsam, Junge. Du hast dich mit dem Cyclo-Pousse dreimal überschlagen, sagen sie.«

Biscuit drehte den Kopf diesmal in Zeitlupe und sah seinen Bettnachbarn an, einen kleinen älteren Mann mit großem Schnurrbart. Ein Karana, ein Inder. Einen von denen, die das Geld hatten in Madagaskar. Er hatte ebenfalls ein eingegipstes Bein und einen eingegipsten Arm.

»Ich habe mit meinen Kindern und dem Hund gespielt und bin die Treppe hinuntergefallen«, erklärte der Inder und lachte. Auf seinem Nachttisch stand ein riesiger Blumenstrauß, ein ganzer Garten in den buntesten Farben. »Den haben sie für mich gepflückt, meine Kinder und meine Frau. Mein Name ist Sharma.« Er streckte die gesunde Hand aus, um die von Biscuit zu schütteln. »Ich mache in Seide und Elektro.«

»Jean-Maurice Rakotomalalabalita«, sagte Biscuit.

»Oh, ich weiß, aber sie nennen dich Biscuit«, sagte der Karana und lachte wieder. »Der schnellste Pousse-Fahrer der Stadt. Was hast du mit dem Mädchen angestellt?«

»Ich weiß nicht«, murmelte Biscuit. »Ich erinnere mich nur verschwommen. Wir waren in den Bergen, sie wollte unbedingt dort hinauf, und der Zyklon hat uns eingeholt. Er hat das Pousse angeschoben. Ich muss vergessen haben, die Bremse anzuziehen. Ich weiß nur noch« – er flüsterte jetzt, vielleicht hörte nur er selbst seine Worte –, »dass ich glücklich war.« Dann holte er tief Luft, sammelte Mut, um die nächste Frage zu stellen.

»Was ist mit Maribelle?«

»Sie hatte erstaunliches Glück«, sagte der Karana. »Sie haben sie ins Krankenhaus gebracht und eine Weile unter Beobachtung gehalten, wegen der Kopfverletzungen, aber sie hatte nichts bis auf eine Menge blaue Flecken. Es ist ihr Verdienst, dass sie dich nicht da draußen haben verrecken lassen.«

»*Sie* bezahlt meine Behandlung?«

»Nein, sie hat kein eigenes Geld, und ihr Vater würde dich

lieber tot als lebendig sehen. Er ist der Meinung, du hättest beinahe seine einzige Tochter umgebracht.« Er kicherte, ein kichernder Zwerg mit Schnurrbart. Zum ersten Mal in seinem Leben wollte Biscuit sagen: Das ist nicht lustig. »Aber er zahlt für dich, dieser Vater. Sie hat ihn so lange bearbeitet, bis er zugestimmt hat. Und sie hat den Ärzten versichert, eines Tages wären sie froh, dass sie dich gerettet hätten. Eines Tages würdest du berühmt werden. Oh, sie hat für dich gekämpft. Sie muss dich sehr lieben. Sie haben dich zwei Mal am Schädel operiert, verdammt teuer, mein Junge.«

»Sie wissen eine Menge.«

»Wenn man hier so herumliegt, sammelt man Geschichten.« Der Schnurrbartzwerg sah ihn eine Weile nachdenklich an. »Es war eine Bedingung daran geknüpft, dass ihr Vater zahlt, damit die Ärzte dein Leben retten.«

»Welche?«

»Sie darf dich nie wiedersehen«, sagte der Zwerg.

Und dann sagte lange keiner von ihnen etwas. Der Mann reichte Biscuit ein Taschentuch, obwohl er keins brauchte, seine Augen waren tränenleer, er fühlte sich ausgetrocknet wie die rotbraunen Felder in der Hungerzeit.

»Da ist noch etwas.« Der Zwerg räusperte sich. »Vielleicht kann ich dir helfen. Meine Frau und meine Töchter haben dich lange angesehen, als sie hier waren. Und meine kleinste Tochter hat gesagt: Papa, ich bin einmal in seinem Cyclo-Pousse gefahren, und es war sooo schnell! Ich will wieder fahren. Hilf ihm.«

Biscuit räusperte sich. »Ich brauche Ihre Hilfe nicht.«

»Doch«, sagte der Karana. »Sie haben den Sack in deinem Cyclo-Pousse gefunden. Unter dem Sitz.«

»Den Sack?«, fragte Biscuit verwirrt.

Der Karana verengte die Augen. »Du weißt nichts davon?«

Biscuit schüttelte den Kopf, ganz vorsichtig. Es tat trotzdem weh.

»Ich glaube dir, Junge«, sagte der Karana. »Aber sonst wird dir niemand glauben.«

»Was war darin?«

»Schmuck. Schmuck im Wert von Millionen. Er gehörte der Mutter der Prinzessin. Jemand hat ihn gestohlen, um damit abzuhauen. Und der schnellste Cyclo-Pousse-Fahrer der Stadt war auf dem Weg aus der Stadt. Er war auf dem Weg, ein neues Leben zu beginnen, heißt es. Da brauchte er Startkapital. Er war dabei, eine Prinzessin zu entführen. Er war dabei, dem Mann mit den traurigen Augen alles zu nehmen, was er noch hatte.«

»Aber ich habe diesen Schmuck nie angefasst! Ich wusste nicht einmal, dass es ihn gibt! Ich …«

»*Mora, mora,* mein Junge, ruhig.« Der Karana zwirbelte seinen Schnurrbart. »Manches ist nicht zu ändern. Wenn sie dich hier zusammengeflickt haben, wirst du für eine Weile ins Gefängnis gehen. Eine Menge Leute sitzen im Gefängnis in diesem Land, ohne dass sie etwas getan haben. Nur die wirklich großen Verbrecher landen niemals dort. Du wirst jemanden brauchen, der dir Geld gibt, um da drin die Leute zu bestechen, damit sie dir das Leben nicht zur Hölle machen. Du wirst jemanden brauchen, der dir etwas zu essen bringt. Deine Prinzessin kann es nicht tun, sie haben einen Wachhund eingestellt, der dafür sorgt, dass sie nie mehr über die Mauer klettert. Einer meiner Bediensteten wird sich um dich kümmern, das musste ich meiner jüngsten Tochter versprechen. Es ist alles arrangiert. Du wirst im Gefängnis zu essen haben, und wenn du rauskommst, kannst du wieder der schnellste Cyclo-Pousse-Fahrer der Stadt sein.« Er griff auf seinen Nachttisch, tastete nach etwas und gab es Biscuit.

Es war die rote Klingel.

»Deine Prinzessin hat darauf bestanden, dass sie sie von dem Cyclo-Pousse abschrauben und herbringen«, sagte er. »Ich habe auf sie aufgepasst, solange du nicht bei Bewusstsein warst. Immerhin fast zwei Wochen.«

»Wo ist das Cyclo-Pousse? Kann man es reparieren?«

»Im Moment steht es in meinem Garten. Man kann alles reparieren.«

Biscuit schloss die Augen. Versuchte, all diese Informationen zu verarbeiten. Maribelle hatte den Schmuck ihrer Mutter gestohlen, um damit ein neues Leben anzufangen. Mit ihm.

»Sie haben einen Wachhund eingestellt?«, flüsterte er. »Damit sie nicht mehr über die Mauer klettert? Was für einen Wachhund?«

Der Karana kicherte wieder. »Manche sagen dazu auch Ehemann.« Aber dann hörte er auf zu kichern und wurde ernst. »Sie hat geheiratet. Vor zwei Tagen. Die halbe Stadt war eingeladen, sie haben fünfzehn Zebus geschlachtet. Ihr Vater hat das Angebot eines wohlhabenden, ehrbaren Mannes angenommen.«

Biscuit verbrachte drei Jahre im Gefängnis von Antsirabé.

Er aß, denn dafür sorgte der Karana, dessen Leute ihm etwas brachten. Er schlief, denn dafür sorgte der Karana, dessen Geld ihm eine Matte auf dem Boden sicherte. Er arbeitete mit den anderen auf den Baustellen, an die sie die Häftlinge vermieteten. Verwandelte sich erneut, diesmal in eine Maschine. Seine Hände bluteten von den Kanten der Steine, die sie schleppten, seine Füße bluteten von den Splittern der abenteuerlich zusammengezimmerten Baugerüste, aber er spürte es nicht. Alles in ihm war noch immer trocken, taub, gefühllos.

Die rote Klingel lag in dem Beutel, in dem er auch seine Wechselwäsche verwahrte und auf dem er nachts schlief. Manchmal holte er sie heraus und sah sie an. Und irgendwo tief verborgen in der Maschine, die er war, sah er Bilder aus seinen früheren Leben: die weiße Seifenkiste, die Holzgriffe einer Laufrikscha in seinen Händen, die weichen Nüstern der Zebus, mit denen er den Stall teilte, Rosen, die ein grünes

Fahrrad umwucherten, eine THB-Flasche auf einem wackeligen Tisch auf einem Balkon, das Glänzen des Sees in der Nacht.

Er war ein Motor gewesen und ein Zebu und ein Fahrrad und ein Mensch und nun eine Maschine. Er fragte sich, was er noch sein würde.

»Und dann?«, fragte Terje atemlos. Sie hatten das Cyclo-Pousse fertig verpackt. »Was hast du gemacht, als du rausgekommen bist?«

Er dachte daran, was er selbst getan hatte, während sein Freund im Gefängnis gesessen hatte: ein Kind bekommen, mit einer netten, hübschen Frau zusammengelebt, Krabbelgruppen besucht, in sauberen Krankenhauszimmern gearbeitet … zu viel gearbeitet, um nicht zu viel zu Hause zu sein. Weil es irgendwie doch nicht geklappt hatte, mit Martina und ihm, sie sahen es beide, sie waren zu verschieden, er lebte in einer Traumwelt, sagte sie, er war nie ganz in der Gegenwart. Warum joggte er nachts allein durch die Stadt? Warum saß er stundenlang unter den Sternen?

Er bot ihr an, seine Sterne zu teilen, seine Nächte, seine Träume, aber sie wollte ins Bett, sie war müde, sie wollte perfekte Terminpläne und einen perfekten Haushalt und den perfekten Kindergarten für Nora finden, Wartelisten ausfüllen, an ihrem Aufstieg in der Hierarchie der Klinik arbeiten. Er liebte seine Tochter, aber alles, was er mit ihr tat, schien falsch zu sein. Sie war wie ihre Mutter, von Anfang an.

In dem Jahr, in dem Biscuit aus dem Gefängnis entlassen worden war, hatten Martina und er sich getrennt.

»Ich bin durch die Tür des Gefängnisses getreten«, sagte Biscuit, »und ich wusste, ich muss meine kalten, leblosen Maschinenteile zurückverwandeln in Fleisch und Blut. Es tat weh. Ich habe mich gezwungen. Und dann bin ich zu Madame le Riz gegangen und habe sie gefragt, wo Maribelle jetzt wohnt.

Madame le Riz hat mich lange angesehen und den Kopf geschüttelt, aber sie hat mir die Adresse gesagt, und dann habe ich am Tor geklopft. Der *gardien* hat erst nach einer Weile geöffnet, er muss ihrem Mann Bescheid gesagt haben, denn er stand schon hinter dem Tor. Breitbeinig, mit verschränkten Armen und sah auf mich herab. Obwohl er nicht größer ist als ich.«

»Wo ist sie?«, fragte ich. »Wo ist Maribelle?«

»Ich glaube nicht, dass dich das etwas angeht«, sagte er. »Was bist du, hm?«

»Der schnellste Cyclo-Pousse-Fahrer der Stadt«, sagte ich, obwohl ich nicht wusste, ob das noch stimmte.

»Ein Sklave, der andere herumkutschiert«, sagte Maribelles Mann. »Du hast mit meiner Frau nichts zu schaffen. Ich habe ihr ein Schloss gebaut, ein modernes Schloss für eine moderne Frau in einer modernen Welt, sie hat, was sie braucht, und sie will dich nicht sehen. Du bist das Madagaskar, dass es bald nicht mehr geben wird. Ein Relikt. Wir haben ein Auto.«

Hinter ihm, im Garten mit den hohen Palmen, lachte ein kleines Kind, hell und froh.

»Sie spielt mit ihrem Sohn«, sagte der Mann. »Du hörst es ja.«

Da richtete ich mich auf, stand so gerade, wie ich konnte, und sah den Mann an, und er konnte nicht mehr auf mich herabsehen.

»Cyclo-Pousse-Fahren ist keine Sklavenarbeit. Es ist ein Sport wie Tennis oder Fußball oder Golf, ein Sport, in dem es eine Weltmeisterschaft zu gewinnen gibt. Eines Tages wirst du es sehen.«

Er hat gelacht und die Tür vor meiner Nase zugeschlagen. Ja, und dann habe ich begonnen, das Cyclo-Pousse-Fahren zu einer ehrbaren Sportart zu machen. Es hat gedauert. Ich habe das Pousse im Garten des Karana abgeholt und ihm für alles gedankt. Ich fahre die Mitglieder seine Familie noch heute umsonst. Er hatte das Pousse reparieren lassen. Ein komischer, kichernder Zwerg und ein guter Mensch, er ist vor zwei Jahren gestorben, an einem Schlaganfall, aber glücklich. Ich habe damals wieder die richtigen Muskeln aufgebaut, habe trainiert, bis ich so gut war wie zuvor. Besser. Ich habe den ersten Verein der Cyclo-Pousse-Fahrer gegründet, die ersten Rennen organisiert. Die Leute waren begeistert, sie lieben Hahnenkämpfe und Rennen, alles, auf das sie wetten können. Ich habe Reisen ins Land gemacht, Vereine in anderen Orten in Madagaskar gegründet. Ein weltweites Netz aufgebaut. Es hat gedauert. Jahre. Jahrzehnte.«

»Und dann hast du mich angerufen.« Terje lächelte. »Da war alles schon dabei, zu wachsen. Du hast gesagt: Ich bin in Europa. Quasi bei dir um die Ecke.«

Biscuit nickte. »Holland. Du bist gekommen, und ich habe immerzu von meinem Sport geredet, in dieser Kneipe. Diese Stadt mit ihren tausend Fahrrädern! Diese Stadt, in der auch die reichen Leute Rad fahren! In der es keine Unterschiede gibt!«

»Es war ein merkwürdiger Abend«, sagte Terje. »Ehe wir anfangen konnten, über die wichtigen Dinge zu sprechen, kam dieser Reporter und hat dich abgeschleppt, du warst schon damals berühmt.«

»Nein.« Biscuit lachte. »Ich war ein Exotikum. Etwas, was die Zeitungen interessierte. Vielleicht bin ich immer noch nicht mehr für die Welt da draußen.«

»Was ist mit Maribelle? Du hast damals nichts über sie gesagt. Und ehe ich fragen konnte, warst du fort.«

Biscuit stieg über ein paar Hühner und lehnte sich gegen einen Zaunpfahl, um in die Ferne zu sehen, zum Horizont.

»Vielleicht hatte ich Angst, sie zu erwähnen.«

Terje stellte sich neben ihn, sah mit ihm über die Reisfelder. Dies war sein letzter Tag. Der letzte Tag voller Reis, der letzte Tag voller Chancen, die Vergangenheit zu recyceln.

»Aber natürlich habe ich sie gesehen«, sagte Biscuit. »Ab und zu war sie in der Stadt, auf dem Markt, in einem Geschäft. Die ersten Jahre über nie allein, immer umgeben von Bediensteten. Die Werkstatt für die Frauen hat sie erst ein Jahrzehnt später aufgemacht, und ich bin hingegangen und habe ein Hemd bestellt. Da hat sie zum ersten Mal wieder mit mir gesprochen. Dort, an der gelben Hintertür. Ihr Mann hatte ihr erlaubt, die Werkstatt zu betreiben, er nennt es ihr Puppenhaus, als wären die mittellosen Frauen, denen sie hilft, Puppen. Als wären alle armen Menschen nur Puppen, mit denen die reichen spielen. Vielleicht ist es so.«

»Quatsch«, sagte Terje sofort. Aber was, wenn Biscuit recht hatte?

»Heute Abend wird das Pousse abgeholt«, sagte Biscuit. »Ich hoffe, es kommt heil an.«

»Was ist, wenn du gewinnst?«, fragte Terje ganz leise. »Was wird dann sein?«

»Ich werde zurückkehren in mein Land und sagen können: Ich bin ein ehrbarer Mann. Ein Sportler. Kein Sklave.« Er zuckte die Schultern. »Das ist alles.«

»Und Maribelle wird stolz auf dich sein.«

»Vielleicht. Ich hätte bewiesen, dass sie nicht umsonst mit ihrem Vater um das Geld für mein Leben gekämpft hat. Ich habe das Geld für die Operation übrigens längst zurückgezahlt. Ich habe es in einem Umschlag bei der Villa abgegeben.«

»Und da liegt er noch immer, auf seinem Schreibtisch. Er hat den Umschlag nie geöffnet«, sagte Maribelle, und sie fuhren beide herum.

Da stand sie, ein wenig zerzaust, als wäre sie gerannt. Sie legte eine Hand auf das größte umwickelte Paket.

»Der Regenbogen. Er wird aus seinem Kokon schlüpfen wie ein Schmetterling.«

Sie trat zu dem alten Pousse, das danebenstand, dem grünen, und streichelte es sacht. »Schade, dass es Europa niemals sehen wird«, sagte sie leise. »Und den Schnee. In meinen Träumen war es immer dieses Pousse.«

Und dann kam sie herüber und lehnte sich zwischen ihnen an den Zaun, sodass sie sie beide berührte, ganz leicht nur, doch die Berührung war elektrisierend.

»Ich wollte euch Glück wünschen«, sagte sie. »Für die Weltmeisterschaft.«

»Ich fürchte, es ist nur Biscuit, der Glück braucht«, sagte Terje.

»Du auch«, sagte sie. »Er muss zwei Passagiere haben, das sind die Regeln.«

»Was?«

»Wenn nicht, muss er mit zwei Sandsäcken fahren, die das Gewicht je einer Person haben.« Sie lachte. »*Er* hat die Regeln gemacht. *Er* hat die Vereine gegründet.«

Terje sah Biscuit an, und Biscuit nickte.

»Aber du hast mich nicht gefragt«, sagte er. Biscuit zuckte die Schultern.

»Ich dachte, das ist klar. Willst du nicht mitfahren?«

Terje lachte. »Doch, natürlich. Weißt du, dass ich noch nie auf Sylt war? Wir werden Krabbenbrötchen essen müssen und Champagner trinken.«

»Die Meisterschaft ist nicht auf Sylt«, sagte Maribelle. »Es gibt irgendeinen wichtigen Staatsempfang, die Meisterschaft musste weichen. Hast du ihm das nicht gesagt, Biscuit?«

»Ich dachte nicht, dass es wichtig ist.« Biscuit seufzte. »Nichts ist wichtig an dieser Meisterschaft, das siehst du schon daran, dass der Staatsempfang sie verdrängt hat. Der Ort, an dem sie jetzt ist, heißt verstecktes Meer. Aber auf Englisch. Ich habe nicht verstanden, warum die Deutschen einem deutschen Ort einen englischen Namen geben. *Hidden Sea.*«

Terje schluckte. »Hiddensee. Das ist keine Stadt. Das ist eine

Insel. Eine winzige Insel im Osten. Und zufällig habe ich eine Wohnung dort.« Er runzelte die Stirn. »Ich habe gar kein Gästebett!«

»Die Sportler sind im Hotel untergebracht«, sagte Biscuit.

Und dann schwiegen sie eine Weile. Es gab tausend Dinge zu sagen, eine Million Dinge, dachte Terje.

Am Ende sagte er zu Maribelle: »Hat meine Tochter ihren Duft gefunden?«

»Bis vor einer Stunde nicht«, antwortete sie und lächelte. »Sie sagt, er wäre in unseren ausgewaschenen Säcken, aber sie findet die Quelle nicht. Armes Mädchen. Ich glaube, ich weiß, warum sie nichts findet: Sie ist nicht mit dem Herzen dabei. Ihr Herz hat sich hier verheddert, da ist jemand, mit dem sie sich trifft, auch wenn sie nicht darüber spricht. Und etwas an dieser Geschichte stimmt nicht. Etwas fühlt sich gefährlich an.« Auf einmal schüttelte sie den Kopf. »Vielleicht bilde ich es mir nur ein. Du kennst sie besser, Terje.«

»Ich kenne sie gar nicht. Sie hat fast ihr gesamtes Leben bei ihrer Mutter verbracht. Wir sind … getrennt.«

Maribelle nickte. »Das ist schade.«

»Aber du hast selbst ein Kind. Ich wusste es nicht. Biscuit hat es mir erzählt. Einen Sohn. Wie alt ist er jetzt?«

»Er wäre sechsundzwanzig. Ungefähr so alt wie deine Tochter.«

»Wäre?«

Sie nahm Terjes Hand, als wäre er es, den sie trösten müsste, und sagte ganz leise: »Er hatte einen Unfall, als er vier Jahre alt war. Es war ein THB-Lastwagen. Ich war nicht dabei, ich war auf dem Markt. Als ich nach Hause kam, war er tot. Sie sagen, er hat auf der Straße mit einem Ball gespielt.«

»Auf der Straße?«, fragte Terje. »Außerhalb der Gartenmauer? Allein?«

»Ja, es war seltsam«, sagte Maribelle. »Aber er muss darübergeklettert sein. Wie ich. Vielleicht ist es erblich.«

Ein vierjähriges Kind?, dachte Terje. Über eine Gartenmauer?

»Damals habe ich dir geschrieben«, sagte Maribelle leise. »Damals, als ich dachte, mein Herz müsste zerbrechen. Ich habe ihn sehr geliebt. Er war die einzige Verbindung zu … Er war …« Sie brach ab. »Ich wollte weg. Nach Europa. Weg von meinem Mann. Weg von meinem Hass. Ich habe dich gefragt, ob du mich am Bahnhof abholen kannst.« Sie lachte. »Als hätte Europa nur einen einzigen Bahnhof!«

»Ich hätte dich abgeholt«, sagte Terje ernst. »An jedem Bahnhof von Europa. Wenn ich die Briefe bekommen hätte. Aber warum konntest du nicht mit Biscuit reden? Er war hier. Er war näher.«

»Es gab Gründe, das nicht zu tun«, sagte sie, und Biscuit ergänzte: »Ich respektiere ihre Gründe, auch wenn ich sie nicht kenne. Damals hat Madame le Riz erzählt, dass der Junge tot ist, und ich … Ich habe gewartet, dass Maribelle zu mir kommt. Sie kam nicht.«

»Das alles ist lange her«, sagte Maribelle. »Ich hatte ein Kind, ich hatte vier wunderschöne Jahre mit diesem Kind, das ist Vergangenheit. Fahrt nach Europa und lasst den madagassischen Regenbogen strahlen. Nur denkt daran, dass es Fady ist, bei Zyklon zu fahren.«

Sie schlang ihre Arme um Terje, und er hob hilflos die Hände, doch dann erwiderte er ihre Umarmung. Sein Herz schlug so schnell wie damals. Dann ließ sie ihn los, drehte sich um und umarmte Biscuit. Und schließlich sah sie auf die Uhr, drehte sich um und ging.

»Sie geht zu ihrem Mann«, sagte Terje. »Warum verlässt sie ihn nicht endlich?«

»Ich nehme an, auch dafür gibt es Gründe«, sagte Biscuit. »Vielleicht ist es ihr Vater, vielleicht etwas anderes. Nicht einmal Madame le Riz weiß es.«

»Madame le Riz lebt immer noch?«

»Ich glaube, Madame le Riz lebt ewig«, sagte Biscuit mit einem Lächeln. »Vielleicht ist sie kein Mensch, sondern ein *matoto,* ein Geist.«

Er tauchte ins Dunkel seiner winzigen Hütte und kam mit einer Flasche THB wieder heraus. »Auf unseren Kampf für die Ehre. Auf das Leben!«

»Auf die Recycelbarkeit aller Dinge der Welt«, sagte Terje und nahm die Flasche. »Selbst der Liebe.«

In seiner Tasche spürte er etwas Hartes. Einen Halswirbelknochen. Mariella. Er würde sie nicht vor dem Bahnhof von Antsirabé in einer Seifenkiste fahren lassen wie geplant. Er würde sie mit nach Europa nehmen. Ihre Seifenkiste wäre ein Regenbogen.

Sie würde die deutsche Ostseeküste sehen. Terje brauchte eine zweite Person im Pousse.

***

Wir sitzen im Flieger.

Himmel, wir sitzen im Flieger, wir haben es gerade noch geschafft.

Ich fühle mich so zerschlagen, dass ich am liebsten schlafen würde, aber ich kann nicht. Also schreibe ich dir.

Ich war mir am Ende sicher, dass ich den Duft nicht finden würde, und dann geschah etwas, mit dem ich nicht gerechnet hatte. In der letzten Nacht.

Ich schlief nicht im Hotel, ich schlief im Zimmer eines ganz anderen Hotels, eines größeren, teureren, anonymeren Hotels. Und als ich aufwachte, war ich allein.

Der Platz neben mir, wo *er* gelegen hatte, war leer. Draußen heulte ein Hund.

Irgendetwas stimmte nicht. Ich spürte es.

Maribelle hatte gesagt, dass sie Dinge spürte, und ich fragte mich, ob ich auch damit anfing. Mein Kopf dröhnte. Ich hatte zu viel Champagner getrunken.

Er hatte mich zum Essen eingeladen, im selben Hotel, in dem ich jetzt alleine im Bett lag, es hatte Kerzen auf den Tischen gegeben und madagassischen Zuchtkaviar. Kein Reis mit Bohnen, keine wackelnden Tische. Lampen wie Lichtinstallationen in einem Museum.

Ich weiß nicht, wie viele Flaschen Champagner es waren.

Ich hatte mich betrunken, weil ich den Duft nicht gefunden hatte, und er hatte mir nachgegossen, wir hatten zusammen gelacht und getrunken, und auf dem Zimmer hatten wir weitergelacht und getrunken.

Ich legte meinen Arm auf seine Seite des Bettes, versuchte, seine Wärme zu finden, die Wärme seines Körpers, die ich an meinem, auf meinem, in meinem gespürt hatte – doch da war keine Wärme mehr. Er musste vor Stunden gegangen sein.

Ich setzte mich auf und starrte in den Raum mit seinen klobigen modernen Sesseln, und auf einmal dachte ich: Ich bin in Maribelles Haus. Es ist derselbe Stil, dieselbe Architektur. Ich hatte es nicht gemerkt, wegen all des Champagners, aber es war kalt hier, auf seltsame Art kalt.

Ich trat ans Fenster, nackt und zitternd. Schräg gegenüber erhob sich das alte Postamt.

Natürlich war ich nicht in Maribelles Haus.

»Alles ist gut«, flüsterte ich. »Du hattest einen schönen Abend, du hast nur zu viel getrunken.« Aber das Gefühl, dass etwas nicht stimmte, war zu stark.

Ich zog mich an, ging die Treppe hinunter und fand die Tür verschlossen vor. Ich wusste nicht, wo der Nachtwächter war. Ich war eingeschlossen in dem verflixten Hotel. Und auf einmal kam es mir vor, als ob ich dringend hinausmusste, als ob ich unmöglich bis zum Morgen warten konnte, aber alle Fenster im Frühstücksraum waren nur Glasplatten, nicht zu öffnen, und ich ging wieder in mein Zimmer hinauf. Dort konnte man das Fenster öffnen.

Ich kletterte hinaus und sprang hinunter in die Straße. Maribelle war auch über Mauern geklettert, sie hatte es mir einmal erzählt.

Auf den kaputten Bürgersteigen schliefen schwarze Klumpen von Menschen. Ich wanderte allein durch die Nacht. Ich hatte keine Angst. Ich wusste mit unerklärlicher Bestimmtheit, dass in Maribelles Werkstatt eine Kiste voll Parfumstiften in wunderschönen bestickten Hüllen lagen, die nach mir riefen wie kleine Kinder.

Das Gefühl, dass etwas nicht stimmte, wuchs mit jeder Minute.

Ich ging schneller. Ich rannte.

Und dann bog ich in die gepflasterte Gasse, die zu der gelben Hintertür in der Mauer führte, und ich roch etwas, rannte schneller, streckte die Hand nach der Klinke der Tür aus. Es roch *verbrannt*. Und da waren Geräusche hinter der Tür, ein Knacken, ein Knistern.

Ich riss die Tür auf. Eine Welle der Hitze schlug mir entgegen, und glühendes Orange begrüßte mich. Die Werkstatt, Maribelles Puppenhaus, stand in Flammen.

Einen Moment lang stand ich wie gelähmt. Ich dachte an die Kiste voller Parfumstifte. An die sorgsam gestapelten bestickten Blusen, von denen ich einen Teil mit nach Deutschland nehmen sollte, um dort neue Kunden zu finden. Ich dachte an die Schränke voller Stoffe.

Ich brauchte Hilfe. Ich brauchte Wasser. Ich brauchte die verflixte Feuerwehr, aber ich wusste nicht, welche Nummer ich wählen musste und ob es überhaupt eine Feuerwehr gab.

Ich öffnete die Tür des Schuppens, die nicht abgeschlossen war.

Die Flammen fauchten mir entgegen, bliesen mir ihren heißen Atem ins Gesicht, versengten mein Haar, froh um noch mehr Sauerstoff: Tritt ein!, riefen sie. Komm, tanz mit uns! Da schlug ich die Tür wieder zu, um dem Feuer den Sauerstoff zu nehmen.

Und dann sah ich, dass da jemand war. Im Feuer, hinter einem der Fenster. Jemand, der das Fenster nicht aufbekam. Noch brannte der Fensterrahmen nicht. Ich war mit einem Satz dort, schlug das Glas mit der Faust ein, streckte dem Schemen meine Arme entgegen, zog. Wir fielen hintenüber ins Gras.

Neben mir lag ein Kind. Tahina. Das kleinere Mädchen der Bettelkindergruppe, sieben Jahre alt. Ich kenne jetzt ihre Namen.

»Was macht ihr hier?«, rief ich, und sie begann, hektisch zu reden, zeigte zum Schuppen. Ich begriff. Die anderen. Die anderen Kinder waren dort, in den Flammen, vielleicht hatten sie im Schuppen geschlafen, heimlich, und dann kletterte ich zum ersten und sicherlich letzten Mal in meinem Leben in ein brennendes Gebäude.

Ich landete in dem Raum, in dem die gemauerten Waschbecken stehen, der Boden des Raums war aus Beton, aber zwei der Wände, aus Holz und Bambus, standen in Flammen. Und mitten im flackernden Licht sah ich die anderen drei, ihre Namen wie Leuchtschrift in meinem Kopf: Aina, fünf, Horlando, zehn, Voary, dreizehn.

Voary hatte das Baby auf dem Rücken, Malala, sieben Monate. Im Arm hielt Voary einen Stapel bestickter Blusen wie einen Schatz.

Horlando trug die Kiste mit meinen Stiften, der kleine Aina taumelte unter dem Gewicht einer Nähmaschine.

Er streckte mir die Maschine entgegen, er wollte, dass ich sie rettete. Wenigstens eine. Aber ich stellte die Nähmaschine auf den Boden und nahm Aina, der leicht war wie eine Feder, und hob ihn aus dem Fenster.

»Vergiss die verdammte Nähmaschine!«, rief ich. Horlando warf den Karton mit den Parfumstiften hinaus, und ich half ihm, hinterherzuklettern. Nur Voary stand noch immer da mit ihren Blusen und dem schreienden Baby, starr vor Angst, und ich riss ihr die Blusen aus den Händen und schleuderte sie ebenfalls aus dem Fenster und nahm Voary an der Hand und zog, aber sie rührte sich nicht. Das Licht malte ihr Gesicht hell in die Nacht, sie war wunderschön.

Ich schrie sie an: »Komm!« Und ich wollte weiterschreien, aber jetzt packte mich der Husten, da war zu viel Rauch. Du bist ins Wasser gesprungen, um ein Pousse zu retten!, wollte ich schreien. Du bist so mutig! Doch ich hustete nur, rang nach Luft, pflückte das Baby von ihrem Rücken und reichte es den anderen hinaus.

Der Fensterladen fing Feuer.

Da schob ich Voary mit aller Kraft in Richtung Fenster wie ein störrisches Zebu, und endlich bewegte sie sich, endlich kletterte sie, endlich war sie draußen.

Für eine Sekunde stand ich allein in dem Waschraum, dessen Wände brannten. Es war, als würde ich in diesem Moment alles begreifen.

Der Champagner war falsch gewesen. Alles war falsch gewesen. Ich hatte so viel Champagner getrunken, dass ich die Gefahr vergessen hatte, die Angst, die von dem Mann in meinem Bett ausging, die Angst, die er vor sich selbst hatte. Ich hatte den Abgrund am Vulkansee vergessen und das Riesenrad. Das Seltsame in seinen Augen.

Das Feuer, dachte ich. Es ist *sein* Feuer. Ich war mir merkwürdig sicher.

Und dann sah ich unzählige Hände durch das Fenster nach mir greifen, hörte die Kinder nach mir rufen. Ich kletterte über die Scherben hinaus und kroch eilig vom Schuppen weg.

Es war wunderbar, die Luft des Gartens einzuatmen.

Tahina drückte mir das Baby in den Arm, das bis jetzt geschrien hatte, und da hörte es auf zu schreien, schloss seine

Hände um einen Zipfel meines T-Shirts und begann, am Stoff zu nuckeln.

Einen Moment lang saßen wir nur so auf dem Boden, keuchend, alle zusammen.

Dann hörten wir Stimmen. Jemand kam. Endlich. Der Nachtwächter mit zwei anderen Männern und Maribelle, sie hatten einen Wasserschlauch und Eimer und versuchten zu löschen. Maribelle in ihrem weißen Nachthemd im Licht der Flammen wie ein Geist. Ein Geist, der Wassereimer schleppte.

Ich gab Voary das Baby zurück, kämpfte mich hoch, irgendwer drückte auch mir einen Eimer in die Hand, und ich half, obwohl meine Hände von den Scherben des Fensters zerschnitten waren. Wir liefen zwischen dem Wasserhahn im Garten und dem Schuppen hin und her, wir arbeiteten wie die Besessenen, Erwachsene und Kinder. Und schließlich, nach einer Ewigkeit, erstarb das Feuer.

Wir standen vor einer Ruine aus Mauern und Balken und verkohlten Möbeln. Es war nichts mehr zu retten.

»Nora«, sagte Maribelle.

Ich legte einen Arm um Tahina und einen um Aina. »Die Kinder haben die Sachen gerettet. Ein paar jedenfalls«, sagte ich. Da legte Maribelle ihre Arme um Voary und Horlando.

»Es tut mir so leid«, begann ich. »Ich …«

»Es ist, wie es ist«, sagte Maribelle fast trotzig. »Wir werden alles wieder aufbauen. Ich frage mich nur, wie das Feuer ausgebrochen ist.«

»Vielleicht ist ein Kabel durchgeschmort«, sagte der *gardien*.

»Die Kinder«, sagte einer der anderen Männer. »Kann es sein, dass sie heimlich da drin übernachtet haben? Vielleicht haben sie irgendein Gerät angeschaltet, aus Versehen.«

Doch Maribelle schüttelte den Kopf. Und ich dachte, ich

sollte ihnen sagen, was ich gedacht hatte. Dass das Feuer dem Mann gehörte, der mich beinahe in den Vulkansee gestoßen hätte. Dem Mann, mit dem ich die Nacht verbracht hatte. Aber dann schwieg ich. Es war nur ein Gefühl, ich hätte es nicht erklären können.

Maribelle bückte sich nach der Kiste mit den Parfumstiften und öffnete sie. Heil und wunderschön lagen sie nebeneinander, unsere Stifte in ihren bestickten Hüllen, und warteten auf ihre Zukunft.

Bei den Stiften lag ein kleiner, brauner Quader, und ich nahm ihn aus der Kiste. »Was ist das?«

»Das? Das muss aus Versehen mit in die Kiste geraten sein«, sagte Maribelle und lachte. »Das ist die Kernseife, die wir zum Auswaschen der Gefäße benutzen. Billige Kernseife vom Markt. Du hast immer gesagt, wir waschen sie zu gründlich.«

»Kernseife?«

Ich hatte tatsächlich nie auf die Seife geachtet. Ich nahm das kleine braune Viereck und roch daran.

Und da war er. Der Duft. Der Duft, den ich so lange gesucht hatte, der Duft, der in Maribelles Werkstatt und in ihrem Garten schwebte wie eine kleine Melodie zwischen den Bäumen. Der Duft, der das Gegenteil war vom nervenaufreibenden Schweißgeruch der Angst.

»Maribelle«, flüsterte ich. »Können wir daraus Parfum herstellen?«

»Vermutlich«, sagte sie. »Wenn du das Zeug in Wasser auflöst.«

Da musste ich lachen, und ich umarmte Maribelle, die viel kleiner und zerbrechlicher ist als ich. »Du kannst doch den Europäern keine madagassische Kernseife als Duft verkaufen?«, sagte sie.

Ich spürte, wie ich grinste. »O doch. Wenn wir dem Ganzen einen schönen exotischen Namen geben und im Reklametext von den wundervollen blühenden, grünen Urwäldern dieser unberührten Insel sprechen, kann ich das.«

Sie nickte. »Man kann alles recyceln. Selbst ein Land, das nicht mehr existiert.«

Und dann waren plötzlich eine Menge Menschen da, Nachbarn aus anderen Villen, Menschen von der Straße, sie umringten uns und redeten wild durcheinander.

»Sie sagen, es war klar, dass etwas passiert«, flüsterte Maribelle mir zu. »Die Ahnen waren erzürnt nach der Katastrophe bei der *famadihana.*«

Da legte jemand die Arme um mich, und zuerst dachte ich an meinen Mann der letzten Nacht und zuckte zusammen, doch diese Umarmung fühlte sich anders an, wärmer: Es war Terje.

»Nora«, flüsterte er. »Mein Gott. Maribelle hat mich angerufen.«

»Wann fährt unser Wagen morgen nach Tana?«, fragte ich.

»Um zwölf. Der Flug geht abends um acht, wir brauchen fünf Stunden von hier.«

»Das ist gut«, sagte ich. »Bis um zwölf kann ich es vielleicht schaffen, einen Würfel Kernseife auf zwei Liter Wasser und eine ganze Menge Stifte zu verteilen.«

»Wie?«, fragte er verwirrt, und dann sah ich, dass auch Biscuit da war.

»Dass der sich noch hierher traut«, hörte ich jemanden auf Französisch sagen. »Nach allem, was auf der Feier passiert ist.«

Doch Biscuit beachtete die Leute nicht, er trat zu Maribelle und legte einen Arm um sie, und sie sah zu ihm auf und lehnte sich an ihn, erschöpft. Als wäre es plötzlich egal, dass alle zusahen.

Und ich stand mitten im Chaos, und dachte an all das, was ich noch zu tun hatte, ehe wir flogen.

Plötzlich dachte ich auch an meine Wohnung in Berlin. An die Blumen in ihren hübschen hellblauen, nach Größe geordneten Töpfen auf der Fensterbank. An den makellos sauberen Dielenboden, den ich jeden Tag gesaugt und gewischt hatte. An die lavendelfarbenen Kissen auf dem Sofa, an die weißen Kerzen in ihren Kerzenständern auf dem alten Kamin, den ich nur als Dekorationsobjekt benutzt hatte. Ich hatte immer gedacht, dass er wohl zu sehr gerußt hätte. Jetzt dachte ich, dass ich ihn benutzen würde, wenn der nächste Winter kam. Irgendwann würde ich dort sitzen, mit einem Parfumstift in der Hand, und ich würde mich an diesen Moment erinnern, diesen chaotischen Moment vor den Resten eines abgebrannten Schuppens, in einem Garten, in dem es so viele Menschen und so viel Durcheinander und so viel Hoffnung gab.

Vielleicht würde ich nie wieder etwas nach Größe ordnen. Vielleicht hatte ich es verlernt.

Und dann leuchteten auf einmal die ferngesteuerten elektrischen Fackeln im Garten auf, und alle drehten sich um. Und dort auf dem dunklen Rasen, vor dem Haus aus grauem Fels, stand jemand.

Er kam nicht näher, er stand da wie ein König, der auf sein Volk hinabsieht, majestätisch und, ja, einsam, und sah zur Ruine des Schuppens hin.

Ich erkannte ihn sofort.

Noch vor Stunden hatten wir zusammen Champagner getrunken.

»Hery«, sagte Terje. »Verdammt, was tut Hery hier?«

Er schien ihn zu kennen. Hery hatte jetzt einen Arm ausgestreckt, wie ein Erwachsener, der einem Kind bedeutet, zu ihm zu kommen.

»Ich nehme an, ich sollte zurückgehen«, sagte Maribelle. Sie löste sich von Biscuit, löste sich aus der Menge, die verstummt war, und ging über den Rasen zu Hery, nahm die ausgestreckte Hand. Ließ sich zurückführen zum Haus.

Einmal, ganz kurz, drehte sie sich um.

Aber sie winkte nicht, tat nichts, sah uns nur an. Es war ein Abschied.

Und das Schweigen dauerte an, nachdem die beiden fort waren.

»Was …?«, begann Terje wieder. Er klang vollkommen verwirrt, er klang so, wie ich mich fühlte.

»Terje«, sagte Biscuit, sehr leise. »Hery ist ihr Ehemann.«

13

Und dann saßen sie im Flugzeug. Nora lehnte ihren Kopf an Terjes Schulter, wie sie es als Kind nie getan hatte, und schloss die Augen. Über ihre Wangen liefen Tränenspuren. Er legte einen Arm um sie, und sie ließ es geschehen.

Sie hatte den ganzen Morgen mit Maribelles Frauen und den Kindern zusammen gearbeitet, hatte Kernseife aufgelöst und Alkohol abgemessen, die Augen zugekniffen, geschnuppert, und Terje hatte versucht zu helfen, aber sie hatte ihn weggeschickt, und so hatte er einen letzten Spaziergang durch die Stadt gemacht.

Er hatte nicht ganz begriffen, was sie mit der Kernseife vorhatte, sie hatte sich mit Erklärungen zurückgehalten; wichtig war nur, hatte sie gesagt, dass er in Deutschland im Zusammenhang mit dem Parfum das Wort Kernseife niemals und unter keinen Umständen in den Mund nahm, und Terje hatte gelacht und gesagt, er würde Kernseife sowieso niemals in den Mund nehmen.

Die Frauen hatten auf die schmalen weißen Hüllen der Parfumstifte, zwischen den winzigen Bildchen, an die zweihundert Mal den Schriftzug *MADIO* aufgestickt. Es klang nach dem englischen *mad,* verrückt, und gleichzeitig nach Madagaskar. Die Endung IO verlieh ihm etwas Exotisches. Terje musste zugeben, dass es ein guter Name für einen Duft war.

Seine Tochter hatte das Zeug dazu, die Parfumbranche zu revolutionieren. Sie hatte das Zeug zu einer Menge Dinge. Er hatte es vor ihrer Reise nicht gewusst.

Und sie selbst auch nicht.

Maribelle war den ganzen Vormittag über nicht aufgetaucht. Es war, als hätte die Granitfelsenvilla sie für immer verschluckt.

Warum war er ihr nicht nachgegangen? Warum hatte er sie verschwinden lassen – aus der Menschenmenge, aus dem Garten, aus seinem Leben?

Das Flugzeug verließ den kleinsten und ärmsten Kontinent der Welt, und dann lag unter ihnen nur noch das Blau des Ozeans. In Reisebroschüren über Madagaskar waren immer die Strände zu sehen, die Muscheln, die Palmen.

Er hatte die Strände gesehen, damals auf seiner Fahrradreise, aber es waren nicht die Strände, die sich in sein Herz gegraben hatten, nicht die letzten Urwälder und die Lemuren. Es war diese verflixte Stadt auf dieser verflixten abgeholzten Hochebene, diese Stadt mit ihren Abgasen und ihrem roten Staub, ihren verfallenen Villen und ihrem stillgelegten Bahnhof, diese Stadt mit ihren Bettlern und ihrem Marktlabyrinth und dem Zauber der bunten Riesenräder.

Mit ihrer Bierbrauerei, die längst Coca-Cola gehörte, mit ihren bunt angestrichenen Rikschas, mit ihrer Hoffnung, die einfach nicht kleinzukriegen war, auch nicht nach Jahren des Abstiegs.

Er dachte an Mariella. Er hatte ihren Knochen in den Koffer gepackt; das Flughafenpersonal hätte sich gewundert, wenn es beim Abtasten einen zusätzlichen Wirbel gefunden hätte.

Still, ganz still lächelte er in sich hinein.

Doch als er Nora ansah, lief eine neue Träne ihre Wange hinab. Sie blinzelte sie weg und öffnete die Augen. »Ich hätte nie gedacht«, sagte sie, »dass ausgerechnet Hery Maribelles Mann ist.«

»Ausgerechnet *er?*« Terje runzelte die Stirn. »Du kennst ihn?«

Nora sah aus dem Fenster. »Er hat die Werkstatt angezündet«, sagte sie nüchtern. »Ich bin mir sicher.«

»*Was?* Warum?«

»Etwas in ihm muss zerstören. Etwas in ihm kann es nicht aushalten, wenn andere Menschen besser sind als er. Oder vielleicht, wenn andere Menschen glücklich sind. Wenn sie Freunde haben, während er einsam bleibt. Also hat er Maribelles Werk zerstört. Und meins. Oder er dachte, er hätte es zerstört.« Sie schluckte. »Er und ich, wir … Er war es, der mich damals auf dem Markt gerettet hat. Aber er war immer seltsam. Gefährlich. Es macht ihn natürlich interessant. Dieses Verruchte. Dieses Gegenteil von lieb und sanft. Vielleicht habe ich deshalb mit ihm …« Sie schüttelte den Kopf, ballte die Fäuste. »Aber weißt du was? Deshalb weine ich gar nicht.« Sie zog die Nase hoch. »Ich weine, weil wir abreisen. Ich werde die Kinder vermissen. Ich kenne endlich ihre Namen: Aina, Tahina, Horlando, Voary. Und Malala, das Baby. Ich konnte diese Kinder am Anfang nicht leiden, aber jetzt …«

»Maribelle wird sich um sie kümmern«, sagte Terje.

»Ja«, flüsterte Nora. »Nur wer kümmert sich um mich? Wer passt jetzt auf, dass ich den Zorn der Ahnen nicht auf mich ziehe? Dass ich nicht verloren gehe?«

»Ich kann es versuchen«, sagte Terje ernst. »Du bist meine Tochter.«

In diesem Moment sah er, wie Biscuit weiter vorn im Flugzeug die Hand hob und ein Glas in die Höhe hielt. Ein Plastikglas mit Wasser, kein THB diesmal. Biscuit war im Dienst, für sein Land, für seinen Sport. Für seinen Traum. Er würde nüchtern bleiben.

Aber er prostete Terje zu, und Terje hob sein eigenes Wasserglas und prostete zurück: Auf den letzten Abschnitt unserer Reise.

In Berlin am Flughafen stand jemand, den Terje nicht erwartet hatte.

Eine Dame mit kurzem silbergrauem Haar, in einer leichten blauen Sportjacke, die sie jung aussehen ließ. Martina.

Sie schloss Nora voller Erleichterung in die Arme, es sah aus, als käme ihre einzige Tochter zurück aus dem Krieg. Dann sah sie Terje und Biscuit an. Sie schüttelte beiden die Hand. Etwas steif.

Terje hatte Martina seit Jahren nicht gesehen. Von Nahem machte die Jacke sie nicht mehr jung. Sorgenfalten hatten sich tief in ihr Gesicht gegraben, die kleinen weißen Perlenohrringe waren hübsch, aber nicht fröhlich.

»Sie sind also die Vergangenheit, die Terje gesucht hat«, sagte Martina zu Biscuit.

»Ein Teil davon«, antwortete Biscuit und lächelte, und Terje sah, wie sein Lächeln die Strenge in Martinas Gesichts aufweichte.

»Wir sind auf dem Weg zu einer Weltmeisterschaft«, sagte er. »Auf Hiddensee. Ausgerechnet! Die erste Weltmeisterschaft im Radrikschafahren.«

Sie nickte. »Ich weiß. In der Zeitung war ein Bericht.«

»Unter Politik oder unter Kultur?«, fragte Biscuit.

»Unter Kurioses«, sagte sie und lachte. »Im Netz kann man es auch finden. Es gibt Bilder der Rikschas, die gemeldet sind. Alle sehr hübsch und sehr bunt.«

»War der Regenbogen dabei?«, fragte Nora. »Eine Rikscha komplett aus recycelten Shampooflaschen?«

»Ich weiß nicht. Es waren so viele Bilder! Und du fährst mit?«

»Ja, als Ballast«, sagte Terje mit einem Grinsen. »Er braucht zwei Passagiere. Die Frage ist, wer der zweite sein wird.« Er sah auf die Uhr. »Aber wir müssen unseren Eurocity zur Küste erwischen. Das Pousse wird geliefert, wir holen es auf der Insel ab. Nora …« Er breitete die Arme aus, um seine Tochter an sich zu drücken, und sah Martinas Erstaunen über diese Geste. Nora hatte ihn früher nie umarmt.

Sie umarmte ihn auch jetzt nicht. Sie sagte: »Wenn ihr nichts dagegen habt, komme ich mit.«

»Was ist mit deinem Jan? Wartet er nicht auf dich und das Parfum?«

»Ich glaube nicht«, sagte Nora. »Wir haben gestern lange telefoniert. Es klang nicht so, als würde er warten. Die Idee mit den Stiften … dass ich das einfach gemacht habe, ohne sein Einverständnis, das hat ihm nicht gepasst. Bis jetzt habe ich immer alles getan, was er wollte. Er hatte die Ideen, ich habe sie ausgeführt. Er ist mein Chef.« Sie zuckte die Schultern. Lächelte plötzlich. »*War* mein Chef.«

»Er hat dich rausgeworfen?«

»Nein.« Ihr Lächeln wurde breiter. »Ich habe gekündigt. Vielleicht sehen wir uns irgendwann wieder. Im Moment mache ich mein eigenes Ding. Es wird Zeit.«

Eine halbe Stunde später saß sie zusammen mit Terje und Biscuit und einem Koffer voll mit etwas, das *MADIO* hieß und leise durch den Koffer duftete, im Eurocity. Biscuit sah aus dem Fenster und sagte, Berlin sei wie Amsterdam, und als Nora und Terje lachten, sagte er: »Doch, es ist sehr sauber.« Worüber Terje und Nora noch mehr lachen mussten.

Terje Sandholz kam dreimal aus Madagaskar zurück.

Beim ersten Mal, um seinen Platz im deutschen Arbeitsleben einzunehmen, zwischen Uhrzeiten und Papieren in einer Klinik. Beim zweiten Mal, um eine Frau zu heiraten, die er zu lieben versuchte und scheiterte. Beim dritten Mal kam er nach Hause, um mit seinem Freund am Strand einer Insel zu sitzen und aufs Meer zu sehen, neben sich eine Thermoskanne mit Kaffee. So wie er mit seiner Tochter am Strand gesessen hatte.

So schließen sich Kreise.

»Es ist schön, dein Meer«, sagte Biscuit. »Es ist nicht lieblich und liebenswert, es ist rau und ein bisschen kratzbürstig. Wie Madagaskar.« Er zog seine Jacke enger um sich.

Terje nickte. »Vielleicht mag ich es deshalb.« Er glättete den Sand und malte ein Cyclo-Pousse hinein. »Ist dein Hotel in Ordnung?«

Sie hatten sich vor dem Hoteleingang getroffen. Die Sportler waren über alle Hotels und Pensionen der Insel verteilt worden, und vor Biscuits Hotel, mitten im Ort Kloster, hatten an diesem Morgen allein zwölf Fahrradrikschas gestanden.

Zwölf Rikschas in der winzigen Straße, zwölf Rikschas, die mit der Fähre herübergekommen und vor Ort zusammengesetzt worden waren: Rikschas in moderner Leichtbauweise, mit riesigen oder vielen winzigen Rädern, ein eiförmiges deutsches Fahrradtaxi in Neongrün, eine chinesische Rikscha, das Dach aus reich bebilderter Seide mit roten Troddeln. Eine indische Rikscha mit ins Blech geschlagenen bunten Mustern, die vorne Augen besaß, damit sie sah, wohin sie fuhr, noch blumengeschmückt vom letzten Abend.

»Sie mussten sie extra segnen«, hatte Biscuit gesagt. »Es war eine große Zeremonie vor dem Hotel, sie haben kleine Öllampen angezündet und mit weißer Farbe Zeichen auf den Lenker gemalt und auf die Stirn des Fahrers und gemurmelt und gesungen.«

Es gab auch eine Rikscha in Form einer quer gelegten Tomatensuppendose, die offenbar aus den USA kam und die Lacher auf ihrer Seite hatte. Die Passagiere mussten von hinten in die offene Dose klettern. Der Regenbogen hatte fast schlicht gewirkt zwischen all diesen Gefährten.

»Das Hotel ist wunderbar«, sagte Biscuit. »Es hat etwas von einer Puppenstube. Es ist so voll mit Dingen. Tische und Regale und Vasen mit Blumensträußen und Bilder und Bücher, die Leute besitzen eine Menge Dinge in diesem Land. Wo hat Nora geschlafen?«

»Bei mir auf einer Isomatte. Ich habe ihr mein Bett angeboten, aber sie wollte nicht. Sie ist noch früher aufgestanden als ich und hat den Karton mit den Parfumstiften mitgenommen.«

Biscuit stand auf und schlang die Arme um sich. »Dieses Land ist noch kälter als Madagaskar im Winter. Und du hast gesagt, hier ist Frühling.«

»Es *ist* Frühling«, sagte Terje. »Hast du die kleinen Blumen in den Vorgärten nicht gesehen?« Zum ersten Mal wurde ihm bewusst, wie sehr er den Frühling liebte. »Wir könnten in ein Café gehen und frühstücken.«

Doch Biscuit schüttelte den Kopf. »Ich muss die Wettkampfstrecke um die Insel ablaufen. Für die Rikschas ist sie bis zum Wettkampfbeginn um vier Uhr gesperrt, aber zu Fuß kann ich sie ablaufen. Und ich muss irgendwo eine Trainingsrunde fahren. Der Regenbogen muss sich an europäischen Boden gewöhnen.«

Terje kam nur langsam auf die Füße, seit dem Flug schmerzte sein Rücken, und Biscuit half ihm hoch. Es war, als hätte sich sein Körper plötzlich erinnert, wie alt er war. Morgen würde er siebzig sein.

»Soll ich mitkommen?«, fragte Terje. »Zur Trainingsrunde?«

Biscuit musterte ihn, besorgt.

»Es geht schon«, sagte Terje. »Mein Bein war nur eingeschlafen.«

»Danke«, sagte Biscuit. »Wir sehen uns später.« Und dann drehte er sich um und ging über den Strand davon.

Terje schloss die Augen. Er spürte den Wind, schmeckte das Salz der Ostsee auf den Lippen. Stellte sich vor, wie Biscuit mit dem Regenbogen über die Wege dieser Insel fuhr. Wie der Regenbogen vorbeiglitt an verwunderten Schafen und reetgedeckten Katen, wie er hinauffuhr auf den Inselberg, den Dornbusch, bis ganz nach vorn. Wie er über die Klippen ins Nichts fuhr und abhob, flog, uneinholbar, hinein in den Frühlingshimmel.

Das Bild war so schön, dass es schmerzte.

Terje öffnete die Augen und legte die Hand auf sein Herz. Eine Weile stand er am Strand und keuchte, versuchte, den Schmerz wegzuatmen. Ihm war schwindelig. Er bekam keine Luft.

Er ließ sich in den Sand fallen, kniete dort, die Hand immer noch auf dem Herzen, und betete, dass es vorbeigehen würde, was immer es war.

Er wusste, was es war.

Er war Arzt.

Aber er verbot sich, das Wort zu denken. Heute um vier Uhr würde die Weltmeisterschaft beginnen, bis dahin musste er durchhalten.

Und auf einmal sah er eine kleine Gestalt am Strand in der Ferne, die auf ihn zukam. Er sah sie durch ein Flimmern aus Schmerzen hindurch, sah, wie sie näher kam.

Maribelle.

Seine Erinnerungen verschwammen mit der Gegenwart, er konnte nicht mehr unterscheiden. Er rang nach Atem. Mein Gott.

»Terje!«, sagte Maribelle, und dann kniete sie vor ihm, in Daunenmantel und Strickmütze, und zog ihn auf die Beine, ihre winzigen Hände waren erstaunlich kräftig. »Terje, was ist los?«

»Ich glaube … mein Herz …« Er sah sie an, ihr feines Gesicht unter der Mütze aus graublauer Wolle, meerblau, und auf einmal ließ der Schmerz nach.

»Bist du wirklich hier?«, flüsterte er.

Sie nickte. »Es hat sich so ergeben. Ich habe einen anderen Flug genommen.« Sie sagte es leichthin, als spräche sie darüber, dass es sich so ergeben hatte, dass sie heute Morgen zum Bäcker gegangen war.

»Es ist weg«, sagte Terje erstaunt und nahm die Hand von seinem Herzen. »Der Schmerz ist weg.«

Sie betrachtete ihn zweifelnd. »Du solltest zum Arzt gehen.«

»Ich bin Arzt.« Er schüttelte den Kopf. »Komm. Es ist kalt hier. Hast du gerade irgendetwas vor?«

Es »ergab sich so«, dass sie nichts vorhatte.

Und so saßen sie eine Viertelstunde später im noch morgenleeren Café des alten Strandhotels am Ortsrand von Kloster, in einem kleinen Erker, von dem aus man aufs Meer hinaussah, an einem Tisch mit einer Vase voller Frühlingsblumen. Maribelle legte ihre Wollmütze ab und schüttelte ihr Haar zurecht. »Es ist schön hier«, stellte sie fest. »Wie in einer Puppenstube. Dieses Dorf besteht aus lauter Puppenstuben. Aber meine Puppenstube existiert nicht mehr.«

»Bist du deshalb hier?«

Die Bedienung, adrett in weißer Schürze, erschien am Tisch, noch müde zu dieser frühen Stunde.

»Zweimal heiße Schokolade«, sagte Terje, und die Bedienung, eine junge, etwas pummelige Frau mit rot gefärbtem Haar, gähnte und sagte zu ihm: »Können Sie nicht selber Kakao kochen? Sie wohnen doch um die Ecke. Wo haben Sie die letzten beiden Wochen überhaupt gesteckt?«

Terje grinste. »Ich habe mich auf eine Weltmeisterschaft vorbereitet.«

»Ach, die verflixte Meisterschaft. Zuerst sollte sie auf Sylt stattfinden, und dann haben die Herren und Damen Politiker Sylt besetzt und die Weltmeisterschaft einfach vor *unsere* Tür verlegt. Wie sollen wir all diese Leute beherbergen? Und Leute aus Ländern, von denen man vorher nie gehört hat. Ich wusste nicht, dass Sie Rad fahren, Sie fahren also für Deutschland?«

»Ich fahre für Madagaskar.«, sagte Terje.

Die Bedienung sah ihn mit großen Augen an. »Für *was?*«

»Für Madagaskar.«

»Ach ja, ich kenne den Film«, sagte sie. »Eine Menge Urwald, Blumen und Tiere und alles. Sicher schön da, ich könnte auch mal Urlaub gebrauchen. Wo ist das genau? Südamerika? Warum fahren Sie für ein Land in Südamerika Fahrradtaxi?« Aber sie wartete gar nicht auf seine Antwort, sie war schon mit ihrem Tablett verschwunden.

»Also?«, fragte Terje. »Warum bist du hier?«

Sie holte tief Luft. »Wir hatten einen Streit. Mein Mann und ich.«

»Hery und du.«

»Ja. Es sind Dinge geschehen, die … Ich musste gehen.«

Sie schwieg eine Weile, sah aus dem Fenster aufs Meer, und schließlich kam die Schokolade, und sie legte die Hände um die Tasse und holte tief Luft. »Ich bin nicht allein gekommen. Ich habe etwas mitgebracht. Es war nicht leicht, es transportiert zu bekommen, aber mit genügend Geld ging es. Wie alles in Madagaskar. Ich habe Herys Safe geplündert.«

»Und er hat dich nicht daran gehindert?«

Sie antwortete nicht, sondern nickte zum Fenster hin, die perlenbesetzten Haarnadeln glitzerten im Frühjahrslicht in ihrem dunklen Haar, und Terje beugte sich vor und sah, dass etwas draußen unter dem Erkerfenster stand. Etwas Grünes.

Das alte Pousse, dessen Vorderteil einst ein Fahrrad gewesen war.

»Es musste zurück nach Europa.« Maribelle lachte leise. »So schließen sich Kreise.«

Terje rührte in seiner Tasse. Er sah sie nicht an, als er fragte: »Warum hast du Hery geheiratet?«

»Weil ich schwanger war«, sagte Maribelle.

Da sah Terje doch auf. *»Was?«*

»Wir hatten diesen Unfall, in den Bergen, mit dem Cyclo-Pousse.« Sie sprach jetzt sehr leise, obwohl niemand außer ihnen da war. »Kurz darauf wusste ich, dass ich schwanger war. Biscuit lag noch im Krankenhaus, er war lange dort mit seiner Kopfverletzung. Mein Vater und ich haben damals zwei Kämpfe gekämpft. Der erste war ein Kampf um Biscuits Leben. Ich habe ihn gewonnen, mein Vater hat bezahlt, damit sie ihn retten. Unter der Bedingung, dass ich ihn nie wiedersehe.« Sie stockte. »Der zweite Kampf war ein Kampf um mein Leben. Und diesen Kampf hat mein Vater gewonnen.«

Sie sah Terje an, den Kopf in die Hände gestützt. »Es ging

darum, dass ich heiraten musste, möglichst rasch. Es geht nicht, dass ein Mädchen aus meinen Kreisen ein Kind bekommt und keinen Mann dazu hat. Und dann tauchte Hery auf, wie aus dem Nichts. Er hatte es zu etwas gebracht, er fuhr in einem eigenen Auto vor, hatte Beziehungen bis ganz nach oben. Damals war er im Holzhandel, mit den Chinesen, und er besaß sein erstes eigenes Hotel. Später haben sie mehr gebaut. Das ganz moderne gegenüber der Post gehört auch ihm, er besitzt eine Menge Hotels. Mein Vater sagte, er sei einer, der sich hochgearbeitet hat, wie der Joghurt-und-Milch-Fabrikant, der einmal unser Präsident war, bis sie ihn weggeputscht haben. Was Hery angeht – ich bin mir sicher, es waren lauter krumme Geschäfte, die ihn reich gemacht haben. Er war sehr charmant, als er vor der Tür stand. Er hatte immer eine merkwürdige Anziehungskraft. Etwas Dunkles. Das Gegenteil von Biscuits Sanftheit, seiner Unterwürfigkeit, die mir manchmal auf die Nerven gegangen ist. Und ich dachte, gut, wenn ich heiraten muss, dann kann ich das Beste daraus machen. Für eine Weile habe ich gehofft, *er* nimmt mich mit in die Welt hinaus. Er hat mir eine Hochzeitsreise nach Europa versprochen. Ich war jung und dumm.« Sie schüttelte den Kopf. »Jetzt, im Nachhinein, ist es schwer nachzuvollziehen, *wie* jung und *wie* dumm ich war.«

Terje legte eine Hand auf ihre. »Nein. Hery ist ein Teufel. Weißt du, dass er meine Tochter rumgekriegt hat?«

Sie nickte. »Er hat es mir erzählt, bei unserem letzten Streit, nach dem Feuer. Überrascht hat es mich nicht. Aber niemand ist ein Teufel. Es gibt immer etwas, das die Leute zu dem macht, was sie sind. Ich fürchte, ich bin mit schuld an allem, was passiert ist.« Sie seufzte. »Damals war schnell klar, dass ich nicht nach Europa fahren würde, mit niemandem. Es ging mir nicht gut in der Schwangerschaft, und sie haben mich quasi eingesperrt, ich durfte nirgendwo alleine hingehen, angeblich meiner Gesundheit wegen. Hery war nur abends da, wenn überhaupt, er hatte ständig irgendwo zu tun. Nach einer Weile war ich froh darüber, denn wenn er nach Hause kam, wenn er zu mir kam … er war nicht gerade behutsam, wenn du verstehst. Er hatte immer etwas Wütendes. Er hasste das Kind in meinem Bauch.« Sie trank einen Schluck. »Ja, und dann kam Antoine auf die Welt. Toní, so habe ich ihn genannt. Und ich war so glücklich mit ihm wie nie mit irgendwem zuvor. Wir haben zusammen die Welt entdeckt, mit ihm war es nicht mehr schlimm, hinter den Mauern der Villa festzusitzen, und paradoxerweise ließ mich Hery von da an wieder mehr alleine hinaus, alleine mit dem Kind. Wir sind unter den Platanen spazieren gegangen, wir haben uns die Seifenkisten angesehen und die Pferde vor dem Bahnhof. Er schlief in meinem Bett, ich sagte Hery, er würde sonst schreien. Hery zog in ein anderes Zimmer um, und ich hatte Ruhe vor ihm. Manchmal tat er mir fast leid, aber ich wollte ihn nicht, und er wusste es. Er war vermutlich der Einzige, der bereit gewesen war, mich zu heiraten, obwohl ich schwanger war.«

»Warte«, sagte Terje. »Dein Sohn. Toní. Ist er … war er … bin ich sein …?« Sein Herz schlug wieder zu schnell, und er presste die Hand darauf.

»Nein.« Maribelle legte eine Hand auf seine. »Er war Biscuits Sohn.«

Terje riss die Augen auf. »*Biscuits* Sohn?«

Sie nickte. »Er sah ihm sehr ähnlich. Vermutlich hat Hery deshalb fast nie mit ihm gesprochen. Wir lebten in einer Welt zu zweit, Toní und ich, und dann, als er gerade vier Jahre alt war, habe ich all meinen Mut zusammengenommen und beschlossen, noch einen Versuch zu wagen und Biscuit zu treffen. Mit ihm zu reden. Er war seit einer Weile aus dem Gefängnis entlassen. Ich konnte mir sowieso nie vorstellen, dass er den Schmuck meiner Mutter gestohlen hatte, wie hätte er das machen sollen?«

»Er dachte, du wärst es gewesen. Du wolltest weg. Du brauchtest Geld.«

»Aber doch nicht den Schmuck meiner Mutter!« Sie schüttelte den Kopf. »Ich glaube, ich weiß, wer den Schmuck in das Pousse gelegt hat. Und ich habe noch einen Verdacht. Ich habe, lange nach dem Unfall, mit dem Karana gesprochen, der das Pousse hat reparieren lassen. Er sagte, die Bremse sei defekt gewesen. Das Kabel, das von dem Hebel zum Reifen führte, war durchtrennt. Es kann nicht bei dem Unfall gerissen sein, es sah zu sauber aus.«

Terje fluchte leise.

»Ich habe wieder begonnen, mich mit Biscuit zu treffen, ein paar Mal, und ich habe Toní mitgenommen«, fuhr Maribelle fort. »Im Hôtel des Thermes, wo man in dem privaten Park spazieren gehen kann. Wir trafen uns dort wie zufällig. Es war ein zaghafter Beginn. Aber irgendwann hat Hery es mitbekommen, und er hat geschäumt. *Du wirst diesen Mann nie wiedersehen, hat er gesagt, für dich ist er Fady. Ich habe dich aufgenommen und füttere dich durch, dich und den Jungen, den Bastard, aber du wirst den Mann nie wiedersehen. Du weißt, was geschieht, wenn man Fadys übertritt. Die Ahnen rächen sich.*

Er hat mir ganz offen gedroht. Ich war dumm. Ich weiß nicht, warum ich so lange dumm war.«

Sie presste einen Moment die Lippen aufeinander, und er sah eine Träne in ihrem Auge.

»Ich habe versucht, Biscuit noch einmal zu treffen, ich musste ihn sehen, ich wusste, dass ich nicht ohne ihn leben konnte. Diesmal bin ich allein gegangen, habe Toní unserer Nounou anvertraut. Es war nicht ihre Schuld. Sie hat gesagt, sie hätte ihn nur kurz aus den Augen gelassen, als sie ans Telefon ging. Als ich nach Hause kam, war kein Toní mehr da. Er war über die Mauer geklettert, und als sie ihn gefunden haben, war schon alles vorbei. Ein THB-Lastwagen hatte ihn erwischt.«

Terje legte seine Hand auf ihre, er hätte gerne etwas Richtiges gesagt, aber er wusste nicht, was. Also sagte er etwas Falsches. »Es muss das Schlimmste sein, sein totes Kind in den Armen zu halten.«

Maribelle sah auf. »Ich habe ihn nie in den Armen gehalten. Vielleicht wäre das besser gewesen. Dann hätte ich mich verabschieden können. Hery hat gesagt, es wäre besser, ich würde ihn nicht sehen. Die Reifen hatten ihn überrollt, ihn entstellt. Hery hat alles geregelt. Ich habe nur den Sarg gesehen, bei der Beerdigung. Und das gerahmte Foto, das darauf stand, von einem lachenden Toní im Garten.«

Sie trank einen Schluck. »Er hätte dieses Café geliebt. Manchmal gab es europäische Torte in der indischen Bäckerei. Ich habe ihm immer erzählt, dass wir eines Tages zusammen nach Europa fahren und Torte essen würden, alle Sorten, die sie haben.« Auf einmal blitzte es in ihren Augen. »Kannst du die merkwürdige Frau fragen, ob sie Torte haben?«

Terje fragte. Es gab fünf Sorten Torte, und Maribelle bestellte ein Stück Sahnetorte. »Für Toní«, sagte sie.

»Hast du dich je gefragt, ob die Geschichte wahr ist?«, fragte Terje nachdenklich.

Sie wusste sofort, was er meinte. »Natürlich. Wie kann so ein kleines Kind über eine so hohe Mauer klettern? Die Nounou war nur kurz am Telefon. Und er war kein Kind, das einfach wegläuft, um irgendwo Ball zu spielen. Vor allem …« Sie zögerte. »Vor allem war der Ball noch zu Hause. In seinem Zimmer. Hery hat gesagt, er muss mit einem anderen Ball gespielt haben. Einem, der den Kindern auf der Straße gehörte. Aber er kannte keine Kinder da draußen. Ich war sein ganzer Freundeskreis.«

Sie sah die Torte an, die die Bedienung neben sie stellte, ein Kunstwerk aus Nougatcreme und Sahne, und dippte einen Finger hinein. Für Toní.

Mein Gott, dachte Terje, mein Gott, das war es also, was die ganze Zeit da gewesen war, im Hintergrund, unsichtbar, zwischen Biscuit und Maribelle. Ein totes Kind.

»Ich habe es im Kopf durchgespielt, immer wieder«, sagte Maribelle leise, »aber es gab eine Menge Leute, die den Unfall gesehen haben. Leute auf der Straße. Und da war der THB-Fahrer, dem nie Schuld zugesprochen wurde. Er sagte, der Junge sei einfach vor den Wagen gelaufen. Es waren zu viele. So viele Leute lügen nicht.«

»Oder doch«, sagte Terje. »Wenn das Geld stimmt. In Madagaskar kann man alles recyceln. Sogar die Wahrheit. Die Leute sind hungrig. Sie brauchen Geld.«

»Sie haben mir Medikamente gegeben, gegen die Traurigkeit«, sagte Maribelle. »Die Medikamente haben bewirkt, dass ich eine Menge schlief. Es war fast zu anstrengend, dir zu schreiben, aber ich habe es versucht, das weißt du inzwischen.«

»Und ich habe deine Briefe nie bekommen. Aber das hatten wir schon.«

Sie nahm den winzigen silbernen Löffel vom Teller und begann, sehr sorgfältig die Torte zu essen. Vor dem Fenster sah Terje auf der schmalen Straße Cyclo-Pousses in allen Formen und Farben vorbeifahren und stehen bleiben, um sich fotografieren zu lassen. Die Insel füllte sich mit Zuschauern.

»Toní hätte der ganze Trubel gefallen«, sagte Maribelle. »Er war ein fröhliches Kind.«

»Wer hat eure Nounou angerufen? Du hast gesagt, sie war am Telefon und hat deshalb nicht aufgepasst. Hat sie dir je erzählt, wer angerufen hat?«

»Nein. Hery hat sie am selben Tag entlassen. Sie hat versagt, meinte er.«

Terje nickte langsam. »Das hätte ich mir denken können.«

Das Hotelcafé begann sich mit anderen Gästen zu füllen: mit Indern, Vietnamesen, Pakistanis in Radsportkleidung, mit deutschen Touristen. Terje rückte ein wenig näher zu Maribelle.

»Du denkst dasselbe wie ich, oder«, sagte er leise. »Hery.«

Sie nickte. »Es war seine Strafe dafür, dass ich mich mit Biscuit getroffen habe. Es war eine Strafe und zugleich eine Warnung. Ich habe mich nie wieder allein mit ihm getroffen.«

»Was für eine grausame, unmenschliche Strafe.« Terje schüttelte den Kopf.

»Man kann ihm natürlich nichts beweisen. Er hat versucht, mich zu trösten. Er hat gesagt, wir würden noch ein Kind bekommen.« Sie lachte kurz auf. »Und er hat sich große Mühe gegeben, aber ich habe dafür gesorgt, dass er nie ein eigenes Kind bekam. Er hat mein Zimmer kontrolliert, mich von den Bediensteten beobachten lassen, damit ich nicht heimlich die Pille nahm. Nun, es gibt andere Möglichkeiten. Keines der Kinder, die er möglicherweise gezeugt hat, hat je das Licht der Welt erblickt. Ich habe sie alle umgebracht.« Sie leckte ihren Zeigefinger ab. »Eine sehr gute Torte, wirklich.«

»Du hast …?« Terje spürte, wie ihm flau wurde.

»Es war befriedigend. Als würde ich ihn töten. Immer wieder.« Sie lachte. »Himmel, Terje, ich habe keine Babys im Garten vergraben. Was sind schon ein paar Zellen? Auch Pflanzen können giftig sein. Ich habe damals den *ombiasy* nach den richtigen Kräutern gefragt, und er hat mich nicht verraten, das rechne ich ihm hoch an.«

Eine Weile schwiegen sie, dann sagte Terje: »Du hast Hery nie verlassen.«

»Es ist nicht so einfach, aufzustehen und wegzugehen, nicht in Madagaskar. Gegen den Willen meines Vaters, gegen den Willen der ganzen Familie … Und ich hatte Angst.«

»Dass er dir etwas antut?«

»Mir? Nein.« Wieder lachte sie. »Biscuit. Er hat mehr als deutlich gemacht, zu was er fähig ist. Er hat zu viele Beziehungen nach oben, niemand wird ihn je für irgendetwas vor Gericht stellen. Ich hatte Angst, er lässt auch Biscuit umbringen.«

»Und trotzdem hast du gesagt, dass er kein Teufel ist.«

»Er ist unglücklich. Auf seine eigene Weise. Sie haben eine

lange Geschichte zusammen, er und Biscuit. Und Biscuit war immer der, den alle geliebt haben. Hery … hat Angst vor sich selbst. Davor, wozu er fähig ist. Nora hat das auch gesagt. Es gab Nächte, da hat er in meinen Armen geweint. Er wäre gerne jemand anderer geworden. Jemand, dem die Herzen der Menschen zufliegen wie diesem kleinen Jungen, den er damals gekannt hat und den er liebte wie alle anderen, aber er war der Antagonist. Als hätte ihn jemand dazu bestimmt. Die Ahnen.« Sie schüttelte den Kopf. »Nein, ich nehme ihn nicht in Schutz. Und ich bin hier. Nach so vielen Jahren.« Sie sah aus dem Fenster, lächelte still. »Ich mache auf eigene Faust eine Reise, denn Biscuit ist nicht mehr in Madagaskar, er kann ihm nicht mehr schaden. Und im Übrigen gilt das Gleiche für dich. Ich hatte schreckliche Angst um dich in diesen letzten beiden Wochen. Mehr noch um deine Tochter. Nora ist dein wunder Punkt. Er war ein paar Mal nahe daran, ihr etwas anzutun, er hat es mir erzählt.«

»Ihr etwas anzutun«, wiederholte Terje, tonlos. Er sah auf seine Hände hinab und merkte, dass sie begonnen hatten zu zittern.

Er hätte sie besser schützen müssen. Aber sie war ein erwachsener Mensch. Es würden noch eine Menge Dinge in ihrem Leben geschehen, vor denen er sie nicht beschützen konnte, und es tat weh, das zu denken.

Schließlich sah Terje Maribelle wieder an. Er fragte nicht: Wirst du zurückkehren? Er wollte die Antwort nicht hören, falls sie »Ja« lautete.

»Du siehst also zu«, sagte er stattdessen. »Wo schläfst du?«

»Oh, ich habe hier ein Zimmer. Deshalb steht das grüne Pousse vor dem Fenster.«

»Natürlich. Wenn das alles vorbei ist … Meine Wohnung ist winzig, aber ich könnte euch einladen zu …«

»… einem Bier, das du erst noch besorgen musst, weil dein Kühlschrank leer ist.« Sie lächelte und stand auf. »Tu das. Ich werde noch ein wenig über die Insel wandern. Mir dieses Europa ansehen, das ich immer sehen wollte.«

Als wäre die Insel alles, was sie je von Europa sehen würde.

»Wir sehen uns um vier«, sagte er. »Wenn der Wettkampf anfängt.«

Sie nickte. »Lass die Rechnung auf Zimmer Nummer zwölf anschreiben«, sagte sie, und er wollte sagen: Nein, es ist der Herr, der die Dame einladen sollte – doch dann ließ er es.

Eine Weile saß er nur so da und sah durchs Fenster auf das graue Frühjahrsmeer und dachte: Biscuit hatte einen Sohn. Und dann dachte er: Biscuit weiß es nicht. Er hatte einen Sohn und wusste es nie. Und wann soll er diesen Sohn überhaupt gezeugt haben?

Es fehlte noch immer ein Stück der Geschichte.

In diesem Moment klingelte sein Telefon.

»Komm her«, sagte Biscuit. »Ins Wettkampfbüro. Es ist in der Touristeninformation am Hafen.«

»Was?«, fragte Terje verwirrt.

»*Komm*. Bitte!«

Terje schnappte sich zu Hause sein Fahrrad, die Wohnung lag auf dem Weg, und fuhr so schnell er konnte, obwohl er Angst hatte, dass die Schmerzen in seiner Brust zurückkehrten.

Der Hafen war so voll mit Menschen wie selten. Neben dem Hafenbüro gab es einen Stand, der nicht zu übersehen war. Einen Stand voller wunderschöner schmaler Fläschchen in bunt bestickten Hüllen.

MADIO. So riecht die Ferne.

Eine Menge Leute standen dort und sprachen mit der hübschen jungen Frau an dem Stand. Gott, sie war so hübsch wie nie zuvor, in einer bestickten hellen Bluse aus Maribelles Werkstatt, mit roten Wangen und strahlenden Augen. Riesige Fotos madagassischer Frauen waren hinter den Parfumproben aufgestellt – wie hatte sie das alles so schnell hinbekommen?

Er betrat das Hafenbüro, das zugleich Touristeninformation war und sich jetzt auch in ein Wettkampfbüro verwandelt hatte, mit einem Gefühl von Leichtigkeit. Alles würde gut werden.

Doch dann sah er Biscuit.

Er stand mitten in dem kleinen Raum und sah ihm entgegen, und auf seinem Gesicht fehlte etwas. Das Lachen, das sonst immer irgendwo war.

»Terje«, sagte er leise, mühsam beherrscht. »Wir sind nicht für die Weltmeisterschaft gemeldet. Es ist eine andere Mannschaft, die für Madagaskar fährt. Für einen Verein, von dem ich noch nie etwas gehört habe. Offenbar wurde im letzten Moment etwas geändert.«

Terje schnappte nach Luft. »*Wie bitte?* Wie heißt der Mannschaftskapitän?«

Der Mann im Büro beugte sich über einen Computerausdruck.

»Jean-Claude ... Ra ... Rako ... kotomalalahery«, las er.

Sie ließen den Namen einen Moment lang im Raum schweben.

Dann flüsterte Terje: »Kurz: Hery.«

Eine halbe Stunde später lag eine Zeitung auf dem Tisch des Büros: eine Zeitung mit einem Bild von Biscuit und dem Regenbogen-Pousse in Antsirabé. Es war eine Aufnahme vom einzigen Pressetermin, ehe der Regenbogen verpackt worden war.

»Der Artikel«, sagte Biscuit sehr höflich, und Terje übersetzte für ihn. »Der Artikel handelt davon, wie ich begonnen habe, das Weltnetz der Cyclo-Pousse-Fahrer aufzubauen. Und von unserem Pousse, dass zu hundert Prozent aus recycelten Rohstoffen besteht. Madagaskar ist das Land des Recyclings.«

»Und jemand hat offensichtlich die Anmeldung Ihres Landes recycelt«, sagte der Mann trocken. »Gestern kam die Meldung rein, dass das Formular geändert werden muss.« Er sah auf den Bildschirm auf seinem überfüllten Schreibtisch. *»Aus nicht näher zu erläuternden politischen Gründen.«*

»Kommen Sie mit«, sagte Biscuit, noch immer leise und höflich, doch Terje verspürte den Wunsch, den Mann hinter dem Schreibtisch am Kragen zu packen, als er auch diese Aufforderung übersetzte. »Sehen Sie sich unser Pousse an. Es ist das gleiche wie das auf dem Bild. Ich weiß nicht, was geändert wurde, aber es ist ein Fehler.«

Der Mann seufzte und stand auf. »Von mir aus. Aber nur kurz.« Er schnappte sich draußen ein altes gelbes Fahrrad, und Biscuit joggte neben Terje und ihm her, eine kleine Übung, wie er sagte.

Und dann kamen sie bei dem Hotel an, bei der Ansammlung von Rikschas, an denen die Fahrer noch immer herumpolierten und schraubten, und Terje suchte in dem bunten Durcheinander das Regenbogen-Pousse.

Es war nicht da.

Biscuit schüttelte den Kopf. »Ich habe es hier abgestellt. Genau hier. Es war angeschlossen.« Er ging auf den Platz zwischen einer Rikscha aus China – rote Seide – und einer Rikscha aus England – ein Bild der Queen auf dem Rücksitz, Halter für Teebecher – zu: »Genau hier.«

Der Fahrer der britischen Rikscha, ein winziger Mann mit Lederkappe, der aussah wie ein Jockey aus einem Film, nahm seine Zigarette aus dem Mund und sagte auf Englisch: »Was ist los, suchen Sie den Haufen Flaschen, der hier stand? Sie haben ihn doch vorhin selber aufgeschlossen und weggefahren.«

»Ich?«, fragte Biscuit.

»Jedenfalls dachten wir alle, Sie wären das. Gleiche Kleidung, dunkle Haut. Sie eben.«

Vermutlich, dachte Terje, sahen für den Jockey alle Madagassen gleich aus.

Biscuit griff in seine Tasche. »Der Schlüssel«, sagte er leise. »Jemand hat es geschafft, ihn aus meiner Tasche zu klauen.«

»Du bist nicht zufällig Hery begegnet.«

»Zufällig hätte ich das gemerkt«, sagte Biscuit ärgerlich. Und dann sanfter: »Tut mir leid, du kannst ja nichts dafür.« Terje hätte ihn am liebsten geschüttelt, ihn angeschrien: Sei doch einfach einmal sauer! Werd wütend!

»Wo ist denn diese angebliche andere Mannschaft aus Madagaskar?«, fragte er. »Ich wette, es gibt sie gar nicht.«

»O doch«, sagte jemand.

Vor der Tür des Hotels, ein paar Treppenstufen über ihnen, lehnte jemand am Geländer. Jemand in einem Sportjackett und einem weißen T-Shirt mit dem Aufdruck *Association Cyclo-Pousse Antananarivo* sowie dem Wappen Madagaskars: dem weit aufgefächerten Baum der Reisenden, der angeblich – nur angeblich – die Himmelsrichtungen weist.

»Hallo, Biscuit«, sagte Hery und nickte Terje zu. »Terje. Ich hoffe, ihr hattet eine gute Reise.«

Biscuit ballte die Fäuste.

Die Flügel der Hoteltür hinter Hery standen offen, und dahinter sah man die Lobby des Hotels. Zwischen den Sesseln und Leselampen stand ein Cyclo-Pousse.

Es war komplett stromlinienförmig, tropfenförmig eigentlich, hatte eine glatte Plastikaußenhaut wie ein Fisch und trug die Farben Madagaskars: weiß, grün und rot. Hinten wippte auf einer Antenne eine winzige Flagge. Zwei große, schmale Räder flankierten den Tropfen, der Fahrer saß mit im Pousse, über dem mittleren, dritten, kleineren Rad.

Biscuit schnappte nach Luft.

Dieses Pousse war perfekt. Es war, abgesehen von den etwas lächerlichen Nationalfarben, so schön wie nur etwas komplett Abstraktes sein konnte. Ein junger Madagasse polierte gerade die glänzende, dünne Plastikhaut, ein zweiter war dabei, die Reifen zu kontrollieren.

Terje schnaubte. »Das wurde nie und nimmer in Madagaskar hergestellt.«

»O nein«, sagte Hery und lächelte. »So etwas kriegen sie in diesem Schrottland – Verzeihung – nicht hin. Dies ist ein Pousse aus deutscher Fabrikation, Maßanfertigung. Wir haben uns gerade erst kennengelernt. Zeit für eine Testfahrt.«

Die beiden jungen Männer, kräftig, muskulös und sportlich, nickten.

»Du kannst nicht Pousse fahren«, sagte Biscuit leise. Seine Stimme zitterte.

»Wer sagt das?«, fragte Hery. Er sprach jetzt Malagasy. »Denk nicht, du bist der Einzige, der irgendetwas kann. Es liegt dir, das zu denken. Du glaubst, du bist immer besser als alle anderen. Der geborene Sympathieträger. Der beste Sportler. Du hast mich zweimal lächerlich gemacht. Beim ersten Mal ist deinetwegen meine Familie vor die Hunde gegangen. Beim zweiten Mal hast du meine eigenen Jungs dazu gebracht, dass sie mich aus der Stadt jagen. Ich habe das nicht vergessen. Dies ist meine Revanche.«

»Du hast trainiert«, sagte Biscuit.

Hery nickte. »Möglich. Aber ich bin nicht allein, das siehst du ja. Teamwork ist alles. Zwei Passagiere. Und es darf im Notfall getauscht werden. So sind die Regeln, du hast sie gemacht. Ich werde auf absolut faire Weise gewinnen. Für Madagaskar.«

»Das Schrottland, das du gar nicht leiden kannst«, knurrte Biscuit.

»Es reicht, wenn das Land *mich* leiden kann«, sagte Hery. »Einmal werden die Menschen *mich* lieben.«

»Entschuldigung, Sie sind also beide der Meinung, Sie sollten für Madagaskar an den Start gehen«, unterbrach der Mann aus dem Wettkampfbüro. »Ich weiß nicht, was hier passiert ist und wer von Ihnen im Recht ist. Wahrscheinlich lässt sich das irgendwie herausfinden, aber das wird dauern. Ich wäre daher ausnahmsweise bereit, Sie fürs Erste beide starten zu lassen. Nur«, er sah Biscuit an, »Sie haben kein Fahrzeug.«

»Wo habt ihr es hingebracht?«, fragte Terje.

Hery legte den Kopf schief. »*Hingebracht?* Ich habe keine Ahnung, wovon du sprichst.«

»Ich muss jetzt wirklich zurück.« Der Mann aus dem Wettkampfbüro trat unruhig von einem Fuß auf den anderen. »Sie haben kein Fahrzeug, und dabei bleibt es.«

»Doch. Wir haben eins«, sagte Terje.

Biscuit starrte ihn an. Alle starrten ihn an. »Wo?«

»Moment«, sagte Terje. Und er stieg noch einmal auf sein Rad.

Das grüne Pousse wartete an der Rückseite des Hotelcafés, geduldig wie ein altes Zebu. Maribelle hatte es nicht einmal angeschlossen.

Ein wildes Kaninchen graste neben seinen Rädern, es erinnerte Terje an das, das Nora gerettet hatte. Es hoppelte davon, als er das schwere Pousse mühsam wendete.

Er schwang sich auf den Sattel, den alten Fahrradsattel, auf dem er einmal um die halbe Welt gefahren war.

Es war wie immer seltsam, ein Pousse zu lenken, weil es vom Gleichgewicht her umgekehrt funktionierte wie ein Fahrrad. Aber er schaffte es. Und dann bog er um die Ecke vor Biscuits Hotel und wurde mit Applaus empfangen. Selbst Hery klatschte, langsam und zu laut, in einer Art ehrfürchtigem Mitleid.

»Dann viel Glück«, sagte er, wandte sich ab und ging in die Lobby, und Terje fragte sich, was ihn die Erlaubnis gekostet hatte, sein Fahrzeug dort drinnen zu stationieren.

Terje stieg vom Sattel. Er sah das alte grüne Pousse an: ein Relikt aus der Vorzeit. Unendlich schwer, mit einer grauenhaften Übersetzung.

Es war alles, was sie hatten. Es war ihre ganze gemeinsame Vergangenheit.

Biscuit lächelte.

»Dann treten Sie von mir aus beide an«, sagte der Mann vom Wettkampfbüro. Vermutlich dachte er, dass Biscuit ohnehin keine Chance hatte.

Er stieg wieder auf sein klappriges gelbes Rad und war fort.

Biscuit ging zu dem grünen Pousse und streichelte seine Lenkstange.

»Wo kommt das denn her?«, flüsterte er.

»Maribelle«, antwortete Terje leise. »Maribelle hat es herbringen lassen. Sie ist hier. Sie hat es endlich geschafft, das Haus aus Granit zu verlassen. Hery weiß nicht, dass sie da ist. Und ich glaube, sie weiß nicht, dass *er* da ist.«

Biscuits Gesicht bekam einen gequälten Ausdruck. »Die ganze Sache wird mir fast zu gefährlich. Dies ist das Ende von allem. Das Ende der Geschichte.« Er schüttelte sich. »Wir sollten eine Runde fahren, das Pousse an die Straßen hier gewöhnen.«

»Ich wünsch Ihnen viel Glück, ehrlich«, sagte der englische Jockey. »Wenn Sie mit dem schweren Ding an den Start gehen, alle Achtung, das verlangt Mut. Sind Sie seine Mannschaft?«

Terje nickte. »Ein Teil davon. Wir werden eher nicht tauschen, nehme ich an.«

»Nur unsportliche Menschen tauschen«, sagte der Engländer, und der Chinese neben ihm nickte und zeigte auf zwei Sandsäcke. »Das ist meine Mannschaft.«

»Und Ihre?«, fragte Biscuit, schon auf dem Sattel des grünen Pousse.

Anstelle einer Antwort pfiff der Jockey, und zwei Corgis kamen um die Ecke gerast und sprangen auf den weißen Ledersitz.

»Die Lieblingshunde der Queen«, bemerkte der Jockey mit einem Augenzwinkern. Verflixt, die Engländer nahmen diese ganze Sache nicht einmal ernst, sie machten sich einen Spaß daraus, sich selbst zu persiflieren. »Wir sehen uns um vier am Start«, sagte der Jockey und streichelte die Corgis.

»Hör zu«, sagte Terje, während sie aus dem Ort hinausfuhren, durch Heide und Kiefernwäldchen, »ich habe mit Maribelle geredet. Ich muss dir das sagen, weil ich denke, du solltest es wissen. Du bist einmal mit ihr und ihrem Sohn im Park des Hôtel des Thermes spazieren gegangen, erinnerst du dich? Ihr habt euch also doch getroffen.«

»Ich hatte es beinahe vergessen.«

»Das glaube ich dir nicht. Es tut nur zu weh, sich zu erinnern. Du erinnerst dich genau, auch an den kleinen Jungen.«

»Toní.« Ein Lächeln breitete sich über Biscuits Gesicht. »Wir haben zusammen geschaukelt. Er war ein lustiger kleiner Kerl. Sehr wagemutig, wie seine Mutter. Und trotzdem sanft.«

»Wie sein Vater.«

»Sein Vater? Hery?«

»Hery war nicht sein Vater. Du warst sein Vater.«

Biscuit hielt mitten auf dem Weg an und drehte sich um. »Ich? Das ist unmöglich. Wir haben nie …«

Der Unfall, dachte Terje. Die Kopfverletzung. Alles ergab Sinn.

»In Madagaskar sind auch die unmöglichen Dinge möglich«, sagte Terje. »Hör zu. Wenn es möglich ist, dass du einen Sohn hattest, dann ist es auch möglich, mit dem schwersten Cyclo-Pousse der Erde eine Weltmeisterschaft zu gewinnen.«

Biscuit schaute zum Horizont. »Siehst du, was ich sehe?«

»Einen Regenbogen?«

»Nein. Die dunkle Wand dahinten. Sie kommt näher. Was bedeutet es, wenn in Deutschland über dem Meer eine dunkle Wand steht?«

»Sturm«, sagte Terje nüchtern.

»Ein Zyklon«, sagte Biscuit. »Es ist Fady, bei Zyklon mit einem Cyclo-Pousse zu fahren.«

Sie schwiegen einen Moment.

»Es gibt keine Zyklone auf der Ostsee«, sagte Terje dann. »Also mach dir keine Sorgen. Das ist unmöglich.«

»Unmöglich«, wiederholte Biscuit. »Wie alles andere auch.«

***

Halb vier Uhr auf dem kleinen Wecker, den ich extra gestellt hatte.

Halb vier Uhr auf einer winzigen ostdeutschen Insel, auf der sich Sportler aus allen Nationen versammelt hatten, um einen Sport auszuüben, den es bis vor Kurzem noch nicht gegeben hatte und den es doch schon seit der Erfindung des Fahrrades gibt.

Halb vier Uhr, und der Tisch mit den Parfumstiften am Hafen war leer. Leer gekauft.

Mein Herz war voll. Voller Glück, voller Aufregung, voller Ostseewind, voller Erinnerungen an den kleinsten Kontinent der Welt. Mit jedem Parfumstift, mit jeder Hülle hatte ich den Menschen Geschichten mitgegeben: winzige Geschichten zu winzigen aufgestickten Bildern. Hier tanzt eine Frau in der Straße, sie hat heute mit ihrem Gemüseverkauf schon fünfzig Cent verdient und kann Reis kaufen gehen. Hier, das ist ein Lauf-Pousse, der Mann, der es zieht, hat platt gelaufene Füße und keine Schuhe, aber er ist glücklich über seinen Kunden.

Ich hatte all meine Visitenkarten vergeben, die ich in letzter Minute geschrieben hatte: Handgemacht, hatten die Leute gesagt, wie edel.

Ich musste lachen. Ja, ich lachte, als ich mit dem allerletzten Stift in der Hand vom Hafen zum Startpunkt der Wettkampfstrecke rannte, nein, hüpfte wie ein Kind. In einer halben Stunde würde ich in einem Pousse sitzen und über die Insel schweben, auf den Schwingen eines Regenbogens. Sie hatten mich angerufen, um zu fragen, ob ich den Regenbogen gesehen hätte, aber sicher hatten sie ihn inzwischen wiedergefunden, dachte ich. Kein Regenbogen geht einfach so verloren.

Ich dachte auch an Jan und fragte mich, ob ich ihm eine Nachricht schreiben sollte. Ihm vom Erfolg meiner Vermarktungsstrategie erzählen. Und vom Erfolg meines Duftes, dem sie alle verfallen waren.

Ein paar Leute hatten mich gefragt, was der Name bedeutete, und ich hatte gesagt, es wäre ein Kunstwort aus Madagaskar und einer Heilpflanze aus dem Dschungel.

Ja, ich dachte an Jan, und ich dachte an meinen ordentlichen, aufgeräumten Arbeitsplatz in seiner erfolgreichen Firma, diesen großen weißen Tisch mit dem Terminkalender, den ich nie wieder sehen würde. Ich war überhaupt nicht traurig darüber.

Ich drängte mich durch die Menge, die sich am Ortsausgang von Kloster versammelt hatte. Dann sah ich sie: die Wettkampfteilnehmer, bunter und vielfältiger als bei irgendeiner anderen Weltmeisterschaft.

Die Rikschas standen alle vor einem roten Band, und daneben stand eine junge Frau mit einer großen Schere, um es zu zerschneiden.

Moment.

»Wie spät ist es?«, fragte ich einen Araber in Maßanzug und leuchtend blauem Turban, einen Trainer oder Angehörigen, auf Englisch. »Fünf Minuten nach vier«, antwortete er in perfektem Deutsch. »Sie haben noch auf ein Mitglied einer Mannschaft gewartet, aber nun werden sie nicht länger warten.«

Mir wurde heiß und kalt. Der Wecker. Jemand hatte den Wecker verstellt. Warum hatten sie mich nicht angerufen? Ich war es, auf die sie gewartet hatten. Ich griff in meine Tasche. Das Handy war nicht dort, sie hatten mich nicht anrufen *können*.

Egal, sagte ich mir. Bestimmt gab es Ersatzsandsäcke, die sie als dritten Passagier benutzen konnten.

Ich reckte mich, um mehr zu sehen. Ich sah eine Rikscha, die aussah wie ein Floß mit Rädern, eine, die aus silbernem Metall gefertigt war wie ein Ufo, eine, die aussah wie eine österreichische Pferdekutsche, ich fand alle Formen und Farben von Rikschas, aber keinen recycelten Regenbogen.

Und dann entdeckte ich Terje und Biscuit.

In einem alten grünen, ganz einfachen Pousse, schwerer und älter als alle anderen Fahrzeuge. Der Platz neben Terje war leer. Ich sah Biscuits verzweifelte Blicke. Es gab *keine* Ersatzsandsäcke. Ich versuchte, mich durch die Menge drängen, war plötzlich eingekeilt, ging unter wie in einem Meer. Und in meinem Kopf sagte Jan mit mildem Lächeln: Lass es, das wird nichts. Du bist nur ein winziger Mensch in dieser Menge, sie bemerken dich nicht mal, und deine Wichtigkeit an dem kleinen bunten Verkaufsstand war eine Illusion. Du bist jemand, der für andere Aufträge erfüllen kann, zu mehr bist du nicht geboren. Was willst du hier überhaupt? An einem wahnwitzigen Wettrennen teilnehmen, das in der Zeitung unter »Kurioses« erscheint? Geh nach Hause. Ruf das Büro von Summer an, entschuldige dich für deine Eskapaden und komm zurück in die wirkliche, in die saubere und geregelte Welt.

Ich drehte um.

Aber dann geschah etwas Merkwürdiges.

Plötzlich fasste jemand nach meiner Hand und zog mich mit sich in Richtung der Rikschas. Und ich sah, wer es war: eine magere, abgerissene Gestalt mit zerzaustem schwarzem Lockenhaar und dunklen, warmen Augen, auf dem Rücken ein Baby.

Voary.

Ich blinzelte, schüttelte den Kopf, es war unmöglich, wie war sie hierhergekommen? Aber ich ließ mich ziehen, machte mich klein wie sie, kämpfte nicht mehr gegen die Menge, sondern schlüpfte hindurch.

»Avi!«, hörte ich sie flüstern; es war eines der madagassi-

schen Wörter, die ich inzwischen verstand. »*Andao, Nora! Avi!*« Los, Nora! Komm!

Ich rannte die letzten Meter, sah das plötzliche Strahlen in Terjes Augen, die Erleichterung auf Biscuits Gesicht, und Terje zog mich hoch in die Rikscha.

Keine Sekunde zu spät.

Voary sprang leichtfüßig neben mir auf den Sitz. Nur zwei!, wollte ich sagen, es dürfen nur zwei Passagiere sein! Aber offenbar hatte niemand sie bemerkt, sie war so leicht, so flink.

Sie saß zwischen Terje und mir und lächelte Biscuit an, der vor langer Zeit selbst so ein Straßenkind gewesen war und jetzt ein Idol für all diese Kinder.

Da drückte mir Voary etwas in die Hand.

Es war eine runde, rote Klingel. »Ich habe sie am Strand gefunden«, sagte sie, erstaunlicherweise auf Französisch.

Ich gab die Klingel an Biscuit weiter, und er lächelte und befestigte sie mit einer geübten Bewegung am Lenker.

Dann zerschnitt die Schere das rote Band, und die Rikschas fuhren los.

Die Rikscha, die sofort in Führung ging, war weiß. Weiß mit Rot und Grün an einer Seite. Italien, dachte ich. Nein, Madagaskar.

Sie war komplett stromlinienförmig, ein fliegender Tropfen, es war die modernste und wahrscheinlich leichteste Rikscha, die ich je gesehen hatte. Hinten prangte ein zyklamenfarbener Schriftzug: *Team Mada. Gesponsert von der Deutschen Telekom.*

Ich verstand nichts.

Aber dann blickte ich hoch zu dem riesigen Flachbildschirm, der an einem der hübschen alten Häuser angebracht war, und darauf sah man die Rikschas in Nahaufnahme, die sich jetzt in die erste Kurve legten. Und ich sah, wer die weiße fuhr: Hery.

Die Fahrt ging einmal komplett um die ganze Insel.

Der Untergrund war uneben, wir fielen auf der Bank hin und her, während Biscuit sich ins Zeug legte, ich hielt mich krampfhaft fest.

»Nora«, sagte eine kleine Stimme, und eine Hand legte sich von hinten auf meine Schulter: eine schmutzige Kinderhand. Auf dem Quermetall hinter den Sitzen stand Aina, sein fünfjähriges Gesicht so starr vor Dreck wie immer. Er trug nur sein übliches graues T-Shirt mit den vielen Löchern, er musste frieren im deutschen Frühjahrswind, wie kamen sie hierher? Keiner von ihnen besaß einen Pass.

Es wunderte mich nicht, dass auch Tahina, die Siebenjährige, sich neben Aina an die Rikscha klammerte. Vom gelben Dach hingen zwei rußschwarze Kinderfüße. Horlando.

»Wer hat euch hierhergebracht?«, fragte ich.

Doch ich bekam keine Antwort.

Sie waren einfach da. Vielleicht hatten sie gespürt, wie sehr ich sie brauchte.

***

Terje war unsagbar glücklich, Nora zu sehen.

Er hatte gefürchtet, sie hätte es sich anders überlegt. Hätte sich, hier auf deutschem Boden, zurückverwandelt in die Nora, der bunte Rikschas und merkwürdige Menschen nichts bedeuteten, der nichts etwas bedeutete als ihr eigener Erfolg.

Aber da war sie, seine Tochter, seine wunderbare Tochter. Sie sah vollkommen aufgelöst auf, sie sah aus, als hätte sie einen Kampf gegen eine höhere Macht ausgefochten.

Sie hielt etwas in der Hand. Die alte rote Klingel. Als Herys Leute den Regenbogen entführt hatten, mussten sie die Klingel verloren haben. Biscuit brachte sie wieder an ihrem alten Platz an.

Und dann wurde das Band zerschnitten, und der Startschuss fiel.

Terje wusste, irgendwo in der Menge war Maribelle.

Das Pousse holperte durch die Straßen, sprang über Wurzeln, Biscuit trat in die Pedale wie noch nie, doch es half nichts.

Hätten sie den Regenbogen gehabt, hätten sie das Feld angeführt, da war er sicher, doch immer mehr Rikschas überholten sie. Der Brite mit den beiden Corgis auf dem Rücksitz. Der Inder mit der Rikscha, die Augen hatte. Die österreichische Rikscha, die aussah wie eine barocke Kutsche.

Der Schweiß lief Biscuits Rücken hinunter, seine Wadenmuskeln traten so deutlich hervor, das Sporttrikot war klitschnass. Kiefern und Heide flogen vorbei. Er war schnell. Doch er war nicht schnell genug.

Terje hielt sich mit einer Hand weiter fest und griff mit der anderen in die Jackentasche, ertastete den kleinen Gegenstand darin. Einen Halswirbelknochen.

Seine Lippen formten lautlos einen Namen. *Mariella.*

Alles hängt von den Ahnengeistern ab.

»Jetzt endlich fährst du dein Seifenkistenrennen, spürst du es?«, flüsterte er. »Die Farben, die Geschwindigkeit, das Adrenalin? Hilf uns. Lass ein Wunder geschehen.«

Und etwas geschah.

Aber es war nicht das Wunder, auf das Terje gehofft hatte.

Sie umrundeten die Südspitze der Insel am Rande eines Vogelschutzgebiets, wo Möwen und Seeschwalben aufstiegen und ihnen fast die Sicht nahmen. Sie fuhren auf dem Rückweg ein zweites Mal durch Kloster, das in der Mitte der Insel lag, vorbei an den jubelnden Menschen. Und dann ging es in Richtung Dornbusch, in Richtung des Inselberges. Steil aufwärts, mühsam, durch Dünen voll magerem Gas, auf den weißen Leuchtturm zu, der dort oben thronte.

Es gab nur noch wenige Rikschas hinter ihnen; eine äußerst zerbrechliche voller geschnitzter Blumen von den Philippinen, eine aus Australien, deren vollautomatische Lenkung aber offenbar durch einen Elektronikfehler versagte, und den

Briten, der zurückgefallen war, weil er die Corgis kurzzeitig verloren hatte.

Biscuit lag Kopf an Kopf mit dem Inder, um dessen Vorderreifen sich eine orangefarbene gesegnete Blumenkette gewickelt hatte, und Terje hätte über all das gelacht, wenn er nicht Biscuits Verbissenheit gespürt hätte: Er hatte sein ganzes Leben auf diesen Tag zugelebt. Ein halbes Jahrhundert madagassischer Geschichte. Ein halbes Jahrhundert als Sklave.

Jetzt endlich, wo er versuchte, Sportler zu sein, gleichwertig mit allen anderen, war er auf seinem uralten Pousse nichts als etwas für die Rubrik »Kurioses«.

Und dabei war er so perfekt. Terje sah jeden seiner Muskeln unter dem Schweiß hervortreten, sah die Adern an seinen Schläfen fast platzen vor Anstrengung, dieser Mensch war ein anatomisches Kunstwerk an Zähigkeit und Willensstärke. Oder an Trotz.

Er trieb das alte Pousse zu Höchstleistungen, die Verstrebungen ächzten wie unter Schmerzen. Langsam, langsam schob es sich den Berg hinauf.

Zu ihrer Linken fiel der Hang ab, steil und bewaldet.

Der Engländer überholte wieder. Danach der Philippiner. Nur noch der Australier mit der bockenden Lenkung war hinter ihnen, und der nahm das Ganze nicht ernst, er lachte fröhlich in die Fernsehkamera auf dem Begleitwagen.

Die Kamera sah nicht, was als Nächstes geschah.

Denn jetzt kamen ihnen diejenigen entgegen, die die Bergkuppe bereits hinter sich hatten, und an achter Stelle lag das weiße Pousse des Teams *Madagaskar*.

»Verdammt«, knurrte Biscuit, obwohl er eigentlich keine Luft zum Reden hatte, »er hat das beste Pousse, wie kann er zurückfallen? Wenn er schon für Madagaskar fährt, muss er …«

»Gewinnen« sagte er nicht mehr, denn auf der anderen Seite des Weges kam das Stromlinien-Pousse ihnen jetzt entgegen. Auf dem Sattel saß einer der jüngeren Fahrer, Hery musste während der Fahrt umgestiegen sein, er fuhr nicht, er ließ fahren.

Er rief seinem Fahrer etwas zu, griff nach vorn, in die Lenkung, sodass das weiße Pousse direkt auf sie zuraste, und dann war es da, ein weißer Streifen Geschwindigkeit, ein Blitz, und drängte sie von der Fahrbahn, auf den bewaldeten Steilhang zu, der jäh zum Meer hin abfiel.

Das alte grüne Pousse kippte, stürzte in das Wirrwarr aus Ästen, Dornen und Blättern, aus Frühlingsblumen und duftender Erde.

Diesmal war es Biscuit, der schrie.

Wenn wir den ganzen Dornbusch hinunterfallen, dachte Terje, war es das.

Dieses bunte Spielzeug wird dort unten zerbrechen, wird zu etwas Unrecycelbarem werden, mit drei nicht mehr reparablen Spielzeugpuppen darin: uns. Mein Gott, wir werden sterben, und ich bin schuld, Madagaskar hält stets irgendwo einen Trumpf der Ironie in der Hinterhand. Aber das hier, verdammt, ist gar nicht Madagaskar.

Nora klammerte sich an ihm fest, zum ersten Mal in ihrem Leben.

Und dann wurde ihr Fall jäh von einer Gruppe dicht stehender Bäume gestoppt.

Auf einmal war alles still.

Sehr still.

Das Pousse lag auf der Seite. Das Einzige, was man hörte, war der Wind, der durch die Zweige des Waldes fuhr. Er nahm zu. Irgendwo da draußen auf dem Meer wuchs er sich zu einem Sturm aus.

Terje setzte sich ganz langsam auf. Er fühlte sich zerschlagen, aber verflixt, er lebte. Neben ihm lag Biscuit. Er lag auf dem Bauch. Reglos. Terje drehte ihn um, murmelnd, betend: *Lass ihm nichts passiert sein.*

Biscuits Gesicht war voller Blut. Terje biss die Zähne zusammen und wischte es beiseite, es kam aus einer Platzwunde an der Stirn. Er musste beim Sturz auf den Lenker gefallen sein. Langsam öffnete er die Augen – und grinste. »Sie kriegen uns nicht«, wisperte er. »So schnell kriegen sie uns nicht.«

Er versuchte aufzustehen und zuckte zusammen. »Mein Bein. Verdammt, Terje, der Kratzer an der Stirn ist egal, aber das Bein …«

Terje nickte, stützte ihn und bekam ihn irgendwie in eine sitzende Position, er sah den Schmerz auf seinem Gesicht. »Es ist mein Unterschenkel. Links. Damit kann ich nicht weiterfahren.«

»Weiterfahren?« Terje starrte ihn an. »Wir hätten draufgehen können. Dachtest du wirklich, wir fahren weiter?«

»Natürlich fahren wir weiter«, presste Biscuit zwischen zusammengebissenen Zähnen hervor. »Jetzt bist du dran.«

»Ich?«

Biscuit schloss die Augen, atmete tief durch.

»Ja«, sagte er. »Du. Du bist mein einziger Freund. Dies ist unsere Weltmeisterschaft. Rette sie.«

»Aber wie …?«

»Indem wir dieses Pousse wieder auf den verflixten Weg hochschieben«, sagte Nora.

Ihr Gesicht glühte, der Wind hatte ihre Haare durcheinandergewirbelt.

Terje wollte sagen, dass es Wahnsinn war, das Pousse den Berg hochzuschieben. Dass das nicht ging., doch er sagte nichts. Er packte mit an.

Sie stellten das alte Fahrzeug wieder auf seine drei Reifen, einige der Holzverstrebungen waren gesplittert und der Sitz hinten von einem Ast aufgeschlitzt, doch das Gerüst und die Räder waren unversehrt. Biscuit zwang die abgesprungene Kette wieder auf ihre Zahnräder. Dann begannen sie zu schieben, aufwärts, durch den Wald aus dornigem Gestrüpp und windgebeugten Bäumen. Sie keuchten und schoben und zogen und kämpften einen Kampf, den keiner sah außer den kleinen weißen Frühlingsblumen, die zwischen den windzerzausten Bäumen wuchsen.

Und dem Reporter, der mit einem starken Zoom oben auf dem Leuchtturm des Dornbusches stand.

Und sie schafften es. Es war unmöglich, und es war möglich, wie alles in Madagaskar, und das Pousse war ein Teil Madagaskars.

Als sie auf dem Weg ankamen, liefen Tränen über Biscuits Gesicht vor Schmerz, aber er sagte kein Wort. Er lächelte.

Terje kletterte auf den Sattel.

Da saß er also, genau wie damals, als er zum ersten Mal nach Antsirabé hineingefahren war.

Der kleine Wirbelknochen in seiner Tasche schien zu glühen, er gab ihm Kraft. Er war nicht siebzig, er war fünfundzwanzig – jung und gesund und stark, und er sah Mariella unter den Platanen sitzen, hörte sie sagen: »Ich liebe Seifenkistenrennen. Gewinn dieses Rennen für mich, ja? Ich spüre: Du kannst es.«

»Du kannst es«, sagte seine Tochter hinter ihm.

»Du kannst es«, sagte sein einziger Freund.

Über Hiddensee stand eine schwarze Wolkenwand.

Die ersten Sturmböen fegten heran.

Terje stemmte sich in die Pedale und dachte: Es ist Fady, bei Zyklon Pousse zu fahren.

Biscuit erzählte es ihm erst später, doch im Moment seines Sturzes hatte er sich erinnert. An die Bruchstücke seiner Geschichte, die ein anderer Sturz ihn hatte vergessen lassen.

Er war für Momente wieder jung gewesen, war dreißig Jahre zurückgefallen.

Er saß hinten in dem grünen Pousse, neben der Prinzessin,

versunken in einen ewig andauernden Kuss, unter ihnen das Abendlicht auf den Reisfeldern.

Aber es blieb nicht bei dem Kuss.

Ihre Hände suchten die Knöpfe an seinem Hemd, zogen es über seinen Kopf, öffneten ihre Bluse.

»Hier?«, flüsterte er, erstaunt. »Jetzt?«

»Wir sind allein«, flüsterte sie zurück. »Allein mit dem Land. Wir werden allein mit einer Menge Ländern sein. Wenn du mit mir weggehst. Willst du das?«

»Natürlich«, sagte er, »natürlich will ich.«

»Gut«, sagte sie und ließ ihre Hände in tiefere Regionen vordringen. »Aber erst kommt das hier. Ich glaube, wir haben beide lange darauf gewartet.«

Sie zog ihn an sich, in sich hinein, hielt sich an ihm fest. Und dann bewegten sie sich zusammen, sie auf seinem Schoß, dort auf der Rückbank des Pousse, und es war wie Fliegen, er hatte nie etwas so Schönes gespürt, sie waren eins, es gab keine Unterschiede mehr, keinen Dienenden und keine Herrin, kein Ich und kein Du, es war ein Moment vollkommenen Glücks.

Sekunden nach einem Höhepunkt der Verblüffung über die Wunderbarkeit des Lebens löste das Geschaukel die Bremse. Biscuit zog geistesgegenwärtig sofort an dem Metallhebel, doch nichts geschah, die Bremse funktionierte nicht, niemand wusste zu diesem Zeitpunkt, dass das Kabel angesägt war und riss.

Und so begann ihr gemeinsamer Sturz den Berg hinunter.

Als man sie unten fand, war die Bluse der Prinzessin noch immer aufgeknöpft. Und die Leute begannen zu reden, hinter vorgehaltener Hand. Ihr Vater musste sie rasch verheiraten, ehe die Gerüchte zu laut wurden.

Als Biscuit die Augen aufschlug und in Terjes Gesicht sah, dort am Berghang, fiel ihm alles wieder ein. Und die Erinnerung gab ihm die Kraft, trotz seiner Schmerzen weiterzumachen. Die Kraft, zusammen mit den anderen das Cyclo-Pousse den Berg hinaufzuschieben, eine eigentlich unmögliche Anstrengung mit einem gebrochenen Bein.

Er dachte an die Prinzessin.

Irgendwo in einem kleinen Bilderbuchort mitten auf dieser Insel wartete sie darauf, dass das grüne Pousse mit der roten Klingel zurückkam. Verlorene Chancen, dachte er, sind recycelbar.

Die Ziellinie der anderen war ein rotes Band. Seine Ziellinie war ihr Lächeln.

Im Grunde war es egal, wann er bei ihr ankam, das wurde ihm in diesem Moment klar. Er hatte fünfundvierzig Jahre gebraucht, da kam es auf eine Stunde nicht an. Er musste nur ankommen.

14

Es gibt keine Zyklone in Deutschland.
Es gibt Stürme, es gibt Unwetter, aber es gibt keine Zyklone.

Terje fuhr den Rundweg um den Leuchtturm, um den Dornbusch herum, während Biscuit ihm von hinten Anweisungen gab, wie er lenken, wie er treten, wie er atmen musste. Er war dankbar dafür, er war nach Minuten schon am Ende, er fühlte, wie die Enge zurückkam: die Enge in seiner Brust. Der Schmerz.

Versuchte, ihn zu ignorieren: den Schmerz, die Atemnot und die Panik. Er konzentrierte sich nur auf das Treten. Der Wind kam eine Weile von hinten, schob sie an, gab ihm Hoffnung. Dann waren sie um den Dornbusch herum, und jetzt kamen die Böen von der Seite, bogen die Kiefern, drückten das Gras flach an die Erde.

Und Terje wusste, dass er nicht weiterkonnte. Der Schmerz war zu groß, er bekam kaum Luft.

Vor ihnen, weiter unten, sah er die anderen Fahrradrikschas, bunt und fröhlich rasten sie dahin, unbeschwert, auf die ersten Häuser des Ortes zu.

»Ich … ich schaff es nicht«, keuchte er, doch der Wind riss ihm die Worte vom Mund, und er konnte nicht weitersprechen.

Nach siebzig Jahren ließ ihn sein Herz im Stich.

Er ließ die Lenkstange mit einer Hand los und presste diese Hand auf die Brust, um den Schmerz zu lindern, der dort wütete; natürlich nützte es nichts, und da griff er in die Tasche und schloss die Finger um Mariellas ersten Wirbelknochen.

Jetzt, sagte er lautlos zu ihr. Jetzt ist der Punkt, an dem du helfen musst. Sonst sind wir verloren.

Die Ahnengeister haben die Macht über das Diesseits. Tu etwas, das uns rettet.

Es gibt keine Zyklone in Deutschland.

An jenem Tag fegte ein Zyklon über die Insel Hiddensee.

Er kam von der offenen See, gehüllt in blaue Regenbänder und silberne Tropfenschleier, schön wie eine handbestickte Bluse, tödlich wie ein herumwirbelndes Riesenrad aus Wind und Wasser, er überrollte die Insel wie ein THB-Lastwagen.

Er vertrieb den normalen Inselwind mit einem Lachen, hob alles hoch, was nicht im Boden verankert war, riss es in sein sich drehendes Herz: Sand, Muscheln, junge Bäume, Fischerboote, die ersten Strandkörbe des Frühlings, Teile vom Dach des kleinen Inselmuseums. Mützen, Schals und Hüte.

Er riss einen siebzigjährigen Cyclo-Pousse-Fahrer von seinem Sattel. Terje konnte sich gerade noch am Lenker festhalten, auf einmal stand er neben dem Pousse, es schwankte, doch es wurde nicht vom Erdboden gerissen. Es schien sich jetzt im Auge des Zyklon zu befinden, dort, wo es still war.

***

Zyklone entstehen, das habe ich später nachgelesen, wenn das Meer zu warm und die Luft kühl ist. Ich kann mir nicht vorstellen, dass die Ostsee warm war an diesem Tag, aber sie muss es gewesen haben. Vielleicht hatte sie all die glühende Hoffnung aufgenommen, die in einer grünen Rikscha über eine winzige Insel unterwegs war, vielleicht hatte sie den brennenden Hass geschluckt, der zwischen zwei alten Feinden schwelte, vielleicht ist die helle, strahlende Liebe einer Frau in ihre Wellen gefallen, die ihr Herz zweimal verlor und gekommen war, um es beim dritten Mal zu verschenken.

Ich weiß nicht, was es war.

Ich weiß nur, dass Terje mitten im Zyklon plötzlich neben dem Sattel des Pousse stand und eine Hand auf die Brust presste, blass. Ich sah, dass er litt.

Dies war der Tag, an dem er siebzig wurde. Mein verrückter, liebenswerter Vater, den ich so lange nicht verstanden habe.

Er musste ins Krankenhaus, genau wie sein Freund. Und deshalb musste die Rikscha weiterfahren.

»Nora!«, rief Voary und zeigte auf den Sattel. »Du musst fahren!!«

»Ich kann nicht!«, rief ich.

»Doch!«, schrie sie. Ich sah sie an, ihr leuchtendes Gesicht, von dem der Regen den Dreck gewaschen hatte. Sie war schön, schön auf ihre eigene, eigenwillige Art.

Tahina steckte die Tücher um das Baby auf Voarys Rücken fest, ich sah dazwischen sein kleines Gesicht, und in diesem Moment öffnete es die dunklen Augen und lächelte mich zum ersten Mal an.

»Nora!«, rief Aina, die Augen aufgerissen vor Furcht. »Fahr!«

Horlando lag flach auf dem Dach des Pousse, hing mit dem Kopf nach unten wie eine Fledermaus und grinste mich an. »*Andao!*«

»*Andao*«, sagte ich.

* * *

Terje würde nie vergessen, wie Nora von der Bank des Pousse kletterte und zu ihm kam, mitten im Zyklon: ein zerzauster, nasser rettender Engel. Sie beugte sich ganz nahe zu ihm, damit er sie hörte im Heulen des Sturms.

»Ich fahre!«, rief sie. »Die Kinder sagen, ich muss.«

»Die Kinder?« Terje sah sich verwirrt um.

Doch da kletterte sie schon auf den Fahrradsattel.

»Alles wird gut!«, schrie sie gegen den Wind an. »Ihr braucht beide einen Arzt. Ich bin die nächste Generation, ich übernehme jetzt!«

Da kletterte Terje neben Biscuit auf die Sitzbank, mühsam. Der Schmerz brachte ihn fast um. Da saßen sie, zwei Invaliden. Terje sah, wie seine Tochter sich nach vorn lehnte und all ihr Gewicht, all ihren Willen in die Pedale stemmte.

Sie fuhren. Nein, sie flogen.

Nora war jung, gesund und stark, und sie trat in die Pedale, als hätte sie nie etwas anderes getan. Sie war ein Naturtalent, sie sahen es beide, und trotz der Schmerzen erwiderte Terje Biscuits Lächeln. Seine Tochter: Sie war stark wie ein Zebu, entschlossen wie ein Bettelkind auf den Straßen Madagaskars.

Sie war eins mit dem grünen Pousse, sie betätigte die alte rote Klingel, sagte der Welt: Wir lassen uns nicht unterkriegen!

Terje sah, während sie abwärtsschossen, unten die anderen Rikschas kämpfen. Sich auf die Seite legen, auf einem Rad balancieren, vom Weg abkommen.

Sie kämpften nur kurz.

Es waren allesamt moderne Leichtmodelle, bis auf das blumenbeschnitzte von den Philippinen, das dem Sturm jedoch eine zu große Angriffsfläche bot mit seinen reich verzierten Seitenteilen. Es kippte und blieb liegen. Die übrigen Rikschas hob der Zyklon einfach hoch, übermütig wie ein Kind, ließ sie steigen. Für einen Zyklon waren sie nichts als bunte Drachen. Er trug sie fort von der Wettkampfstrecke, über Heide und Gras und Sand, und manche wirbelte er bis ins Meer.

Das leichteste, das in den Farben Madagaskars, setzte er erst weit, weit draußen auf den Wellen ab.

Die Zuschauer, die sich in Cafés und Hotels geflüchtet hatten, sahen voller Verwunderung und Schrecken hinaus in den wasserfallartigen Regen. Nur eine kleine Handvoll Menschen wartete tapfer neben dem roten Band der Ziellinie, sich vorsorglich an Treppengeländern oder Straßenlaternen festhaltend, um nicht vom Sturm von den Beinen gerissen zu werden. Da waren der Mann mit dem blauen Turban, der Mann aus dem Wettkampfbüro, der jetzt sein gelbes Ölzeug anhatte, das er sonst trug, wenn er in seinem Kahn draußen fischte. Ein paar zitternde Reporter.

Und zwei ältere Frauen.

Eine mit hellem Haar und teurer Windjacke, die sie von ferne jünger machte. Und eine, deren ungehorsame schwarze Locken eine blaugraue Strickmütze verbarg. Sie hatten sich, ehe der Sturm begann, lange unterhalten, jetzt stemmten sie sich zusammen gegen den Wind.

Es war wie ein Weltuntergang.

Und dann waren die Rikschas da, näherten sich der Ziellinie, legten die letzten Meter im Sturm zurück.

Nein.

Es war nur noch eine Rikscha.

Eine einzige, die schwerste, die der Zyklon nicht fortgetragen hatte, fuhr auf die Ziellinie zu. Auf dem Sattel saß eine zerzauste junge Frau in einem völlig durchnässten Sommerkleid. Sie reckte ihr Gesicht den Tropfen entgegen, der Regen hatte das Make-up von ihrem Gesicht gewaschen, und sie lachte laut. Denn dieser Zyklon, dieser Regen gehörten einem Land, das sie liebte.

Und in dem Moment, in dem sie die Ziellinie erreichte und das Band zerriss, wusste sie, was sie tun würde.

Die wenigen Menschen, die noch nicht nach drinnen geflohen waren, klatschten.

Die Kameras übertrugen das Bild des Sieges in die Cafés, und da brach ein Jubel unter den Menschen los, ein Jubel, der das Heulen des Zyklons übertönte.

»Madagaskar!«, rief der Reporter oben auf dem Leuchtturm

in sein Mikrofon. »Madagaskar hat die Weltmeisterschaft im Radrikschafahren gewonnen. Um achtzehn Uhr dreiunddreißig fuhr das Team aus …«, er schien Schwierigkeiten mit der Aussprache zu haben, »Anti-Raabes … durchs Ziel. Nachdem der Fahrer des Teams von einem Konkurrenten abgedrängt wurde und einen schweren Unfall hatte, wir berichteten live … konnten sie dennoch den Sieg erringen. Am Steuer … sagt man das so bei einer Radrikscha?«

»Es ist ein Cyclo-Pousse«, verbesserte ihn sein Kollege . »In Madagaskar spricht man Französisch.«

»Aha! Am Steuer nun also Nora Müller-Sandholz, fünfundzwanzig. Die möglicherweise erste weibliche Radrikschafahrerin und jüngste Teilnehmerin an dieser Weltmeisterschaft.«

»Ich glaube, die englischen Corgis waren unter fünfundzwanzig.«

»Aber die haben ja nicht gesteuert«, sagte der Reporter. Zögerte plötzlich. »Oder? Moment, wir haben sie hier im Zoom. Sie treiben momentan ungefähr zwei Kilometer vor Hiddensee. Sie tragen jetzt Hundeschwimmwesten. Briten sind ja immer ausgerüstet für plötzliche Katastrophen.«

Terje sah nur Maribelle.

Als sie durchs Ziel fuhren, als Nora auf den Pedalen aufstand und triumphierend die Faust hob, da sah er sie nur undeutlich, verschwommen, genau wie die Häuser, die Straßen, die Reporter. Er sah, dass Martina neben ihr stand, aber auch sie verschwamm, versank in einem Meer aus Schmerzen.

Nur Maribelles Gesicht war ganz klar und strahlte ihm entgegen.

»Ihr habt es geschafft!«, rief sie durch den Zyklon. »Madagaskar ist Weltmeister!«

Terje drehte sich zu Biscuit um. *Du* hast es geschafft, wollte er sagen, du hast uns so weit gebracht, nur du. Aber er bekam nur zwei Worte heraus. »*Ny namako.*« Mein Freund.

Biscuit nahm seine Hände, und Terje wandte den Kopf

noch einmal und zwang sich zu fokussieren. Sah, wie die Prinzessin auf sie zugelaufen kam. Wie der Regen über ihr Gesicht rann, oder vielleicht waren es Tränen.

Er sah, wie die Prinzessin ihm die Hände entgegenstreckte.

Und dann sah er nichts mehr.

Da war kein Sauerstoff mehr in seinem Gehirn. Sein Herz war im Moment des höchsten Glücks stehen geblieben.

Aber irgendwo in seinem Inneren leuchtete ein letztes Bild. Die Prinzessin hatte sich verwandelt und hielt ihn fest.

»Mariella«, sagte Terje, jenseits der Wirklichkeit, jenseits des Lebens. »Ich komme zu dir.«

* * *

Ich wollte Papa umarmen, ich konnte es kaum glauben, als das grüne Pousse durchs Ziel fuhr.

All die anderen – der Zyklon hatte sie einfach davongeweht. Als wären sie nicht der Rede wert.

Maribelle rannte auf das Pousse zu, und ich sah, dass du auch dort standest, ich war dankbar, dass du da warst, aber ich konnte dich nicht begrüßen, nicht in diesem Moment, ich sorgte mich zu sehr um Papa.

Er presste eine Hand auf seine Brust, sein Gesicht war schmerzverzerrt, dann sank er zu Seite, gegen Biscuit, und Maribelle schaffte es, sie beide gleichzeitig zu umarmen, den bewusstlosen Terje und den nicht bewusstlosen Biscuit, dessen Gesicht dreck- und blutverschmiert war: Sie sahen beide aus, als kämen sie eher aus einem Schützengraben als von einer Weltmeisterschaft.

Ich stand hilflos neben dem Cyclo-Pousse.

Und dann waren die Sanitäter da, hoben Papa auf und legten ihn auf eine Trage, während einer von ihnen übers Telefon einen Hubschrauber anforderte. Die Leute waren aus den Cafés gekommen, redeten durcheinander und zeigten aufs Meer hinaus, wo die davongewehten Rikschas trieben – es war das absolute Chaos.

Irgendwer umarmte mich, und ich weinte an der Schulter eines fremden Menschen. Bis ich merkte, dass es kein Fremder war. Es war Voary. Sie hielt mich ganz fest und ließ mich weinen, und da waren auch die anderen, drückten sich gegen meine Beine, umarmten mich.

»Alles wird gut«, flüsterte Horlando und zog eine Grimasse, um mich aufzuheitern, wie er es oft tut, und ich lachte, obwohl ich gleichzeitig weiterweinte.

»Es ist okay«, sagte Maribelle, die neben mir auftauchte. »Nora? Der Hubschrauber ist da. Sie nehmen deinen Vater jetzt mit.« Aber auch in ihren Augen standen Tränen. »Komm.«

Ich dachte nicht, dass ich mitkommen könnte, nirgendwohin.

Voary gab mir einen leichten Schubs. »*Andao!*«

So folgten wir Maribelle, zusammen mit einer Masse von Zuschauern und Reportern, deren verwirrte Fragen für den Moment niemand beantwortete.

Und dann standen wir am Strand.

Und wir sahen den Hubschrauber über der Insel aufsteigen, den Hubschrauber mit dem zerbrochenen Herzen meines Vaters an Bord.

Da waren auch noch zwei Hubschrauber der Küstenwache und mehrere Boote. Draußen auf den Wellen trieben noch immer die Reste einer Menge bunter Träume. Sie würden untergehen. Die Menschen würde man retten können, und natürlich die Corgis. Die Überbleibsel der stolzen Rikschas würden irgendwann angespült werden, Holzschnitzereien, Seidentroddeln, Fahrradspeichen.

Alles war recycelbar. Vielleicht konnte man die Teile zu einem einzigen großen Pousse zusammensetzen, einem internationalen Pousse, einer Hochzeit Madagaskars mit dem Rest der Welt. Oder vielleicht würden die Kinder, die diese Teile am Strand fanden, etwas ganz anderes daraus bauen.

Der unerklärliche Zyklon war weitergezogen.

Aber dann geschah etwas Seltsames. Er kam zurück. Als hätte er etwas vergessen. Er sah aus wie ein in sich verzwirbeltes Tau, ein Zyklon wie aus einem Bilderbuch.

Er bewegte sich zum zweiten Mal auf die Insel zu, und die Menschen um mich herum schrien auf. Aber diesmal schrie ich nicht. Ich sah Maribelle und Biscuit an. Sie standen nebeneinander, er stützte sich auf sie, sie wirkten wie ein altes Ehepaar. Und vollkommen ruhig. Als kannten sie diesen Zyklon persönlich.

Da holte ich den letzten Parfumstift aus meiner Tasche, öffnete ihn und drückte einen Tropfen auf mein Handgelenk. Und ich sagte mir, dass *MADIO* gegen die Angst helfen würde. Mein exotisches, wundervolles Sommerparfum.

Es half.

Ich sah dem Zyklon entgegen, der uns in den nächsten Minuten alle töten konnte, und war so ruhig wie nie. Nichts war mehr wichtig.

Und der Zyklon hielt an.

Er hielt vor der stromlinienförmigen, weißen Rikscha, die am weitesten draußen auf den Wellen trieb. Und er hob sie hoch, nur diese eine Rikscha, als täte er es mit voller Absicht.

Zwei junge Männer waren dabei, von dem Fahrzeug wegzuschwimmen, die dritte Person war noch an Bord.

Hery.

Und der Zyklon, oder eigentlich hatte ich das Gefühl, es wäre ein weibliches Wesen, *die* Zyklon, hob das Pousse mit Hery hoch, wirbelte es höher und höher, saugte es in sein Herz. Es verschwand zwischen Regen und Wind. Dann wanderte der Zyklon zurück aufs Meer hinaus in Richtung Schweden. Wo er übrigens nie ankam. Er muss sich irgendwo über der Ostsee aufgelöst haben.

Erst Wochen später fand man die Teile des Pousse an einer norwegischen Küste. Die sterblichen Überreste seines Fahrers wurden nie entdeckt. Vermutlich haben die Fische sie gefressen. Vielleicht findet jemand eines Tages einen von Herys Knochen, wenn er seinen Fang ausnimmt, vielleicht werden einige davon in einer riesigen Fabrik zu Fischmehl verarbeitet, den Hühnern verfüttert und wieder Teil des endlosen Kreislaufs. Auch Menschen sind recycelbar.

Auf jeden Fall werden die Knochen nie in einem Grab liegen, in saubere weiße Tücher gewickelt, verehrt von der Familie.

Und das ist vermutlich das schlimmste Schicksal für einen Madagassen.

Hery hatte nicht einmal eine Familie, und in diesem Moment, dort am Strand, als ich ihn sterben sah, ohne ihn sterben zu sehen, tat er mir leid.

Doch dann vergaß ich das, denn dann sah ich, dass neben mir am Strand Biscuit und Maribelle sich küssten: zwei zerzauste, nicht mehr junge Menschen, der eine blutverschmiert und beide sehr nass. Alle Umstehenden klatschten.

Ich dachte, ich müsste neidisch sein, ich hätte gerne jemanden so geliebt, wie diese beiden sich liebten, immer schon. Aber ich fand keinen Neid in mir. Das Leben war noch lang. Und ich hatte gerade ein neues begonnen. Ein unordentlicheres als das alte. Eines, in dem alles geschehen kann.

Ich sah mich nach Horlando und Voary und der kleinen Malala um, nach Aina und Tahina. Sie waren nicht da. Nirgendwo.

Weißt du noch, Mama? Dann habe ich dich neben mir gefunden. Du nahmst mich in die Arme, und ich habe dich gefragt, wo die Kinder sind.

»Welche Kinder?«, hast du gefragt. Irritiert.

»*Meine* Kinder, die Müllkinder. Du hast meine Mails doch gelesen, oder nicht?«

»Ja, aber … Ich dachte, das sei vor allem sehr viel Fantasie.« Du hast mich so angesehen, mit einer seltsamen Mischung aus Verwunderung, Schrecken und Stolz. »Hast du wirklich vier schmutzige Kinder aus einem Feuer gerettet?«

»Mehr oder weniger«, habe ich gesagt. »Aber wo sind sie jetzt? Sie waren mit uns im Pousse, sie waren es, die mir gesagt haben, dass ich es fahren kann. Ohne sie hätte ich das alles nie geschafft! Ich mache mir Sorgen, sie sind durchnässt, sie brauchen warme Kleider, und sicher sind sie hungrig!«

»Nora«, hast du vorsichtig gesagt. »Da waren keine Kinder in der grünen Rikscha.«

Ich habe dir nicht geglaubt und einen der Reporter gefragt. Aber auch der Reporter hatte keine Kinder gesehen.

»Sie waren da«, sagte ich trotzig, und ich spürte, wie sich Tränen hinter meinen Augen sammelten.

»Vielleicht waren sie für dich da, nur für dich«, hast du gesagt. »Weil du sie gebraucht hast.«

Ich schluckte. Ich ahnte, dass es stimmte. Das erklärte, weshalb sie auf einmal Französisch gesprochen hatten.

»Aber die Kinder an sich habe ich mir nicht ausgedacht«, sagte ich fest. »Es gab sie. Gibt sie. In Madagaskar. Und die Nähwerkstatt ist ausgebrannt, also können sie nicht mehr heimlich dort schlafen, sie wohnen wieder neben der Müllhalde.« Auf einmal merkte ich, wie sehr ich mich sehnte: danach, von diesen vier Kindern verfolgt zu werden, damit mir nichts geschah. Nach ihrem Strahlen. Nach der Tatsache, dass sie mich brauchten.

Ja. *Sie brauchen mich.*

Sie warten auf mich. So wie ein kleiner Seifenkistenschieber damals auf einen Weltreisenden mit einem grünen Fahrrad gewartet hat.

Ich werde sie nicht so lange warten lassen, wie Biscuit damals gewartet hat. Im Moment gibt es keinen Putsch in Madagaskar, keinen Sozialismus und keine Flugverbote. Ich werde eine Weile hierbleiben, um *MADIO* auf die Beine zu helfen, jener neuen und ganz allein von mir gegründeten Parfummarke. Dem Parfum, dessen Duft nichts ist als Kernseife und dessen Name übersetzt ganz simpel nur eines heißt: SAUBER.

Und dann werde ich zurückkehren. Zu den Frauen und ihrer Stickerei. Zu den alten Filzstiften. Zu meinen Kindern.

Das alles beschloss ich in jenem Moment.

Und dann tauchten Maribelle und Biscuit aus ihrem Kuss auf, und ich dachte, jetzt sagt einer der beiden etwas wie »Ich liebe dich«.

Doch Maribelle sagte: »Und jetzt geh zu den Sanitätern und lass dich gefälligst verarzten.« Sie schüttelte den Kopf. »Madagaskar hat gewonnen. Dein Team hat gewonnen. Aber, verflixt noch mal, natürlich musste es mit einem gebrochenen Bein enden. Es ist Fady, bei Zyklon Pousse zu fahren.«

Nachhall

Sonnenlicht.

Irgendwo in einem Krankenzimmer, in einem Krankenbett saß ein nicht mehr junger Mann und sah aus dem Fenster. Er war vollständig angezogen. Neben ihm stand eine Reisetasche.

»Dann können wir gehen, denke ich?«

Der Mann nickte. Ein anderer nahm seinen Koffer. Er hatte ein Gipsbein. Die Frau an seiner Seite, eine wunderschöne Frau mit kurzen schwarzen Locken, gezähmt mit zwei Dutzend perlenbesetzten Haarnadeln, nahm den Mann am Arm. »Das Pousse wartet.«

»Aber wohin fahren wir?«, fragte der Mann.

»Oh, das ist nicht wichtig«, sagte die Frau, und im Übrigen war es eine Prinzessin. »Ich möchte eine Menge Dinge sehen. Amsterdam. Heidelberg. Tokio. New York. Wir haben sehr viel Zeit. Ist es in Ordnung, wenn wir noch jemanden mitnehmen?«

»Noch jemanden?«, fragten die beiden Männer zugleich.

Die Prinzessin nickte. »Aber er braucht nicht viel Platz. Er ist erst vier Jahre alt, und er wird es immer bleiben.« Sie lächelte zu ihren Begleitern auf. »Ich habe ihn heute zum ersten Mal gesehen, zum ersten Mal seit damals. Er stand am Strand. Als wir uns geküsst haben, und als ich die Augen öffnete, war er da. Er ist kein bisschen älter geworden. Und er hat gesagt, dass er mitkommen möchte. Ich dachte, da ihr ihn nicht seht und er nichts wiegt, stört es vielleicht nicht? Ich habe mich so sehr nach ihm gesehnt, all die Jahre. Vielleicht ist er gekommen, um seinem Vater zum Sieg zu gratulieren. Toní.«

»Dann nehmen wir ihn mit«, sagte Biscuit.

»Natürlich«, sagte Terje.

Madagaskar. Ein Land voller Geister.

»Irgendwann, am Ende unserer Reise, werden wir in ein

Land voll Schnee kommen«, sagte Maribelle »Aber das eilt nicht. Hauptsache, wir passen auf dieses Herz auf, das du da hast, Terje. Es darf nicht noch einmal zerbrechen.«

»Oh, ich habe drei sehr gute Stents«, sagte Terje. »Und einen Schrittmacher. Vier neue Freunde. Sie werden es noch eine Weile machen.«

Er blieb einen Moment stehen, um zurückzublicken, aus dem Fenster, in den hohen hellen Himmel eines kalten, windigen Apriltages. »Ehrlich gesagt dachte ich, ich würde zu ihr gehen«, flüsterte er. »Zu Mariella. Sie haben mich nicht gelassen. Die verdammten Ärzte.« Er lachte.

Und dann waren sie draußen, dann gingen sie über den Parkplatz der Klinik. In der Mitte die Prinzessin, zu ihrer Rechten und Linken die beiden Männer, der alte und der jüngere, sie hatte sie untergehakt. Beide.

»Aber können wir denn … zusammen?«, fragte der ältere.

»Ja«, sagte die Prinzessin. »Ich habe darüber nachgedacht. Ein halbes Leben lang. Und jetzt weiß ich es. Man muss sich nicht immer entscheiden. Für Madagaskar oder Deutschland. Für das Alte oder das Moderne. Für einen von zwei Menschen, die man liebt. Es geht beides.«

Sie blieb stehen und küsste den einen von beiden und drehte sich um und küsste den anderen.

Schließlich gingen sie weiter, gingen auf das grüne Cyclo-Pousse zu, das zwischen den Autos auf sie wartete.

Das grüne Pousse mit der roten Klingel.

Irgendwo verpackten drei arabische Flughafenangestellte die Räder und den Sitz eines regenbogenfarbenen Cyclo-Pousse aus recycelten Shampooflaschen.

Es würde nach Hause fliegen, nach Madagaskar.

»Radrikschafahren wird ein neuer Trendsport, heißt es«, sagte einer der Männer und strich das letzte Stück Klebeband fest. »Die junge Frau, die vorhin hier war, meinte, sie wird mit dieser Rikscha anfangen, in Madagaskar Fahrstunden zu geben. Für junge Mädchen.« Er grinste. »*Mädchen!* Ich habe ihr gesagt, ich halte es für zweifelhaft, dass madagassische Mädchen Fahrradtaxi-Fahrerinnen werden, aber sie hat nur gelächelt und gesagt, alles wäre möglich.«

»Na ja, Madagaskar hat immerhin gerade diese Weltmeisterschaft gewonnen«, sagte ein anderer Flughafenarbeiter. »Eine Weltmeisterschaft im Radrikschafahren, verrückt. Es war in der Zeitung.«

»Unter ›Kurioses‹?«

»Nein. Unter ›Sport‹.«

Irgendwo tat ein uralter Mann mit den traurigsten Augen der Welt auf einem Balkon über einem Garten voller Rosen und Bougainvilleen einen letzten Atemzug.

Der *gardien,* der ihn fand und ihm die Augen schloss, stellte fest, dass sie nicht mehr traurig waren. Sie lächelten.

In jener Nacht saß der *gardien* lange an seinem kleinen Feuer, unter den Sternen von Antsirabé, und dachte über alles nach. Er war selbst alt geworden, älter, als er jemals geglaubt hatte zu werden, seine Hände waren faltig und ein wenig zitterig.

Er dachte an die wunderschöne junge Frau auf dem Balkon, die ihn in einer Feuerwerksnacht in ihre Arme gezogen hatte. An das kleine Mädchen, dem er so oft das Tor geöffnet hatte und das er so oft über die Mauer hatte klettern sehen, ohne sie zu verraten. An ihren Freund, den er vor einer wilden Meute von Jungs gerettet hatte, die über ihn und ein Lauf-Pousse hergefallen waren.

Daran, dass sie jetzt weit fort war, in Europa: seine Tochter. Und er lachte ganz leise über die Wege des Schicksals.

Irgendwo stand Madame le Riz hinter ihren Kochtöpfen am Bahnhof, ihr Rücken gebeugt, ihr Augenlicht nur noch schwach, doch ihre Ohren und ihre Zunge so scharf wie immer.

Da stand sie, zwischen Pousse-Läufern, Pferdejungen, Autoabgasen und Bettlern und servierte mit dem Reis die neuesten Gerüchte. Eines der Gerüchte war, dass eine junge Deutsche in die granitfarbene Villa ziehen würde und vorhatte, sie umzubauen. In eine Näh- und Stickwerkstatt. Und es hieß, diese Frau wollte mit ihren fünf Kindern dort einziehen, von denen eines noch ein Baby war.

Wenn es die Deutsche war, die sie hier schon gesehen hatten, fragten die Leute, woher hatte sie dann auf einmal fünf Kinder? So schnell wird man nicht mal in Europa schwanger.

Madame le Riz lächelte nur und rührte in ihren Töpfen.

Irgendwo neben einer Müllhalde hob ein dreizehnjähriges Mädchen den Kopf und witterte in den Wind wie ein Hund. Sie roch, dass der Wind jemanden zurückbringen würde. Und sie drückte ihren jüngsten Bruder an sich und flüsterte: »Vielleicht werden wir bald nicht mehr hier leben.«

»Was?«, fragte er, erschrocken. »War die Polizei noch mal da? Wollten sie schon wieder Miete?«

»Nein.« Sie lachte. »Vielleicht werden wir demnächst in einem richtigen Haus schlafen, und du kannst in eine Schule gehen.«

»Quatsch«, sagte ihre kleinere Schwester. »Wer sagt denn so was?«

»Madame le Riz. Na ja. Wahrscheinlich erzählt sie mal wieder nur Geschichten.«

Denn irgendwo gibt es immer eine Geschichte zu erzählen.

Nichts ist jemals zu Ende.

Die Welt, das Leben, die Menschheit recyceln sich ständig selbst. Der Kreis ist ewig, doch an irgendeinem Punkt muss man ihn verlassen.

Und wir verlassen ihn
jetzt.

Nachwort

»Sie gehen nach Madagaskar? Das liegt doch irgendwo in Mittelamerika, oder war es neben Indonesien? Sicher schön da, all diese Blumen, die Tiere, und die Natur, so grün und üppig und ursprünglich, das ist ein ganz anderes Leben.«

Wie oft haben wir solche oder ähnliche Bemerkungen gehört, als wir nach Madagaskar gezogen sind, meine Familie und ich.

Das tatsächliche Madagaskar liegt weder in Südamerika, noch ist es grün und üppig, es ist ein vom Klimawandel gebeuteltes, zu über neunzig Prozent abgeholztes Land, gezeichnet von Korruption und den Narben des Kolonialismus und noch immer verhaftet in einer jahrtausendealten Tradition der Sklaverei.

Man kann es hassen – oder es lieben, so wie Terje es tut.

Wir haben es gehasst und dann gelernt, es zu lieben, es ist für uns zum Symbol geworden für die Zerstörung, die der Mensch auf der Welt anrichtet, und für die Hoffnung, sie aufzuhalten, zum Symbol auch für Bescheidenheit: Noch heute freue ich mich jedes Mal, wenn ich den Wasserhahn aufdrehe und trinkbares Wasser herauskommt.

Und zum Symbol dafür, wie wichtig Bildung ist, um aus Teufelskreisen auszubrechen.

Zwei Jahre lang habe ich meine Kinder mit einem Cyclo-Pousse zur Schule gefahren, zur Erheiterung der anderen Pousse-Fahrer, ich, als einzige Weiße, als einzige Frau mit einem Cyclo-Pousse, hatte ständig schwarze Finger von der abspringenden Kette, habe mit viel Hallo die Bettelkinder transportiert, die um die Ecke lebten.

Alles, was in diesem Roman steht, ist erfunden – und alles ist wahr.

Was Terje in seinem Projekt in den Bergen erlebt hat, entstammt großteils den Erfahrungen meines Mannes, der im Land als Arzt in der Forschung und Schulung von Krankenschwestern tätig war.

Zusammen mit unseren madagassischen Freunden haben wir in Talata, einem Dorf bei Antsirabé, eine Schule und ein Kinderhaus für Kinder wie Biscuit aufgebaut – denn in Madagaskar ist es ein seltenes Privileg, zur Schule zu gehen. Wir kümmern uns auch um Straßenkinder aus der Stadt und alleinerziehende, von ihren Männern verlassene Frauen, finanziert durch ein Patenprogramm in Deutschland.

Oft werde ich gefragt, ob ich denn wieder »ganz in Deutschland angekommen« sei, und meine Antwort lautet: Ich werde nie wieder ganz in Deutschland ankommen, genau wie die Protagonisten dieses Romans.

Ich bin nur körperlich in Deutschland.

Während ich diese Zeilen schreibe, warten mehrere Patenkinder darauf, dass ich ihre Fotos weiterschicke, die Kinder des Kinderhauses warten auf einen Brief von mir, und ein weiterer Block meines Umweltunterrichts für Talata möchte verfasst werden.

Unser altes grünes Cyclo-Pousse mit der roten Hupe jedoch steht in Talata im Hof der Schule und wird ab und zu an Menschen ausgeliehen, die damit Geld verdienen können.

Der Verdienst aus diesem Roman fließt zu hundert Prozent in die Schule und das Straßenkinderprogramm.

Schauen Sie doch mal vorbei. Werden Sie Paten.
Retten Sie ein Kind wie Biscuit.

www.les-pigeons.net

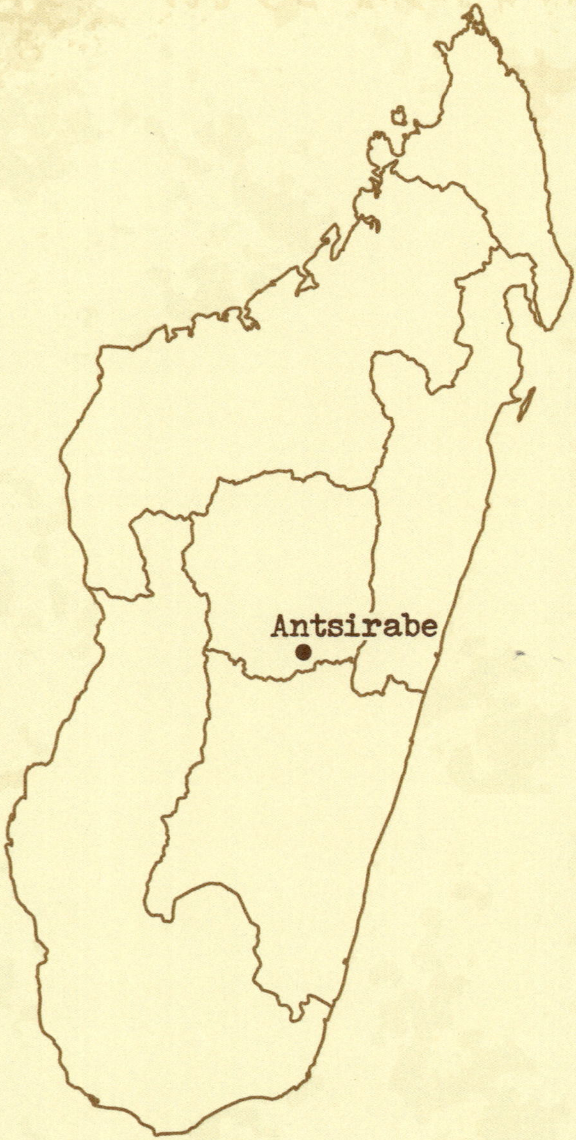

Madagaskar